捷克·匈牙利

Czechia · Hungary

no.61

MOOK NEWAction

捷克·匈牙利 Czechia·Hungary

MOOK NEWAction no.61

本書所提供的各項可能變動性資訊，如交通、時間、價格(含票價)、地址、電話、網址，係以2022年11月前所收集的為準；特別提醒的是，COVID-19疫情期間這類資訊的變動幅度較大，正確內容請以當地即時標示的資訊為主。

如果你在旅行中發現資訊已更動，或是有任何內文或地圖需要修正的地方，歡迎隨時指正和批評。你可以透過下列方式告訴我們：

寫信：台北市104中山區民生東路二段141號9樓MOOK編輯部收

傳真：02-25007796

E-mail：mook_service@hmg.com.tw

FB粉絲團：「MOOK墨刻出版」www.facebook.com/travelmook

符號說明

電話	注意事項
傳真	營業項目
地址	特色
時間	所需時間
休日	距離
價格	如何前往
網址	市區交通
電子信箱	旅遊諮詢
信用卡	住宿

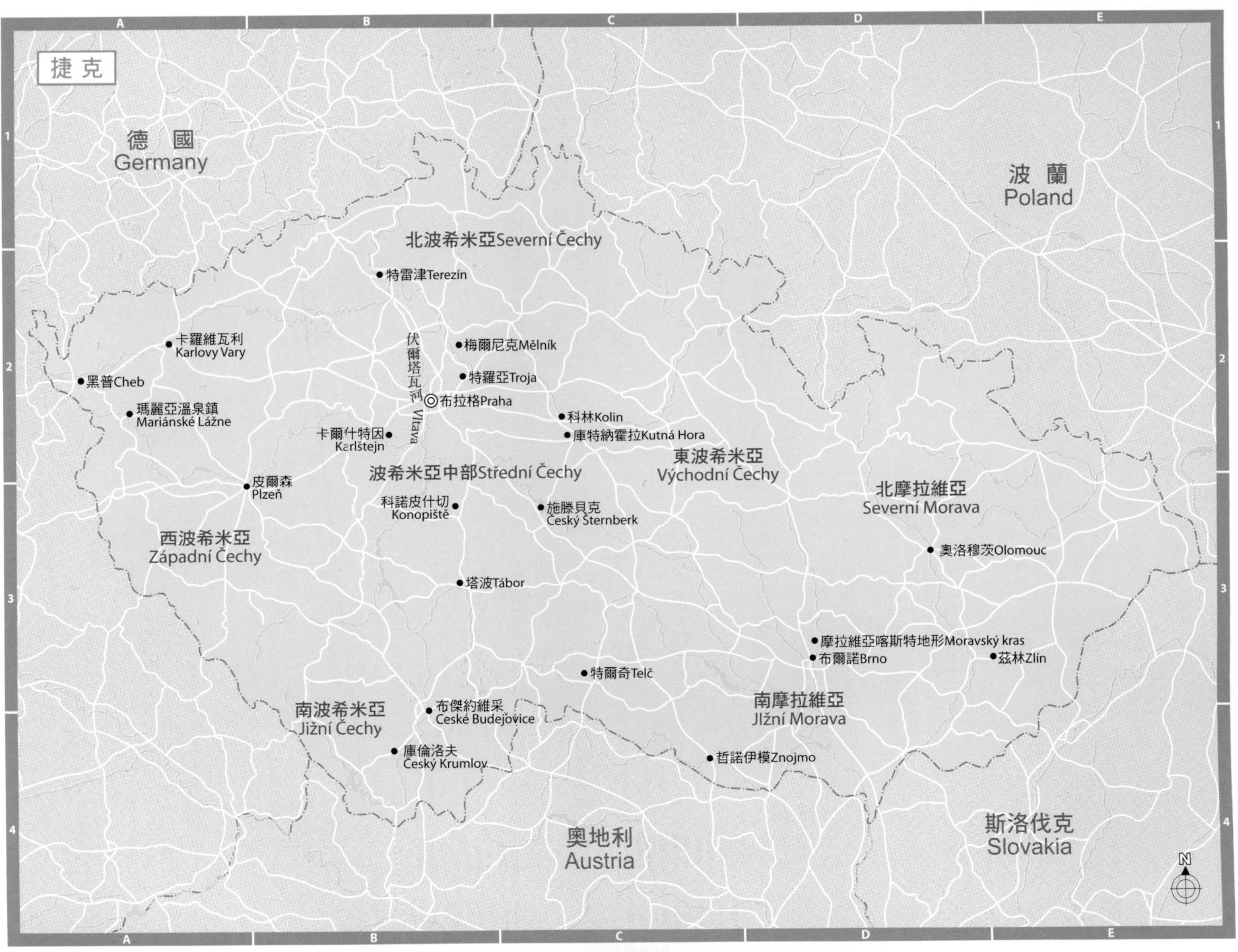
捷克
德國
Germany
波蘭
Poland
北波希米亞Severní Čechy
特雷津Terezín
卡羅維瓦利
Karlovy Vary
梅爾尼克Mělník
伏爾塔瓦河
Vltava
黑普Cheb
特羅亞Troja
布拉格Praha
瑪麗亞溫泉鎮
Mariánské Lážne
科林Kolin
卡爾什特因
Karlštejn
庫特納霍拉Kutná Hora
東波希米亞
Východní Čechy
波希米亞中部Střední Čechy
皮爾森
Plzeň
北摩拉維亞
Severní Morava
科諾皮什切
Konopiště
施滕貝克
Český Šternberk
西波希米亞
Západní Čechy
奧洛穆茨Olomouc
塔波Tábor
摩拉維亞喀斯特地形Moravský kras
布爾諾Brno
茲林Zlín
特爾奇Telč
南摩拉維亞
Jlžní Morava
南波希米亞
Jižní Čechy
布傑約維采
Ceské Budejovice
庫倫洛夫
Český Krumlov
哲諾伊模Znojmo
奧地利
Austria
斯洛伐克
Slovakia
N

匈牙利
斯洛伐克Slovakia
烏克蘭
Ukraine
奧地利
Austria
阿吉克勒特石灰岩洞
Aggtelek Caves
密什柯茲Miskolc
托卡伊Tokaj
中央多瑙河Közép-Duna
霍羅克Hollókö
艾格爾Eger
維榭葛拉德Visegrád
森檀德Szentendre
古杜爾Gödöllö
修普倫Sopron
焦爾Györ
布達佩斯Budapest
黛布勒森Debrecen
匈牙利大草原Great Alföld
松巴特Szombathely
索諾克Szolnok
海維茲Héviz
巴拉頓湖
Lake Balaton
凱斯特海
Keszthely
斯洛維
尼亞
Slovenia
凱奇米Kecskemét
北克斯奇阿巴Békéscsaba
其他區域
más kerületekben
卡羅查Kalocsa
羅馬尼亞
Romania
塞格德Szeged
班加Baja
佩奇Pécs
克羅埃西亞Croatia
塞爾維亞與蒙特內哥
（Serbia and Montenegro）
N

Welcome to Czechia & Hungary

歡迎來到捷克&匈牙利

位於歐洲中部的捷克與匈牙利，擁有童話般的城鎮風光、優雅的建築和神秘的古典氣質，名列許多旅遊愛好者的「一生必去的國家」清單上。

捷克與匈牙利的每個城市性格獨具、特色分明：橫跨伏爾塔瓦河兩岸的布拉格，號稱全歐洲最美的城市，應該不太會有反對意見；而橫跨多瑙河的布達佩斯，除了美景之外，更在城市之中分布著多處天然溫泉，令人稱羨；還有可以無限暢飲溫泉的卡羅維瓦利、瑪麗亞溫泉鎮；童話世界般的庫倫洛夫；擁有讓人目瞪口呆的人骨教堂的庫特納霍拉；啤酒盛名蜚聲國際的皮爾森；釀造出「公牛血」美酒的艾格爾……無不令人悠然神往！

必去捷克&匈牙利理由

童話般迷人城鎮

雖然飽經戰火與政權更迭，捷克和匈牙利仍保存眾多歷史古蹟，不少城鎮呈現童話世界般的風貌，包括布拉格、庫倫洛夫、庫特納霍拉、卡羅維瓦利、布達佩斯、艾格爾等，處處令人驚艷。

微醺美酒

皮爾森幾乎成了啤酒的代名詞，這裡還可以泡啤酒浴！而百威啤酒的發源地則在布傑約維采，來到捷克當然要喝個痛快；追求健康的人，不妨試試醫生調配的貝赫洛夫卡溫泉酒；喜愛葡萄佳釀的人，托卡伊貴腐甜葡萄酒和公牛血葡萄酒同樣不容錯過。

溫泉無限暢飲

我們所熟知的大多數溫泉，主要都以沐浴來達到療效，唯有捷克的溫泉卻主要是拿來用喝的：在卡羅維瓦利和瑪麗亞溫泉鎮都有多處源頭，不需要費用，每個人都可無限暢飲，隨手就能喝下健康。

追尋名人足跡

捷克和匈牙利人才輩出，包括文學家卡夫卡，音樂家史麥塔納、德佛札克、李斯特、高大宜，以及裝飾藝術畫家慕夏等，都對後世留下深遠的影響，粉絲們不妨到他們的博物館或紀念館瞻仰一番。

味蕾饗宴

喜歡吃辣的人，到了歐洲通常口腹之慾難免有些不滿，但是來到匈牙利，應該會覺得很開心，包括道地的匈牙利燉牛肉、魚湯、紅椒雞等，滋味濃郁，很有亞洲的味道！

紀念品尋寶

捷克和匈牙利雖然沒有創造什麼精品名牌，但一些具在地特色的產品，像是波西米亞玻璃水晶、菠丹妮芳療用品、傳統服飾、溫泉杯、Herend陶瓷等仍是令人愛不釋手，價格也很划算。

旅行計畫
Plan Your Trip

Top Highlights of Czechia & Hungary
捷克&匈牙利之最

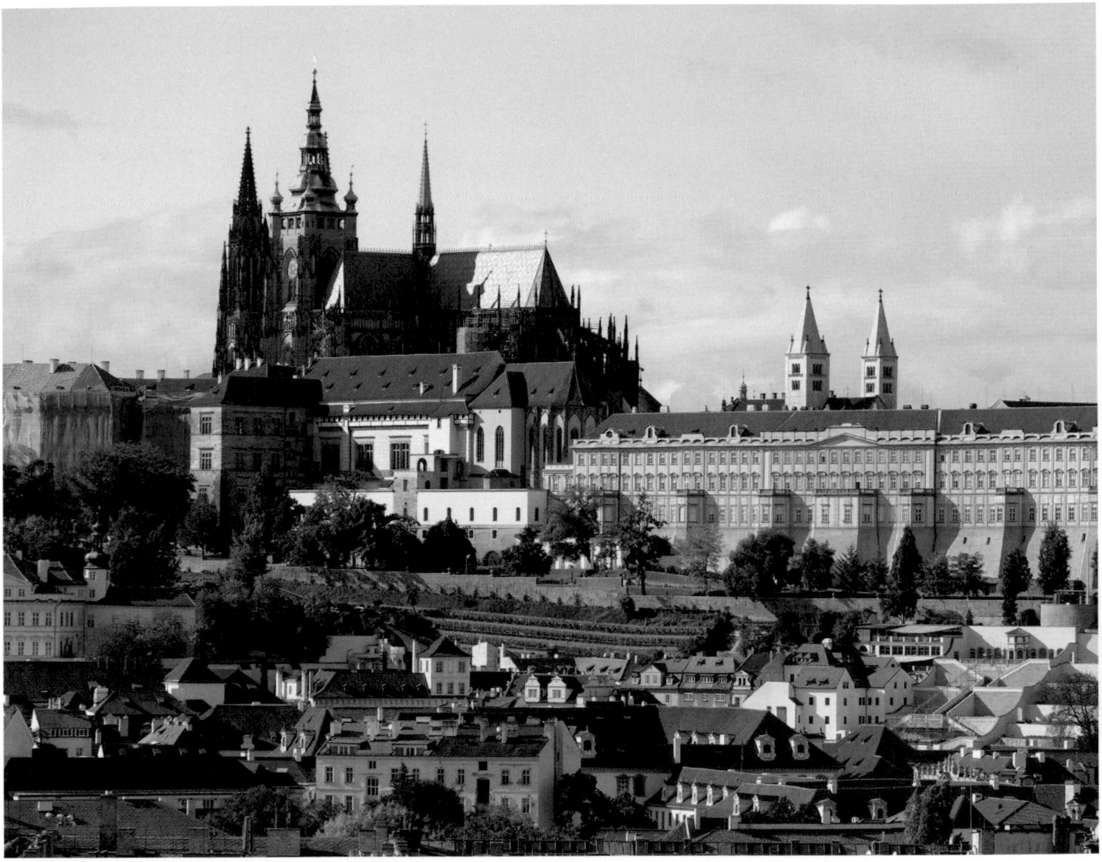

布拉格Prague

自中世紀開始，布拉格就被封為歐洲最美的城市，觸目所及全是歷史悠久的教堂和建築，耳中聽到的是悠揚的鐘聲或人群爽朗的笑聲，遊賞布拉格，無遺是一趟完整的藝術、音樂、建築和文學之旅。(P.65)

最佳城堡 The Best Castles

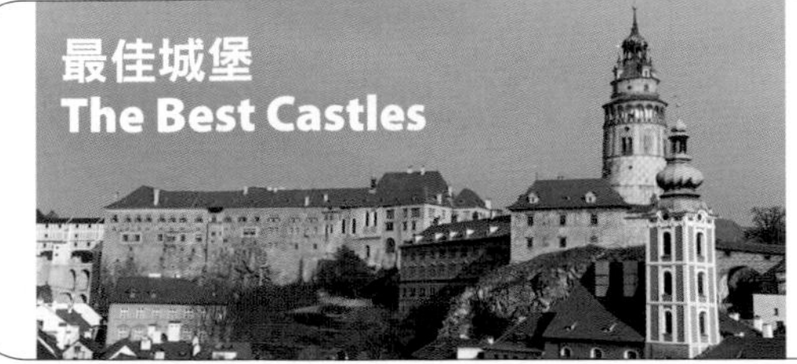

布拉格城堡，布拉格／波西米亞／捷克
Prague Castle, Prague／Bohemia／Czechia(P.101)

庫倫洛夫城堡，庫倫洛夫／波西米亞／捷克
Krumlov Castle, Cesky Krumlov／Bohemia／Czechia(P.141)

皮爾森&百威啤酒廠
Pilsner Urquell & Budweiser Budvar

捷克皮爾森的皮爾森啤酒和布傑約維采的百威啤酒很有名，不但好喝而且價格便宜，有興趣且英文還不錯的粉絲們，不妨到啤酒廠見識它們的誕生過程。(P.132 & P.179)

特爾奇城堡，特爾奇／摩拉維亞／捷克 Telc Chateau, Telc／Moravia／Czechia(P.193)	布達皇宮，布達佩斯／匈牙利 Buda Castle, Budapest／Hungary(P.214)	艾格爾城堡，艾格爾／匈牙利 Eger Castle, Eger／Hungary(P.257)

庫倫洛夫
Cesky Krumlov

庫倫洛夫意思是「河灣中的淺灘」，小城鎮被U形的河套區隔成城堡區和舊城區，從城堡區俯瞰一片紅瓦屋頂起伏的舊城區，分外像是置身在童話世界裡。(P.137)

舊城廣場，布拉格／波西米亞／捷克
Old Town Square, Prague／Bohemia／Czechia(P.78)

普熱米斯爾·奧托卡二世廣場，布傑約維采／波西米亞／捷克
Premysl Otakar II Square, Ceske Budejovice／Bohemia／Czechia(P.174)

用喝的療癒溫泉 Drinkable Healing Hot Springs

卡羅維瓦利和瑪麗亞溫泉鎮都是捷克知名的溫泉鄉，這裡的溫泉主要不是拿來泡澡的，而是用喝的！拜訪這兩個城市別忘了買個當地的溫泉杯，或是帶著可以容許高溫的水壺，逐個源頭品嘗不同溫泉的滋味。(P.155 & P.167)

薩哈利亞修廣場，特爾奇／摩拉維亞／捷克
Zacharias Square of Hradec, Telc／Moravia／Czechia(P.192)

英雄廣場，布達佩斯／匈牙利
Heroes' Square, Budapest／Hungary(P.231)

德波・史蒂芬廣場，艾格爾／匈牙利
Istvan Dobo Square, Eger／Hungary(P.256)

人骨教堂
Ossuary

進入教堂觸目所及，不論是窗戶、拱頂、十字架、祭壇、吊燈……都是用頭蓋骨、大腿骨到肋骨一一拚接或裝飾而成，據估計至少用了4萬人的骨頭，場景雖然有點兒怵目驚心，但是靜下心來欣賞之後，驚訝應該會大於驚嚇。(P.151)

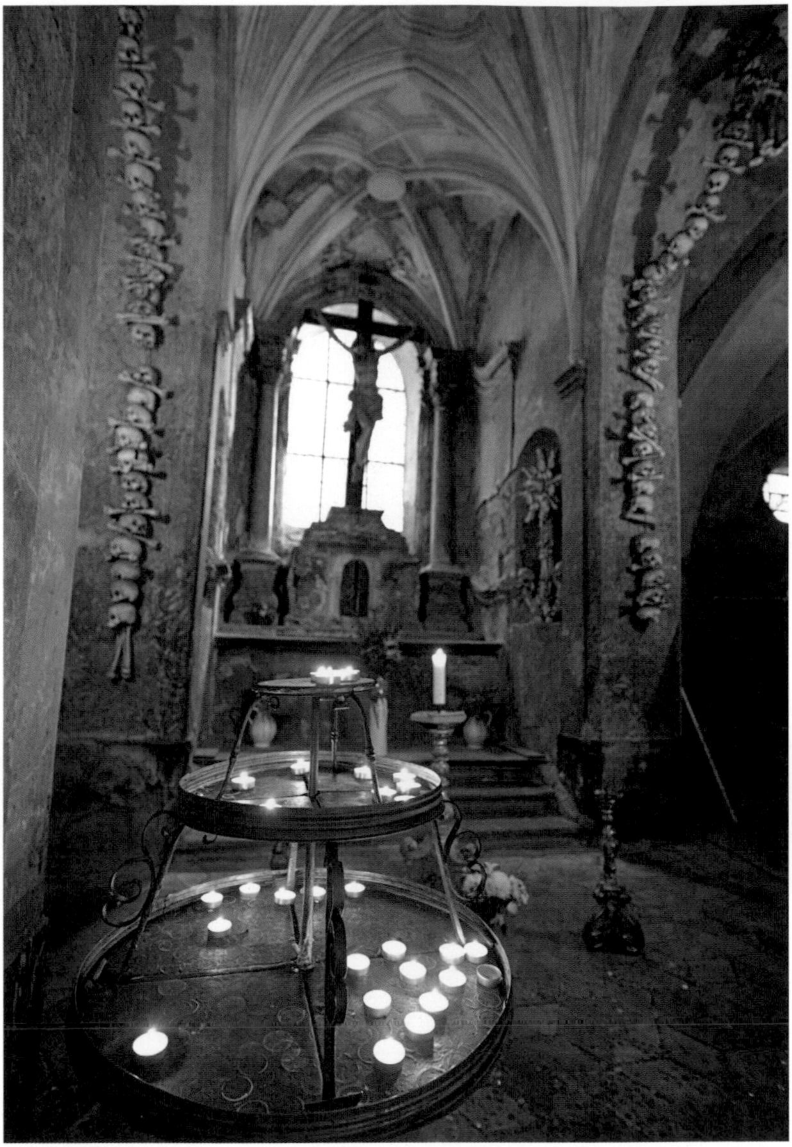

最具特色教堂
The Most Special Churches

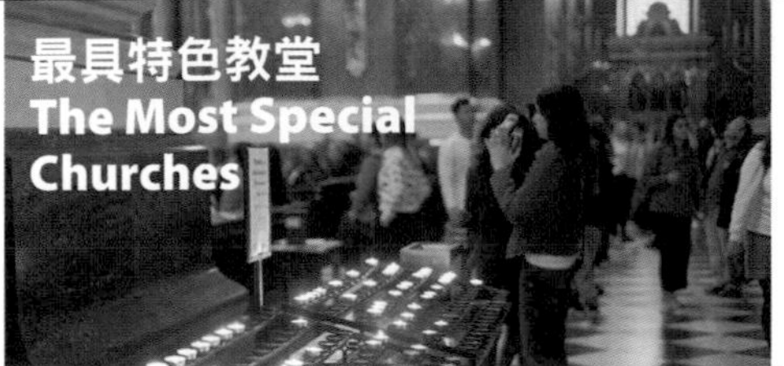

提恩教堂，布拉格／波西米亞／捷克
Church of the Virgin Mary before Týn, Prague／Bohemia／Czechia(P.84)

聖維特大教堂，布拉格／波西米亞／捷克
St Vitus's Cathedral, Prague／Bohemia／Czechia(P.105)

城堡山Castle Hill

城堡山是布達最主要的景點聚落，盤踞山頭的布達皇宮曾是匈牙利歷代國王的居住地，另一旁聳立著宏偉的馬提亞斯教堂，以及俯瞰佩斯市區的漁夫堡。(P.214~219)

聖芭芭拉大教堂，庫特納霍拉／波西米亞／捷克
St. Barbara's Cathedral, Kutna Hora／Bohemia／Czechia(P.152)

聖史蒂芬大教堂，布達佩斯／匈牙利
St. Stephen's Basilica, Budapest／Hungary(P.225)

艾格爾大教堂，艾格爾／匈牙利
The Basilica of Eger, Eger／Hungary(P.258)

布達佩斯的溫泉 Thermal Baths in Budapest

自從羅馬人引進溫泉概念後，泡溫泉發展成為匈牙利的重要社交活動。穿上泳衣、戴起泳帽，就能在寬廣的溫泉浴池優游暢泳，或許還能加入西洋棋局，感受真正的匈牙利泡澡樂。(P.51)

最重要名人紀念館 The Most Important Houses of Celebrities

史麥塔納博物館，布拉格／波西米亞／捷克
Smetana Museum, Prague／Bohemia／Czechia(P.91)

慕夏博物館，布拉格／波西米亞／捷克
The Mucha Museum, Prague／Bohemia／Czechia(P.117)

維榭葛拉德Visegrád

維榭葛拉德自古以來總是軍隊與政權爭奪之 地，站在要塞遺跡的制高點，望向多瑙河急遽轉彎的奇特地形，不難明白它在地勢上易守難攻的重要性。(P.243)

德弗札克博物館，布拉格／波西米亞／捷克 Antonin Dvorak Museum, Prague／Bohemia／Czechia(P.118)	李斯特．菲冷茲紀念館，布達佩斯／匈牙利 Liszt Ferenc Memorial Museum, Budapest／Hungary(P.230)	高大宜紀念館，布達佩斯／匈牙利 Zoltan Kodály Memorial Museum, Budapest／Hungary(P.230)

Top Itineraries of Czechia & Hungary
捷克&匈牙利精選行程

文●墨刻編輯部

捷克精華6天

●行程特色

布拉格身為世界文化遺產城市，建議至少待上2~3天慢慢遊逛，如果時間充裕，還可以再花3~4天前往波西米亞地區的其他城市走走。此外，捷克的對外交通並沒有很便利，除非是搭乘長途巴士，否則無論運用飛機或利用火車，都建議以布拉格為起迄點比較方便。

●行程內容

Day1-2：探索布拉格〈Prague〉。
Day3：當天往返庫特納霍拉〈Kutna Hora〉。
Day4：前往卡羅維瓦利〈Karlovy Vary〉。
Day5：前往庫倫洛夫〈Cesky Krumlov〉。
Day6：返回布拉格。

捷克全覽12天

●行程特色

考量捷克的幅員、豐富性和交通往返因素，單國停留12天勉強足夠把這個國家大致認識一圈。

●行程內容

Day1-2：探索布拉格。
Day3：當天往返庫特納霍拉。
Day4：前往卡羅維瓦利。
Day5：前往瑪麗亞溫泉鎮〈Mariánské Lázně〉。
Day6：前往皮爾森〈Pilsen〉。
Day7：前往布傑約維采〈Ceske Budejovice〉。
Day8：當天往返庫倫洛夫。
Day9：前往特爾奇〈Telc〉。
Day10：前往布爾諾〈Brno〉。
Day11：前往奧洛穆茨〈Olomouc〉。
Day12：返回布拉格。

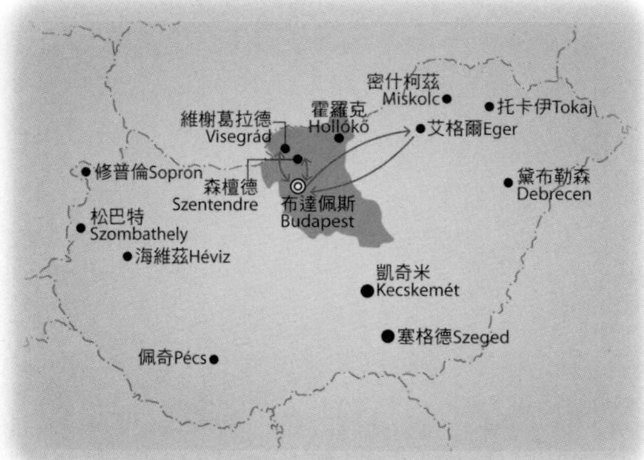

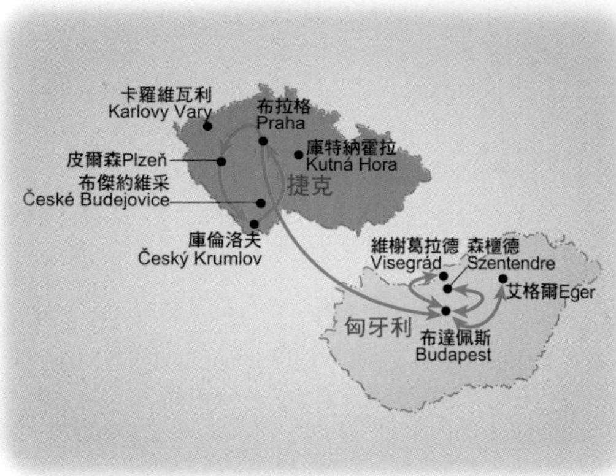

匈牙利精華5天

●行程特色

以多瑙河為界、由布達和佩斯兩座昔日城市合體的布達佩斯，兩岸洋溢著截然不同的風情，約需要利用2~3天時間慢慢瀏覽。如果時間充裕，也可以花1~3天前往中部多瑙河地區的其他城市走走。如果不想太匆忙，森檀德和維榭葛拉德兩者擇一的話，喜歡熱鬧、愛血拚的人，就去森檀德；酷愛自然美景的人，當然要走一遭維榭葛拉德！

●行程內容

Day1-2：探索布達佩斯〈Budapest〉。
Day3：當天往返森檀德〈Szentendre〉
與維榭葛拉德〈Visegrád〉。
Day4：前往艾格爾〈Eger〉。
Day5：返回布達佩斯。

一次玩捷匈12天

●行程特色

既然都來了中歐，不如就一次玩捷克和匈牙利兩個國家！先在布拉格待上2~3天慢慢遊逛，到皮爾森的啤酒飯店住一晚、童話小鎮庫倫洛夫一日遊。接著搭乘約6小時的歐鐵到布達佩斯，好好休息一晚後，花2天時間瀏覽布達區與佩斯區。隔天可選擇到訪藝術小鎮森檀德或皇宮遺跡維榭葛拉德，再前往匈牙利的美酒之鄉艾格爾。

●行程內容

Day1-2：探索布拉格〈Prague〉。
Day3：前往皮爾森〈Pilsen〉。
Day4：前往庫倫洛夫〈Cesky Krumlov〉。
Day5：返回布拉格。
Day6：前往布達佩斯〈Budapest〉。
Day7-8：探索布達佩斯。
Day9：當天往返森檀德〈Szentendre〉
或維榭葛拉德〈Visegrád〉。
Day10-11：前往艾格爾〈Eger〉。
Day12：返回布達佩斯。

When to go
最佳旅行時刻

文●墨刻編輯部　攝影●周治平・墨刻攝影組

捷克和匈牙利位於歐洲內陸，主要為冬寒夏熱、季節分明的大陸性氣候，一般來說，5~9月之間是最適宜旅遊的季節。兩國蘊含豐富的藝術文化資產，不論國際級音樂節、藝術節、啤酒節或馬拉松比賽等，都別具特色與意義。

捷克Czechia

氣候和旅行季節

捷克主要分成西部的波西米亞和東部的摩拉維亞兩區。波西米亞內有山地、高地和茂密的森林，中央還有盆地；摩拉維亞地區則以摩拉維亞低地為主。氣候溫和，四季分明，冬天涼爽潮溼，夏季溫暖。5~9月布拉格的平均溫度約14℃以上，夏季最高甚至可達30℃；12~1月降至0℃以下，其餘月份平均超過8℃。

旅行日曆

1月1日	全國	**◎元旦**	
3或4月	全國	**◎復活節**	有復活節市集，如布拉格的舊城廣場、瓦茨拉夫廣場
5月1日	全國	**◎勞工節**	
5月8日	全國	**◎戰勝法西斯日**	
5月初	布拉格	**布拉格國際馬拉松 Prague International Marathon**	一年一度的大型賽事，參賽者以布拉格歷史中心的舊城廣場為起點，沿著伏爾塔瓦河岸跑，途經查理大橋、猶太區等景點，最後再回到舊城廣場。
5月初~5月底	布拉格	**捷克啤酒節 Czechia Beer Festival Praguec**	可以嚐到70多種品牌的捷克啤酒及波西米亞佳餚，期間還有音樂表演。
5月12日~6月3日	布拉格	**布拉格之春國際音樂節 Prague Spring International Music Festival**	捷克最著名的國際音樂節，於1946年開始舉辦，活動以史麥塔納名曲《我的祖國》(My Country)開場。
6月中	庫倫洛夫	**五瓣玫瑰花節 Festival of Five-petalled Rose**	為期3天，有中世紀服裝遊行、武士競技，展開熱鬧的中世紀慶典。
6、7月	卡羅維瓦利	**卡羅維瓦利國際電影節 Karlovy Vary International Film Festival**	歷史上最悠久的電影節之一，現在為中東歐一年一度最具影響力的電影節盛事。
7月5日	全國	**◎宗教紀念日**	
7月6日	全國	**◎胡斯紀念日**	
9月28日	全國	**◎聖史帝芬紀念日**	
10月28日	全國	**◎獨立紀念日**	
11月17日	全國	**◎民主紀念日**	
12月25日	全國	**◎耶誕節**	從11月底開始市集，布拉格耶誕市集約持續至1月中。

備註：◎代表國定假日，博物館可能會在國定假日當天休館。

匈牙利Hungary

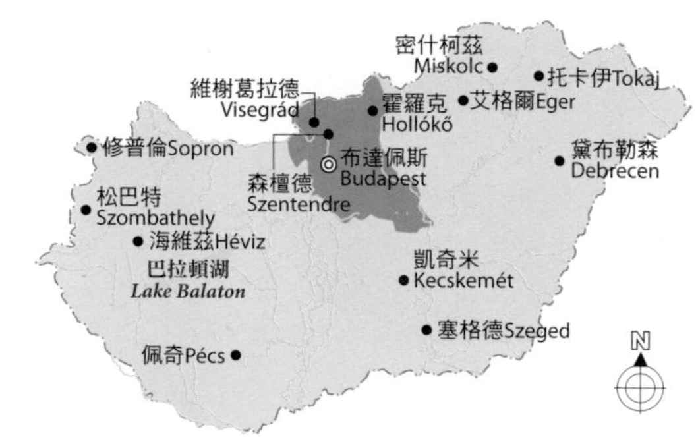

氣候和旅行季節

地處歐洲內陸，境內擁有被卡帕奇山與阿爾卑山脈圍繞的匈牙利盆地，多瑙河流貫中央，東部為匈牙利大平原，西南則有巴拉頓湖。氣候為受地中海影響的大陸性氣候，冬天濕冷多風、夏季炎熱，5、6、11月雨量較多。年均溫約11℃，從4月底到10月是最適合旅遊的季節，平均每天日照時間10小時，最熱的7月超過20℃，1月最冷通常在0℃以下。

旅行日曆

1月1日	全國	**◎元旦**	
3或4月	全國	**◎復活節**	各地舉行復活節市集
3月15日	全國	**◎獨立紀念日**	
4月	布達佩斯	**春季藝術節 Budapest Spring Festival**	匈牙利年度最盛大的藝術節，有音樂、歌劇、舞蹈、古典音樂以及現代音樂演出。
5月1日	全國	**◎勞工節**	
5月31日	全國	**◎聖靈降臨日**	
8月中	布達佩斯	**島節 Sziget Festival**	歐洲十大藝術節之一，每年在多瑙河上的老布達島(Óbudai-sziget或稱造船場島Hajógyári Island)舉行為期7天的音樂節活動，樂團歌手輪番上陣演出，展開一場不眠不休的音樂盛典！期間島上成為年輕人的都市，甚至可以在此紮營，島上匈牙利美食、葡萄酒、啤酒都應有盡有，還有來自各國的美食料理。
		民俗藝術節 Festival of Folk Arts	在布達城堡舉行的民俗藝術節，為期3天，有許多民俗表演、漂亮的傳統工藝品，夜晚還能在城堡山上賞煙火。
8月20日	布達佩斯	**◎建國紀念日**	
10月23日	全國	**◎共和國紀念日**	
12月25日	全國	**◎耶誕節**	各地舉行耶誕市集

備註：◎代表國定假日，博物館可能會在國定假日當天休館。

Best Taste in Czechia
捷克好味

文●墨刻編輯部　攝影●周治平．墨刻攝影組

捷克大部分的菜都融合了鄰近國家的美食特色再改良而成，所以既吃得到維也納的炸排骨，也嘗得到匈牙利的燉牛肉；而且大部分以肉類為主，味道也偏重鹹。另外，捷克的啤酒相當知名，別忘了找機會品啜香醇的皮爾森和百威啤酒。

奶油里脊 Svíčková na smetaně/Sirloin in Cream Sauce

將小牛里脊肉以烤或燉的方式料理而成，呈盤時搭配濃郁的肉汁，並淋上奶油，最後再以莓醬點綴(如蔓越莓或藍莓醬)，是捷克相當普遍的一道傳統料理。

烤鴨 Pečená kachna/Roast Duck

這是波西米亞地區傳統美食，多以香菜、大蒜、鹽和胡椒烤製而成，好吃的烤鴨皮是酥脆、裡頭的肉則鮮嫩多汁，搭配麵糰子和酸白菜一起品嘗更是加分。

豬腳 Vepřové koleno/Pork Knee or Knuckle

捷克豬腳看起來和德國豬腳頗類似，也搭配酸白菜，但皮比較硬，肉質則同樣香Q軟嫩；不少餐廳除了以獨家醬料燒烤，還會加入捷克啤酒料理，更添不同風味。

燉牛肉 Hovězí guláš/Beef Goulash

其實就是我們常聽到的匈牙利燉牛肉(Goulash)，這道菜並不是匈牙利的專利(只是匈牙利特別以此出名)，捷克也宣稱這是它們的傳統佳餚，只是口味不像匈牙利的辣，一般也會再搭配麵糰子一起吃。

雞蛋薄餅 Palačinky/Pancakes

在捷克和匈牙利常見的甜點，將雞蛋和牛奶混合麵粉之中，再加入適量的糖和鹽，輕輕倒入鍋中成薄薄蛋餅煎烤而成，起鍋時相疊成三角形，再淋上巧克力醬或鮮奶油，簡單又好吃。

炸肉排 Smažený řízek/Fried Schnitzel

這道源自奧地利的國菜，特色是採用牛、豬、雞等肉種為食材，先槌成薄片再沾上麵包粉油炸而成，吃時淋上一點檸檬汁，咬起來很香卻不油膩，同時搭配一些馬鈴薯、蔬菜，口感更為清爽，也是在捷克餐廳常見的佳餚。

肉桂捲 Trdelník

中東歐常見的傳統甜點，一般是將混合了香草、太妃糖、杏仁等的麵糰，一圈一圈纏在棍子上，再灑上糖粉及肉桂粉，送至炭爐上烤，出爐時香氣四溢，趁熱吃尤其美味。

起司麵疙瘩 Halušky/Potato With Cabbage and Bacan

在舊城廣場常見的街頭小吃，宣稱也是捷克的傳統美食，味道偏鹹；如果是秤重計價請不要叫太多，因為整體重量偏重，價格並不便宜，而且吃一點就有飽足感了。

蘋果派 Jablečný štrúdl/Apple Strudel

蘋果派可說是捷克最知名的甜點了，幾乎在每家餐廳都點得到，而且往往強調自家手工製成，各有獨家配方；熱騰騰的蘋果派咬下去吃得到蘋果，同時再和著香草醬、肉桂或糖粉品嘗(各家搭配食材略有不同)，感覺幸福極了。

烤燻豬肉 Pečené vepřové/Roast Pork

將豬肉以燻烤的方式處理，是常見的捷克傳統菜，一般端上桌時會再搭配酸白菜和麵糰子，吃時再一起沾著肉汁食用。

炸起司 Smažený sýr/Breaded Fried Cheese

第一眼可能會誤以為是炸魚排或炸豬排，那可是厚厚的一片起司，沾滿麵包粉後炸成金黃色，切開時會拉絲的那種！

捷克可樂 Kofola

在中、東歐國家，喝得到一種氣泡飲料Kofola，是捷克從1998年正式推出的無酒精飲料，味道近似可樂或沙士，帶點淡淡的藥草味，許多餐廳都有供應，不妨入境隨俗試試看喜不喜歡。

貝赫洛夫卡溫泉酒

Becherovka

墨綠色酒瓶的貝赫洛夫卡酒是捷克卡羅維瓦利最具代表意義的紀念品，為紀念大衛貝赫而命名。大衛貝赫是18世紀對卡羅維瓦利最有貢獻的醫生，他首先提出倡導飲用溫泉水輔以散步來治療疾病的觀念，並加以科學分析，使得卡羅維瓦利成為東歐名盛一時的溫泉之鄉。

從1807年開始製造的貝赫洛夫卡酒，是大衛貝赫的英國醫生朋友Frobrig特別調配的祕方，宣稱含有20種以上的特殊配方，被譽為卡羅維瓦利的第13種溫泉。

溫泉薄餅 Lázeňské oplatky/Spa Wafers

瑪麗安斯凱蘭斯涅和卡羅維瓦利有一種特產，就是大如月亮的溫泉薄餅，其歷史可追溯到18世紀，這種直徑約15公分的薄餅，因為容易消化，符合在此療養病人的飲食需求，因而盛行一時，原先以手工烘製卻趕不及銷售的速度，到19世紀中開始改為機器生產。

捷克香腸 Klobása/Czech Sausage

捷克香腸是捷克常見的庶民小食，通常以豬肉製成；在街頭常有小販販賣烤好的Klobása，一條份量很大，宛若台灣看到的熱狗大小，如搭配麵包再沾芥茉醬或蕃茄醬，就很像吃超商的「大亨堡」，蠻有飽足感；在超市或餐廳也可買得到，但個頭可能小一點，由於味道都偏鹹，也很適合做下酒菜。

麵糰子 Knedlíky/Dumpling

捷克的食物已經融入了周遭國家美食的特色，唯有一樣東西——麵糰子，只有在捷克吃得到，別地方無分號。

最常見的麵糰子是用馬鈴薯或麵粉糅製而成，外觀看起來像蒸麵包，再切成一片片，跟肉類主食一起擺盤，因為本身可能沒有味道，所以一般是拿麵糰子沾著盤中的濃稠醬汁入口，亦可以直接跟餐廳點盤麵糰子，再搭配一些培根或酸白菜一起食用。

麵糰子吃起來很有飽足感，看似是配菜，但在餐桌上如同我們的米飯一樣重要。

皮爾森和百威啤酒

Pilsner & Budweiser Budvar

捷克的啤酒品質在歐洲評價非常高，來到捷克絕對不能錯過兩種品牌的啤酒：皮爾森生產的Pilsner和契斯凱布達札維生產的Budweiser Budvar，後者其實就是百威啤酒最早的元祖，只是現在一般的百威啤酒是美國大量生產的商品，其口感完全比不上捷克的Budweiser Budvar。

根據文獻記載，捷克最早開始釀造啤酒的紀錄是1088年，當時的農民普遍都在自家釀酒，味道水準不一；直到18世紀，才有知識分子以科學方式研究發酵過程，真正美味的捷克啤酒才誕生。1842年，皮爾森的Pilsner Urquell酒廠生產世界最早的黃金啤酒，奠定了捷克啤酒的聲譽。

Best Taste in Hungary
匈牙利好味

文●墨刻編輯部　攝影●周治平・墨刻攝影組

匈牙利的每道經典佳餚，幾乎都會加入辣椒粉，不過吃起來不見得都很辛辣，甜辣的口感也很常見，有時再加入酸奶油，就成為一道色香味俱全的佳餚。其中最具代表性的，莫過於燉牛肉了；至於滋味濃郁的匈牙利魚湯也是經典佳餚，來這裡都別錯過。

燉牛肉 Gulyás/Goulash

這是匈牙利最具代表性的美食了，甚至有人直接將Goulash翻譯成「匈牙利燉牛肉」。

肉食主義的匈牙利料理受到歐洲很多國家的影響，大量運用辣椒粉在烹飪中，燉牛肉就是代表之作！這道料理主要是以辣椒粉、洋蔥、蕃茄、大蒜、香菜和馬鈴薯加入濃厚的牛肉熬煮出來的，通常被當作主菜食用。而且不管是煮成湯(Gulyásleves)或是帶著肉汁的燉牛肉，都可稱做Goulash，所以點餐時可得看清楚菜單。

白菜肉捲 Töltött káposzta/Stuffed Cabbage

將米、豬肉和洋蔥、辣椒粉、大蒜及其他調味料一起調製好後包在白菜中，捲成肉捲後，再以自家調製湯汁熬煮，端上桌時會配上酸白菜，並淋上一點酸奶油，不過因為肉捲本身味道已夠鹹，酸白菜可酌量搭配，或是再叫麵糰子或麵包一起沾醬汁吃，好吃又有飽足感。

酸奶乾酪麵糰子

Túrógombócokkal tejfölös cukor/Cottage-cheese Dumplings with Sour Cream and Sugar

是匈牙利婦女幾乎都會做的傳統甜點，也都有自家傳承的好味道。像是將乾酪、雞蛋、麵粉和罌粟種子…先揉桿成圓胖的麵糰子，煮烤過後再灑上酸奶油和糖粉後端上桌，吃時還熱騰騰的，充滿香甜濃郁的乳酪口感。

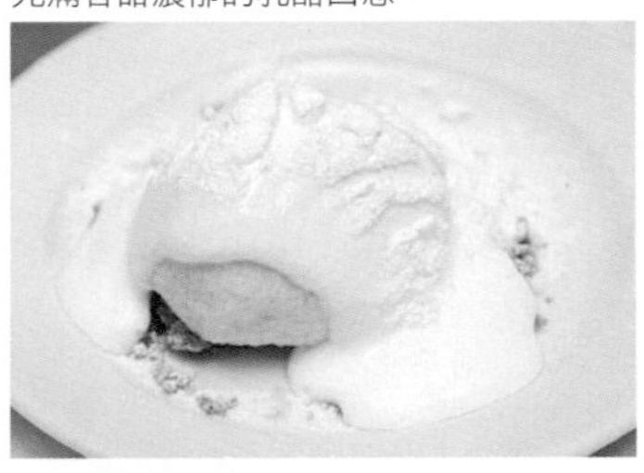

匈牙利紅椒雞 Paprikás csirke/Chicken Paprika

將帶骨雞肉與奶油、辣椒粉一起熬煮至軟嫩而成，有的餐廳還會加入洋蔥、蕃茄或是甜椒、青椒和大蒜，讓雞肉的味道更為濃重；之後雞肉撈起，再加入辣椒粉製成的獨特醬料，並淋上酸奶油，就成了一道風味獨具的特色佳餚。

匈牙利魚湯 Halászlé/Fisherman's soup

通常是以鯉魚、鯰魚或鱸魚加入一些像是紅洋蔥、青椒、蕃茄等蔬菜，再和辣椒粉及其他調味料一起熬煮幾小時而成，味道相當濃郁；餐廳通常讓人選擇杯裝或鍋裝，吃時先將湯舀到盤中，由於帶點辣味，一般要再拿著麵包沾著魚湯吃，如果覺得不夠辣，還可以依喜好添加餐廳免費提供的辣椒。魚湯裡還有肥美的魚可以一併享用，是道相當美味的匈牙利美食。

尤凱豆湯 Jókai bableves/Jokai Bean soup

是道以豆子煮的濃湯，主要是將匈牙利黑白斑豆和香腸、培根、起士、紅蘿蔔、洋蔥、蕃茄、歐芹、月桂葉、大頭菜再加上匈牙利辣椒，一起混煮，吃時再淋上一些酸奶油，味道相當濃郁。這道湯以匈牙利19~20世紀知名劇作家和小說家尤凱(Jókai)之名命名，一說是因為他發明了這道食譜，又有一說是因為他特別喜歡這道湯。

蘭戈斯 Lángos

蘭戈斯是一種油炸麵團，用麵粉、酵母、油、水、糖和鹽混合後炸成金黃色，是匈牙利傳統街頭小吃。最經典的吃法有3種：什麼配料都不加的原味、酸奶油搭配起司以及蒜蓉奶油。布達佩斯許多攤販和店家也會提供多種配料，如培根、洋蔥、香腸、番茄等。

尤哈西雞湯 Újházi tyúkhúsleves/Újházi's Chicken Soup

尤哈西(Újházi)是布達佩斯20世紀初的知名演員，這道雞湯來自他的靈感，後來就以他名字做湯的名稱。

這道湯和匈牙利魚湯口感完全不同，味道相當清爽，湯頭是將雞肉和紅蘿蔔、芹菜、蘑菇、豌豆、洋蔥、蔬菜、香菜……一起烹煮，裡頭並加入一點義大利天使細麵，喝起來清新中帶著鮮香，紅蘿蔔和洋蔥的香氣尤其明顯，是十分討喜的傳統湯品。

匈牙利甜點

匈牙利的蛋糕與奧地利有幾分相似，像是以巧克力蛋糕和奶油分成5層並搭配焦糖片的「海綿千層糕」(Dobos Torta)，旁邊並灑上碎栗子、榛子、核桃或杏仁，滋味香甜；海綿蛋糕夾著巧克力慕斯的Rigó Jancsi，看起來就讓人食指大動；而將麵糰夾上蘋果、葡萄或櫻桃、乾酪捲起再烘烤而成的「烤薄餅」(Rétes)，如能同時搭配一杯咖啡，頓時就會讓人幸福萬分；另外，浸著白蘭地的海綿蛋糕，再加上鮮奶油或巧克力和核桃的somlói galuska，則是很完美的餐後甜點。

雖然這些甜點同樣可在維也納的咖啡廳中吃到，不過其實匈牙利才是這些甜點的原創者，所以來到匈牙利怎能錯過最道地的口味呢！

烏尼昆草藥酒 Unicum

距今已經超過150年歷史的烏尼昆草藥酒，以40種以上的藥草成分製成，由於帶有苦味，一般遊客的接受度不是很高，但在匈牙利卻很受當地人喜愛，據說可以保護腸胃，也常用來當餐前開胃酒使用。

艾格爾公牛血葡萄酒 Egri Bikavér

產自艾格爾的「公牛血」也是匈牙利有名的葡萄酒，它是用了至少3種葡萄發酵而成。公牛血名稱的由來，有一說因為其色澤呈公牛血色般的深紅，因而得名；另一說是因1552年的一場戰役，當時土耳其人攻打艾格爾，原本都已經要攻陷城堡了，城主為鼓舞士氣，便打開酒窖，給士兵飲用Egri Bikavér美酒，沒想到士兵喝了後士氣大振，進而阻退土耳其人，當時土耳其人便謠傳酒裡是滲入了公牛血，才讓匈牙利兵力頓時大增，之後，Egri Bikavér也就獲得公牛血的美名。

不管哪種說法正確，今日的Egri Bikavér的確是響譽國際的好酒，尤其是對喜歡吃辣與紅肉的匈牙利人來說，公牛血總讓賓主盡歡。

托卡伊貴腐甜葡萄酒 Tokaji Aszú

酒對於匈牙利人來說已經成為社交中不可缺少的飲料，其中最有名的是產自托卡伊的貴腐甜葡萄酒。匈牙利西北地區肥沃的火山土壤和良好的氣候造就出品質良好的葡萄，中世紀時托卡伊酒就已出口到波蘭和俄羅斯，17和18世紀時知名度更達到巔峰。法國國王路易十六還曾稱讚過它是「酒中之王」。

匈牙利辣椒 Hungarian Paprika

匈牙利辣椒大多種植在南方，其中以卡羅查(Kalocsa)和塞格德(Szeged)這兩個城鎮周邊最多。幾乎每道匈牙利料理中都可以看到辣椒(粉)的蹤影，但其實吃起來不見得都是辣味，也有以甜味為主的辣椒，所以怕辣的人別擔心餐廳的菜難以入口；而喜辣的人，可吩咐餐廳特別為你準備一盤辣椒(粉)，再自行加入。

鵝肝 Libamáj/Goose Liver

匈牙利也是鵝肝的產地，雖然餐廳的鵝肝料理比其他的菜要貴，但比在法國吃卻是來的便宜又大塊。

很多餐廳會把這道菜當成前菜，料理的方式不盡相同，有的餐廳會將鵝肝煎到表面帶點焦苦，吃起來口感粗放，可同時搭配盤中的蔬菜和鵝油一起食用，感受不同層次的滋味；有些則忠於鵝肝的原味，可以搭配麵包一起品嘗。

Best Buy in Czechia
捷克好買

文●墨刻編輯部　攝影●周治平．墨刻攝影組

傳統上，來捷克的人喜歡購買一些水晶、拉線木偶或俄羅斯娃娃；不過這幾年大家又流行買菠丹妮或MANUFAKTURA的保養芳療用品，以及充滿幸福感的花草茶或水果茶，而且因為比在台灣買有明顯價差，更常見遊客大批大批掃貨回家。

俄羅斯娃娃

在布拉格街上有不少賣俄羅斯娃娃的商店，它們通常以十～數十個不等為一組，最小的放在裡面，再由小到大，最後裝成一大娃娃，價格的標準主要取決於娃娃的數量、大小、材質和彩繪品質。

芳療用品

菠丹妮(Botanicus)和MANUFAKTURA都是捷克知名的天然植物芳療用品店，販售以各種天然植物水果製造的香皂、按摩油、洗髮精、香料、健康茶等商品。

溫泉杯

卡羅維瓦利和瑪麗安斯凱蘭斯涅的溫泉水可以飲用，因此在許多溫泉出水處都可看到人們拿著溫泉杯來裝盛飲用。溫泉杯花色繁多、造型典雅，最特別的是：杯子的手把上設有小洞，以口就著小洞慢慢品飲，才是最道地的喝法！

波西米亞玻璃水晶

在波西米亞的伏爾塔瓦河流域，生產一種非常適於製造玻璃的天然礦石，它特殊的顏色讓製造出來的玻璃呈現奇幻的綠色，這種玻璃因此擁有一個美稱——森之玻璃。在布拉格或玻璃產地卡羅維瓦利，就可以細細品味波西米亞玻璃水晶的獨特美感。

水果茶．花茶

現在很多人來捷克都會帶幾盒水果茶或花茶回去，其中Pickwick和TEEKANNE是最受歡迎的兩個牌子，雖然它們的原產地都不在捷克。

這兩大牌子強調使用天然原料，不含人工香精或添加物，許多甚至不含咖啡因；而且在捷克買比在台灣便宜很多，到超市採購尤其划算，也成為最佳的伴手禮。

拉線木偶

捷克的木偶劇(Puppetry)始於17世紀，這種演出通常會以絲線拉住木偶表演、甚至製作與真人一樣大的木偶和演員一同演出，兩種演出都相當有趣。如果想買個帶回家當作紀念，布拉格市區內有不少木偶店可選逛。雖然這些木偶全部強調手工製作，但是精細程度不一，品質優良的五官相當逼真，造型可愛，手工很細膩，價格自然也高，不妨慢慢比較挑選。

Best Buy in Hungary
匈牙利好買

匈牙利的特色商品不外乎具有當地風情的傳統服飾、手工娃娃或陶瓷等，以及隨處可見的匈牙利辣椒粉；匈牙利也有幾款舉世聞名的好酒，如果在當地喝不過癮，也可以到商店或超市購買。有關酒的介紹可見〈匈牙利好味〉單元(P.24)。

傳統服飾

街頭常看到的匈牙利傳統服飾，衣服上繡滿可愛的花朵或花紋，具有豐富的民族藝術色彩。

布花

這種長得像一朵花、裡頭又分成小格小格的布花是做什麼用的？答案是用來放置蛋和麵包用的，可説既實用又漂亮。

手工民族娃娃

在中東歐國家經常可看見造型多樣、色彩繽紛的各種娃娃，讓人愛不釋手，也是最方便攜帶的紀念品。在匈牙利販售的多半是穿上傳統服飾的手工布娃娃，表情可愛、顏色鮮豔；還有一種是同樣穿上傳統服飾的芭比娃娃，模樣也很討喜。

辣椒粉Paprika

匈牙利人熱愛辣椒粉的程度真是無以倫比，稱之為「紅色黃金」，根據資料顯示，匈牙利每年生產約1萬噸的辣椒粉，其中有55%的產量外銷到全球，而其餘的就留給匈牙利人好好享用。

儘管辣椒進入匈牙利的確切時間與原因已經不可考證，到底是由印度經過土耳其、巴爾幹半島這條傳統的香料路線，還是根本就是從新世界傳入的，至今仍有人爭辯不休；不過可以確認的是：辣椒粉首度在匈牙利的文獻中出現大約是在16世紀左右。

匈牙利辣椒的種類也很繁多，最常在市場見到的辣椒粉以辣性較強的辣椒和甜椒為主，一般包裝或盒裝的是辣椒粉，條狀的是辣椒醬(膏)，買時依自己喜好跟老闆選擇辣味(Hot)或甜味(Sweet)即可。

手工刺繡

匈牙利的手工刺繡很有名，各種大小、形狀的刺繡品從手帕、餐墊、餐巾到窗廉布都有，有整件素色的，也有刺上各種帶著民族風情花樣圖案的，有以鏤空花樣取勝，也有做蕾絲花邊處理的，由於強調手工製作，花色品項繁多，喜歡的人可以花時間好好選購。

香皂和香皂台

匈牙利人酷愛泡湯洗澡，坊間就有賣這種香皂組，包括香皂和做成浴缸造型的香皂台，送禮自用都適合。

Herend陶瓷

在匈牙利最知名的Herend，早已是國際性大品牌。Herend的產品讓原本只鍾情於東方和西歐瓷器的匈牙利皇室，甘心開始接受了它，如今該品牌已成為歐洲皇室的最愛，價格自然不斐。喜歡陶瓷的人來到原產地，絕對有更豐富的造型與種類可選擇。

Transportation in Czechia & Hungary
捷克&匈牙利交通攻略

文●墨刻編輯部　攝影●墨刻攝影組

捷克和匈牙利的國土面積都不算大，個別從國內的東西南北任一角落出發，要到另一個角落去，通常早上出發晚上即可到達，所以國內的空中交通沒有很發達，比較倚重公路和鐵路等交通網絡，國內移動時以火車或巴士為主要的交通工具。

火車

火車是歐洲國家主要的交通工具之一，遊客除了購買單國火車票在該國境內做火車旅遊，亦可經由歐洲其他城市乘坐火車進入捷克和匈牙利。

這兩個國家的主要觀光城市，火車班次相當密集，尚稱方便，需注意的是：每個城市往往有不只一個火車站，利用火車進出各個城市，必須先確認清楚所搭乘的班次會停靠哪個車站。這一點只要透過歐鐵的網站查詢，即可鉅細靡遺；更棒的是，若事先下載好歐鐵的App，之後即使離線也能隨時查詢各火車班次的時刻表、沿途停靠站等細節，對出門在外的遊子而言實在是方便至極。

車站眾多 注意停靠站名

以布拉格為例，布拉格共有4大火車站，分別是北邊的Holešovice火車站、靠近市中心的Hlavní nádraží中央車站、Masarykovo nádraží火車站，和西南方的Smíchovské nádraží火車站。其中最大的車站是中央車站Hlavní nádraží，許多國際列車和地方列車都由這個車站出發。

卡羅維瓦利有兩個主要的火車站：從布拉格等其他城市前來的列車，都只停靠在卡羅維瓦利站(Karlovy Vary)，而觀光客主要拜訪的溫泉區，則比較靠近卡羅維瓦利下城車站(Karlovy Vary Dolni nádraží)，所以搭乘火車來到卡羅維瓦利的遊客，通常必須先搭車抵達主火車站後，再轉地方火車(RE)抵達下城車站。主火車站到下城車站，車程約5分鐘即達。

而布達佩斯有7個火車站，其中東站(Keleti pályaudvar)為最大、最靠近市中心、最主要的火車站，從捷克和斯洛伐克出發的國際線列車會停靠在東站；從奧地利出發的國際線列車會經過M4線終點站的Kelenföld火車站，最終抵達東站；此外，西站(Nyugati pályaudvar)和南站(Déli pályaudvar)也會有國際線列車停靠。

◎歐洲鐵路

www.eurail.com

歐洲火車通行證全面改成電子票了！

不需再擔心手殘寫錯火車班次、時間、日期等，或是害怕把通行證弄丟了，因為歐洲火車通行證全面改成電子票了！只需下載Rail Planner App就能隨身攜帶和檢視你的車票細節了。

第一步：在 Rail Planner App中載入電子票Add a new Pass

第二步：連結旅程Connect to a Trip

第三步：啟用你的火車通行證Activate your Pass

第四步：新增班次Add a new Journey

第五步：查票Show Ticket

◎如何退換票？

火車通行證只要處於未啟用或完全未使用的狀態，才能夠辦理退票。

若是向飛達旅遊購買歐洲火車通行證，會免費提供用票上的教學文件，也可以透過LINE或視訊等方式，取得真人客服諮詢。

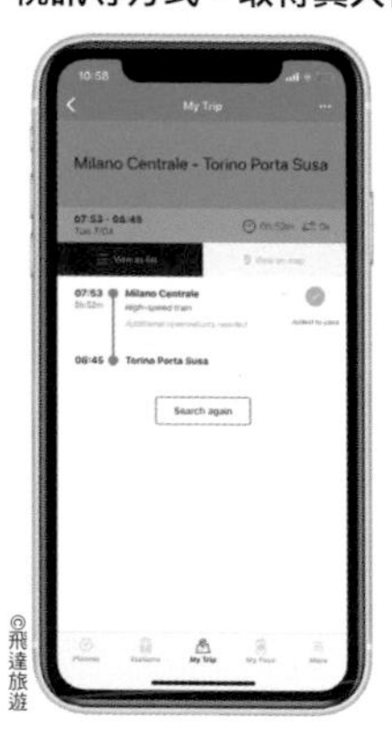

©飛達旅遊

©飛達旅遊

火車通行證

到捷克或匈牙利可購買「單國火車票」，分為1個月任選3、4、5、6或8天的票種，期間可以任意搭乘當地火車，但票種不包含餐飲、訂位、臥舖及開票手續費。

如有經過德國、奧地利或斯洛伐克等其他歐洲國家，亦可考慮「全歐火車通行證」(Eurail Global Pass)，可以一次遊覽33個國家，包括奧地利(包含列支敦士登)、比利時、保加利亞、克羅埃西亞、捷克、丹麥、芬蘭、法國(包含摩納哥)、德國、英國(包含英格蘭、蘇格蘭、威爾斯)、希臘、匈牙利、愛爾蘭(愛爾蘭及北愛爾蘭)、義大利、立陶宛、盧森堡、馬其頓、荷蘭、挪威、葡萄牙、羅馬尼亞、斯洛伐克、斯洛維尼亞、西班牙、瑞典、瑞士、土耳其、波蘭、波士尼亞與赫塞哥維納、塞爾維亞、愛沙尼亞、拉脫維亞以及蒙特內哥羅。

火車通行證的購票及詳細資訊可洽詢台灣歐鐵火車票總代理飛達旅遊或各大旅行社。

☎(02) 8161-3456分機2

LINE線上客服：@gobytrain

www.gobytrain.com.tw

©Student Agency

©Student Agency

©Student Agency

長途巴士

捷克和匈牙利的公路交通網綿密，班次又多，而且長途巴士站往往比火車站還靠近市中心，雖然長距離旅行時舒適度可能比不上火車，但是中、短途旅行，長途巴士可能比火車還方便。

和火車一樣，大城市往往有不只一個長途巴士站，利用巴士進出各個城市，必須先確認清楚所搭乘的路線會停靠哪個車站。

例如布拉格有數個長途巴士站，其中最主要也最大的是Praha, ÚAN Florenc巴士總站，前往卡羅維瓦利、庫納霍拉、皮爾森、契斯基庫倫洛夫等主要觀光城市，都可以從這裡出發。

此外，還有位於地鐵B線Anděl站附近的Na Knížecí巴士站；地鐵C線Nádraží Holešovice站的Holešovice巴士站；位於地鐵C線Roztyly站的Roztyly巴士站；以及位於地鐵B線Černý Most站的Černý Most巴士站等。

捷克有一家長途巴士RegioJet，由Student Agency經營，雖然名為「學生代理」，但並不是只有學生才能坐，而是廣對大眾營運超過20年的專業交通公司。車子座位舒適、有廁所、有Wi-fi，而且路線眾多、價格便宜，可說是遊客利用率最高的長途巴士。遊客可以從柏林、維也納、布達佩斯等其他歐洲城市搭RegioJet的國際線班車進入布拉格，也可以搭RegioJet的國內線班車優游捷克各地。

◎捷克國家交通網

www.idos.cz

◎Praha, ÚAN Florenc巴士總站

www.uan.cz

◎Student Agency

www.studentagency.eu/en

◎RegioJet

regiojet.com

布達佩斯也有數個巴士站，其中以Népliget autóbusz-pályaudvar最大，它是來自歐洲各國的國際巴士停靠站；此外，前往匈牙利西部和南部的巴士也是由此出發。Stadion autóbusz-pályaudvar則是前往東歐和匈牙利國內的巴士站。

位於市區北邊的Árpád hid autóbusz-pályaudvar巴士站，是前往匈牙利北方城市的車站；更往北3站的Újpest-Városkapu巴士站，則是前往多瑙河沿岸地區的主要巴士站。

長途巴士的班次和上車的車站站名，上網即可清楚查明。

◎匈牙利國家交通網

menetrendek.hu

捷克&匈牙利百科
Encyclopedia of Czechia & Hungary

History of Czechia 捷克歷史

文●墨刻編輯部　攝影●周治平．墨刻攝影組

斯拉夫民族東來與建國

捷克千年來多舛的命運，開始於5~6世紀斯拉夫民族東來之後。在830~906年，這個地區曾經短暫地被大摩拉維亞帝國統治，大摩拉維亞帝國的領域涵蓋了德國、波西米亞、波蘭等地；9世紀之後，捷克終於獨立成為一個國家，以斯拉夫語稱其為「捷克」，並於870年左右成立了第一個王朝——普熱米斯爾(Přemyslids)，當時首任波西米亞國王為聖瓦茨拉夫(St. Wenceslas)。

神聖羅馬帝國統治

不過，普傑米斯王朝並未能掌控捷克的統治權，950年德國奧圖一世(Otto I)擊敗波西米亞，把該地區納入神聖羅馬帝國的領土。973年羅馬教廷在布拉格設立大主教，在經濟、政治、宗教、文化各方面都與羅馬有密切交流。

雖然普傑米斯王朝想角逐神聖羅馬帝國的王位，不過勢力逐漸衰微，不敵當時的盧森堡王朝；14世紀，盧森堡家族打敗普傑米斯王朝開始統治捷克，時間雖然短暫，但對於捷克有許多偉大的建樹，尤其是1346年登基的查理四世，將布拉格建設為歐洲第一大城，史稱這段期間為黃金時期。

胡斯戰爭撼動歐洲

15世紀，捷克由亞蓋沃王朝(Jagello)統治，它是捷克最短的一個王朝，這段期間捷克境內由胡斯派帶領的軍隊常常與天主教軍隊衝突，雖然最後是由溫和派的波傑布拉狄(Poděbrady)家族掌握了統治權，但宗教對立的危機已深深埋入整個國家的政治中。

事實上，在宗教改革橫掃歐洲之前，布拉格對天主教的不滿已經萌芽了，最著名的事件是「胡斯事件」(Hussite Revolution)。當時在布拉格大學教書的胡斯(1368~1415)，提出對教會的批評及對教宗權威提出挑戰，引起教廷極度的不滿，因而禁止他的學

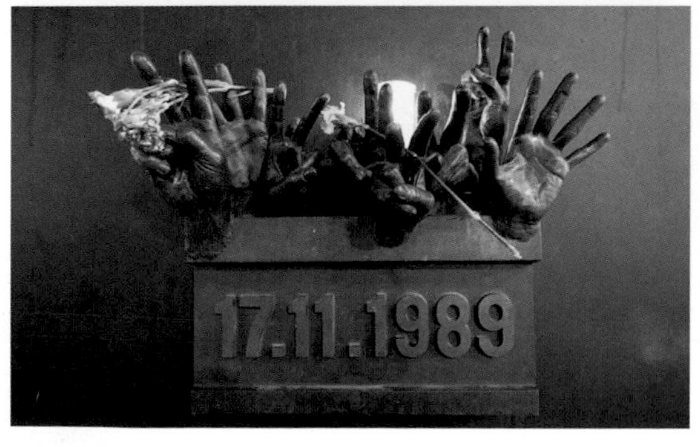

說，後來被判了死刑，並在康斯坦茨(Konstanz，今日德國)活活地被燒死。這項悲劇引爆了日後延續10餘年的胡斯宗教戰爭，牽扯的層面非常廣泛，表面上是胡斯改革教派與羅馬天主教之爭，事實上還包括社會面的地主與農民的對抗，德國與捷克兩國之間的對抗。

胡斯戰爭撼動的範圍幾乎是整個歐洲，整個行動由胡斯的信徒Jan Žižka領導，1419年羅馬教皇號召反胡斯的兵團企圖攻陷布拉格卻鎩羽而歸，此役之後，胡斯信徒聲勢大漲，以勢如破竹之姿深入德國、波蘭和奧地利，甚至抵達法國，最後因為胡斯信徒內分裂成溫和派和激進派，溫和派於1434年跟羅馬教廷談和條件之後，才逐漸平息這場大戰，不過，此舉已挑戰了中世紀代表最高權威的羅馬教廷，埋下未來宗教改革的種子。

哈布斯堡王朝統治

當亞蓋沃王朝最後一任國王路得維(Ludwig)在對抗土耳其人的戰爭中死於匈牙利之後，捷克的波西米亞貴族們推舉奧地利裔的斐迪南一世(Archduke Ferdinand I)當國王，這位懂得政治運作的國王屬於哈布斯堡家族的成員，利用兄長是當時神聖羅馬帝國日爾曼區皇帝的勢力，不斷擴張自己的政治權勢，在捷克推行中央集權，削弱貴族們的權力，終於成立了哈布斯堡王朝(Habsburg)。1620年斐迪南二世當政，一場「白山之役」(White Mountain)徹底擊潰波西米亞貴族的政治地位，哈布斯堡王朝進入全盛時期，捷克人不但失去政權，還被迫放棄自己的母語，從此波西米亞受外族統治長達300多年。

17世紀的動盪

經過胡斯戰爭的洗禮，多數的捷克人都屬新教徒，但是16世紀的捷克又被哈布斯堡王朝統治著，而哈布斯堡王朝深受天主教的影響，所以壓迫捷克必須改信天主教，加上哈布斯堡王朝取消捷克貴族的土地擁有權，因而引發捷克強烈的不滿，引爆點是1618年5月23日，捷克貴族把兩名哈布斯堡王朝的使者從古堡丟出窗外，兩方一觸即發，「三十年戰爭」(The Thirty Years' War)於是展開，最後，哈布斯堡王朝平息了這場紛爭，在300多年的統治中，天主教與德語教育強行實施於捷克，捷克人失去權利、土地與國籍。

從聯邦組成到二次大戰

捷克從未放棄建立屬於自己的國家，19世紀民族主義興起，波西米亞與摩拉維亞地區大受鼓舞，在第一次世界大戰之後，捷克共和國與斯拉夫共和國形成一個聯邦體制——捷克斯洛伐克。

捷克斯拉夫內有300萬的德語人口，第一次世界大戰之後，這些德語系人民對於希特勒提出的「大德國」充滿幻想，1938年在德、英、法私下協議的慕尼黑條約中，將北部的波西米亞與摩拉維亞併入德國保護區中，因而捲入了第二次世界大戰。捷克在這場戰爭中傷亡慘重，數以萬計的猶太裔人民被送入集中營，包括布拉格著名作家卡夫卡的妹妹們。1945年5月5日，布拉格居民起來反抗德軍，德軍撤離後，蘇聯的紅軍即揚長進入了布拉格。

布拉格之春來臨

二次大戰期間，捷克的共產黨已開始發展，於1946年的選舉當中，捷克共產黨贏得多數席次，從1950年起，捷克經濟蕭條、政治緊縮；到了1960年代晚期，新任總統杜布切克(Alexander Dubček)釋出民主空間，並取消審查制度，他倡導「人性化的社會主義」(Socialism with a Human face)，這一段短暫的時間被稱為「布拉格之春」，蘇維埃政府並不支持這項改革，於1968年8月由華沙出兵鎮壓，58人在這場鎮壓中喪生，翌年，杜布切克被撤換。

捷克共和國誕生

即使在柏林圍牆拆除之後，共產黨依然掌控著捷克，但在1989年11月17日，發生了戲劇性的轉變，當天，布拉格的部份共產黨員舉辦一個遊行以紀念在1939年被納粹殺害的的9名學生，約有5萬民眾參加，但是遭到警方驅離，其中約有500名民眾被警方毆打、有100多名遭到逮捕，接著反社會主義的遊行與言論開始散播開來，哈維爾(Václav Havel)組成地下聯盟，並在12月29日當選為新任總統；而主導布拉格之春的杜布切克成為國家發言人，完全民主的制度正式在捷克開花結果，在11月17日的這場意外被稱為「絲絨革命」(Velvet Revolution)，因為在這場革命中完全無人傷亡。

斯洛伐克自治區要求獨立的呼聲越來越高，1993年1月1日兩者正式分家，各自成立共和國，哈維爾順利當選捷克共和國的第一任總統。捷克在2004年加入歐盟成為正式會員國，並在2007年成為申根公約會員國。

History of Hungary
匈牙利歷史

文●墨刻編輯部　攝影●周治平．墨刻攝影組

從史前時代到西元9世紀

今日的匈牙利原本是羅馬帝國統治下的一個行省，隨著帝國的崩解，許多民族紛紛移居至此，其中包括在阿提拉領導下創立強大帝國的匈奴人。匈奴帝國瓦解後，日耳曼人、克羅埃西亞人、斯拉夫人都曾覬覦這片土地，然而游牧民族馬札爾人進駐多瑙河流域，並在匈牙利大平原定居，結束了此區的紛亂，據說當時以阿爾帕德族為首的10個部落組成的聯盟，形成今日匈牙利王國的雛形。

阿爾帕德王朝時期

為了在歐洲生存，當時的國王蓋薩(Géza)提倡信奉天主教以融入當地民眾生活，而後由他的兒子伊斯特凡一世(Istvan I)建立了匈牙利阿爾帕德王朝(Árpád)，將天主教列為匈牙利國教而被羅馬教廷冊封為「天主教國王——聖史蒂芬一世(Saint Stephen I)」。

13世紀貝拉四世(Béla IV.)國王統治期間，阿爾帕德王朝受到蒙古軍的進攻，歷經這場戰役之後，匈牙利人發展出城堡系統與市區建設。1301年該王朝最後一位國王去世。

早期的繁盛到分裂

14世紀初，在安茹王朝(Anjou)查理一世(Károly Róbert)和拉約什一世(Nagy Lajos)兩位國王的帶領下，王國逐漸強大，當時王國版圖曾縱跨波羅的海和地中海，甚至比今日的匈牙利範圍還要廣闊。15世紀下半葉，在馬提亞斯國王(Matthias Corvinus)統治下，匈牙利對外不但戰事屢傳捷報，對內更因採用現代措施而發展成歐洲重要的藝術文化中心之一。

繼14世紀的入侵不成之後，1526年土耳其人再次攻打匈牙利，Mohacs戰役的失敗造成此東歐國家分裂為三，並陷入土耳其人長達一個半世紀的統治。1686年匈牙利人終於奪回布達，卻在1699年遭到哈布斯堡家族的奪取，從此匈牙利成為哈布斯王朝統治下的領土，失去歐洲強國的地位。

奧匈帝國的創立

在長達200年的哈布斯堡家族統治下，匈牙利不斷發動獨立戰爭。1848年春天爆發了佩斯革命，隔年匈牙利國會通過獨立宣言並創立共和國，其反制行動遭到奧地利和俄國軍隊的強烈鎮壓。不過隨著哈布斯堡家族的衰敗，1867年該王朝不得不和匈牙利協調出「雙君主制」，遂誕生奧匈帝國，該帝國行政共建但立法各自獨立劃分，因此又稱為「雙重時代」，也將匈牙利推向顛峰的「黃金時代」。

兩次世界大戰與建國

第一次世界大戰後，隨著同盟國的投降，奧匈帝國瓦解，1920年匈牙利被羅馬尼亞軍隊攻陷，並在「崔安諾條約」(Treaty of Trianon)失去大量的土地，匈牙利的國土頓時減少三分之二，人民也銳減不到一半。

於是匈牙利求助於德國，雖獲得經濟上的幫助與收復部份國土，然而匈牙利卻因此牽連加入第二次世界大戰，反而在1944年被納粹占領。隔年反「軸心國」的俄軍以解放的名義入侵匈牙利，1946年匈牙利廢除君主制，正式成立共和國，1947年共產黨取得政權。兩年後，憲法明定國家名稱為匈牙利人民共和國。

邁向民主之路

1956年10月發生了反共產主義的「匈牙利抗暴事件」，原本和平的民主訴求運動最後演變成武裝衝突，最後在蘇聯軍隊鎮壓下宣告革命失敗。新任總理János Kádár曾經實施「消費走向」的共產主義，使匈牙利成為東歐國家中最富裕的一員，可惜榮景稍縱即逝。

1989年時匈牙利共產黨同意放棄一黨專政，發展成多黨制國家、聯合政府的型態，使它成為東歐第一個真正實施改革轉型的國家。1990年開放自由選舉，由民主論壇黨(Hungarian Democratic Forum)獲勝，宣布匈牙利改為資本主義且民主統治的多政黨國家，1991年蘇維埃軍隊撤退。

1994年社會黨和自由民主聯盟組成的聯合政府，在總理霍恩 久洛(Horn Gyula)的帶領下持續進行政經轉型。2004年匈牙利加入歐盟成為正式會員國，並於2007年成為申根公約會員國。

World Heritage Sites of Czechia
捷克世界遺產

文●墨刻編輯部　圖●周治平・墨刻攝影組

捷克入選的16座世界遺產，皆為寶貴的文化遺產，以具歷史、宗教與美學價值的建築和遺跡為主，人們可以透過這些精緻細膩的雕工或設計，深刻感受曾在這塊土地生活過的祖先們，如何展現對人類文化發展的努力。

①庫倫洛夫歷史市中心

Historic Centre of Český Krumlov

登錄時間：1992年

遺產類型：**文化遺產**

遺產面積：52 ha

庫倫洛夫最早建於13世紀，整個城鎮的建築風格融合了哥德式、文藝復興式及巴洛克式建築，是歐洲典型的城鎮雛形，由於維持了將近500年平靜的局勢，未受戰火波及，至今仍保留了中世紀的景觀，這是它列入世界遺產名單最主要的原因。

從空中俯瞰，可以看到伏爾塔瓦河(Vltava)以S形包圍整個城鎮，在河左岸延山丘而建的是龐大的城堡區，而河右岸則是一片紅色屋頂起伏的舊城區。庫倫洛夫的權力象徵——庫倫洛夫城堡，位在全鎮最高的地理位置上，是哥德式建築混合文藝復興式建築的最佳代表，無論從哪個角度都可以看見那以紅黃壁畫裝飾的高塔，獨特的造型相當引人注目，甚至連夜間都有燈光照明，成為全鎮的象徵。

古堡區由許多建築合成，最精采的還是進入城門之後的城堡宮殿，聖喬治禮拜堂、宴會廳、寢宮及各種裝飾華麗的房間都是最吸引人的部分。

②布拉格歷史市中心
Historic Centre of Prague

登錄時間：1992年

遺產類型：**文化遺產**

遺產面積：1,106 ha

西元9世紀前後，波希米亞王朝在伏爾塔瓦河(Vltava)西岸山丘上建造城堡，開始了布拉格的發展。當時城堡內興建許多宮殿、教堂誇耀波希米亞王朝光榮的歷史，而在13世紀時，布拉格城堡受戰火波及全毀，一時之間布拉格光彩盡失。但在14世紀中期，查理四世(Charles IV)將布拉格定為神聖羅馬帝國的首都，大肆興建宮殿、教堂，布拉格的都市建築在這個時期迅速發展擴張，成為一個繁榮富有的大都市，號稱「黃金布拉格」，而今天在布拉格保存下來最受注目的建築群，也以「黃金布拉格」時期的作品為主。

當時，雄心壯志的查理四世要將布拉格建設成一個媲美羅馬、君士坦丁堡的歐洲大城，從德意志帝國、義大利等地請來最優秀的建築師、藝術家建設布拉格城，並為每個建築畫上精緻的壁畫，當時中歐第一座大學「查理大學」和連接伏爾塔瓦河兩岸的查理大橋(Karlův most)就是這時候建設完成，而城堡區內則開始興建聖維特大教堂的工程，紀念歷代在此長眠的波希米亞王。這時候的布拉格不但在建築上有卓越成就，同時也是中歐的經濟、政治、學術中心。

今天在布拉格可以看到從11~18世紀不同形式的建築：仿羅馬式、哥德式、文藝復興式、巴洛克式一直到現代主義等各種風格，匯集在布拉格的歷史中心，走在街上，彷彿來到一個露天的建築博物館。

③特爾奇歷史市中心 Historic Centre of Telč

登錄時間：1992年

遺產類型：**文化遺產**

遺產面積：36 ha

原以木結構為建築主體的特爾奇山城，在14世紀遭逢一場大火後，四周便繞以城牆和護城河，房舍並改以石頭建造；到了15世紀晚期，建築風格以哥德式為主。

1530年的大火讓這個城鎮再度面臨重建，此時的建築結合了哥德式、文藝復興、巴洛克或洛可可樣式，像是哥德式拱形廳門、文藝復興式的外觀及樓梯，和文藝復興式或巴洛克式的山形牆…這些建築至今仍完整保存下來，充滿了夢幻風格，讓人來到這裡，會以為走進了童話世界，而非現實的城鎮。

④臯玻穆的聖若望朝聖教堂

Pilgrimage Church of St. John of Nepomuk at Zelená Hora

登錄時間：1994年 **遺產類型**：**文化遺產**

遺產面積：0.64 ha

1719年，布拉格大主教指派的委員會在研究殉道者臯玻穆的聖若望的遺體後，發現他的舌頭保存完好，足以顯現其神聖地位，因此為了紀念這位聖徒，當地修道院院長提議建造一座朝聖教堂，地點就選在聖若望早年受教育的綠山(Zelená Hora)。

這座教堂是一座極為出色的巴洛克—哥德式宗教建築，其設計者為著名的捷克建築師Jan Blažej Santini-Aichel。由於傳說聖若望在殉道時，身體上方出現一座鑲有5顆星的皇冠，因此建築師便以五角星的外形來設計教堂的主結構。這座別出心裁的朝聖教堂，成功銜接了新哥德與巴洛克兩種建築風格，具有承先啟後的歷史價值。

⑤庫特納霍拉：歷史市中心及聖芭芭拉大教堂和賽德萊茨的聖母升天大教堂

Kutná Hora: Historical Town Centre with the Church of St. Barbara and the Cathedral of Our Lady at Sedlec

登錄時間：1995年 **遺產類型**：**文化遺產**

遺產面積：62 ha

這座城市在14世紀由於銀礦開採而發展，你可以想見這是一個富裕的城市，在14~15世紀，庫特納霍拉是全歐洲最有錢的城市之一，由於保存良好，到處都可以看到當年繁華的遺跡。

其中最壯麗的建築莫過於聖芭芭拉大教堂，這是哥德式晚期的傑作之一，哥德式的建築結構，與布拉格城堡中的聖維特大教堂並列世紀之冠；另一個迷人的教堂是賽德萊茨的聖母升天大教堂，這是18世紀的早期巴洛克式建築，後來也影響了歐洲中部地區建築風格。

⑥萊德尼采—瓦爾季采的文化景觀 Lednice-Valtice Cultural Landscape

登錄時間：1996年 **遺產類型**：文化遺產

遺產面積：14,320 ha

西元17~20世紀時，在今日捷克南摩拉維亞(Southern Moravia)這塊土地，曾經被列支敦士登(Liechtenstein)王國政府統治，這段期間，在原本就擁有富饒田園景致的萊德尼采—瓦爾季采一帶的土地上，建造了許多巴洛克式、古典和新哥德式的建築，以及美麗浪漫的英式庭園，占地約200平方公里的景致壯觀迷人，是捷克面積最大的國家公園，也是歐洲最大的人工風景區。

⑦克羅梅日什的大主教庭園與宮殿 Gardens and Castle at Kroměříž

登錄時間：1998年

遺產類型：文化遺產

遺產面積：75 ha

克羅梅日什為位於橫貫摩拉瓦河(Morava)淺灘上的一座城鎮，其建於17世紀的大主教庭園與宮殿原為文藝復興時期建築，1752年的一場大火讓它面臨重建命運，此時的主教便將它改為巴洛克式風格。

克羅梅日什的庭園與宮殿的重要性，在於它為後來的歐洲巴洛克式貴族王侯宅邸和花園，樹立了完整與良好的建築典範。

©CzechiaTourism.com提供

⑧荷拉修維采歷史村落保護區

Holašovice Historical Village Reservation

登錄時間：1998年 **遺產類型**：文化遺產

遺產面積：11 ha

位於捷克波希米亞地區的荷拉修維采歷史村落，包括23座石造農莊、120棟建築物，以及一間臬玻穆的聖若望小禮拜堂。這裡的建築物具有一層樓結構，採用鞍狀屋頂，而且外緣的三角牆都面向村落中央的草坪廣場。

這些建於18到19世紀時期的本土建築群，充滿濃厚的「南波希米亞民間巴洛克風格」(South Bohemian Folk Baroque)，並且延續了源自中世紀的街道格局，完整保存了傳統的中歐村落風貌。二次世界大戰結束後，這裡的德國居民紛紛搬離，導致許多農莊年久失修，不過自1990年開始，當地恢復重建，目前大約有140位捷克居民。

⑨利托米什爾城堡

Litomyšl Castle

登錄時間：1999年 **遺產類型**：文化遺產

起始於義大利的文藝復興拱廊式城堡建築風格，在16世紀廣泛運用在歐洲中部，1582年建造而成的利托米什爾城堡，就承襲了這種風格，而且不僅如此，整座城堡的外觀或裝飾都極為精緻細膩，包括了後來在18世紀因天災而重建新增的巴洛克式裝飾物，都令人驚豔。而這些迄今皆完整被保存下來，並於1999年列入世界文化遺產名單內。

⑩奧洛穆茨的聖三位一體紀念柱

Holy Trinity Column in Olomouc

登錄時間：2000年

遺產類型：**文化遺產**

遺產面積：0.02 ha

位於上廣場的聖三位一體紀念柱高35公尺，是中歐地區最大的巴洛克式雕像。

建於1716年的聖三位一體紀念柱，耗時38年才完工，起初是由當地一名工匠Wenzl Render主動發起建造，參與募款、設計和監工，1733年，在整項工程僅完成最下層的小禮拜堂時，Wenzl Render便壯志未酬辭世了；儘管之後仍有幾位好手接任，也都未能在他們在世時親見它的落成，直到1754年，這項艱鉅的工程才在Johann Ignaz Rokický手中完工。

紀念柱主要分成三部份，最上端是三位一體雕像，中間則是聖母升天雕塑，這些皆由當地著名雕刻家以鍍金青銅鑄成，雕像不但表情傳神、動作優雅，甚至連衣服的披拂褶皺看來也極為自然生動。這座聖三位一體紀念柱想要表現的，不是誇張繁複的巴洛克風格，而是一種和諧自然的建築範本。

⑪布爾諾的圖根哈特別墅

Tugendhat Villa in Brno

登錄時間：2001年

遺產類型：**文化遺產**

遺產面積：0.73 ha

圖根哈特別墅是知名德國建築設計師密斯．凡德羅(Ludwig Mies van der Rohe)於1929年設計建造的，當時他應圖根哈根夫婦(Tugendhat)的要求，建立了這棟別墅，以做為新婚住所之用。

圖根哈特別墅分成3層樓，乳白色的建築牆面充滿一種簡約時尚風格；由於沒有預算上限，密斯凡德羅利用許多上等、甚至外國進口的建材，如蜜黃花紋瑪瑙、石灰華、黑檀木、玻璃、鍍鉻的鋼鐵，打造一所前所未有的高級寓宅。

建築過程使用了特殊的採光、通風、玻璃帷幕和室內加熱設計，深具巧思。像是樓下的主空間，分為書房、客廳和餐廳三部分，觸目所及，全是充滿時尚感的精緻家具和盆栽裝潢，皆兼具美學和實用價值；兩側牆面是大片的玻璃落地窗，從這裡可以直接欣賞到戶外的花園美景，也能掌握每分每秒的光影變化，感覺坐在家中，就在欣賞一幅四時風情畫，這種結合住宅與花園、考量光學的物理設計，極具現代化，即使在今日也堪稱新穎時尚，何況在20世紀初的當時，更被視為前衛獨特的作品，深具藝術與建築價值，是不少建築師必定朝拜的經典範本。

⑫特熱比奇的猶太社區和聖普羅可比聖殿

Jewish Quarter and St Procopius Basilica in Třebíč

登錄時間：2003年

遺產類型：**文化遺產**

遺產面積：5.73 ha

特熱比奇的猶太社區(包括猶太人墓地)和聖普羅可比聖殿的重要性，在於從中世紀到20世紀這段期間，替猶太教和基督教兩種不同文化的和平共存做了見證。

另外，原本具猶太教風格的聖普羅科皮烏斯大教堂，後改為基督教形式，也影響了後來西方歐洲的建築風格。

⑬克魯什內山脈礦區

Krušnohoří Mining Region

登錄時間：2019年　**遺產類型**：文化遺產

遺產面積：6,833.776 ha

克魯什內山在捷克語中就是「礦山」的意思，這是因為這裡蘊含豐富的金屬礦產，二最早的採礦紀錄可追溯至中世紀。歷史悠久的採礦活動留下了水利管理系統、礦物加工廠與冶煉廠、礦區城鎮等遺產，深刻影響了克魯什內山脈礦區的文化景觀。

這個礦區位於位於德國東南部和捷克西北部，1460~1560年為歐洲最重要的銀礦產地，那時候的銀礦是科技革新的關鍵元素。到了16~18世紀，除了銀礦，還有穩定生產的錫礦、鈷礦，讓這個地區稱為歐洲甚至世界主要金屬礦產地；19世紀末到20世紀初更是成為了全球主要的鈾生產地。

⑭拉貝河畔 克拉德魯比：儀式用馬飼育訓練景觀

Landscape for Breeding and Training of Ceremonial Carriage Horses at Kladruby nad Labem

登錄時間：2019年　**遺產類型**：文化遺產

遺產面積：1,310 ha

這是捷克的國家馬場，也是全世界最古老的育馬場之一。位於易北河平原，主要用途是培育與訓練最古老的捷克馱馬品種──克拉德魯伯馬。克拉德魯伯馬只有白色、黑色兩種顏色，前者是皇室與宮廷的儀式馬車用馬，而後者為教會重要人物的馬車用馬。

哈布斯堡王朝的馬克西米利安二世於1563年在此地設立種馬場，到了1579 年魯道夫二世將其擢升為皇室御用馬場。當時的馬匹是重要的資產，在運輸、農業、軍事等領域有著巨大的作用，同時也是皇家貴族身分的象徵。克拉德魯比馬場如今也與丹麥、瑞典皇室合作，為他們提供儀式用馬。

⑮喀爾巴阡山脈及歐洲其它地區的原始山毛櫸林

Ancient and Primeval Beech Forests of the Carpathians and Other Regions of Europe

登錄時間：2007年　**遺產類型**：自然遺產

遺產面積：98,124.96 ha

這些山毛櫸林原本的範圍只涵蓋德國、斯洛伐克和烏克蘭這3個國家，最新的擴展有10個歐洲國家加入，目前分佈於18個國家的94個地區(阿爾巴尼亞、奧地利、比利時、波士尼亞與赫塞哥維納、保加利亞、克羅埃西亞、捷克、法國、德國、義大利、北馬其頓、波蘭、羅馬尼亞、斯洛伐克、斯洛維尼亞、西班牙、瑞士及烏克蘭)。

擴展後的自然遺產充分展示了歐洲山毛櫸林和混合林在各種環境條件下的廣泛綜合性生態模式和成長過程，可以説是一個原始溫帶森林群的傑出範例。

⑯歐洲溫泉療養勝地

The Great Spa Towns of Europe

登錄時間：2021年

遺產類型：文化遺產

遺產面積：7,014 ha

除了捷克的卡羅維瓦利、瑪麗亞溫泉鎮及弗朗齊歇克溫泉鎮(Františkovy Lázně)，這個跨國遺產也包含了奧地利的巴登(Baden)、比利時的斯帕(Spa)、法國的維希(Vichy)、義大利的蒙泰卡蒂尼泰爾梅(Montecatini Terme)、英國的巴斯(Bath)以及德國的巴特埃姆斯(Bad Ems)、巴登巴登(Baden Baden)與巴特基辛根(Bad Kissingen)。

這些溫泉城鎮見證了1700~1930年代歐洲溫泉療養熱潮的崛起，雖然每個城鎮都不太一樣，但溫泉建築群都包含了浴池、泵房、飲水大廳、水療設施、柱廊和地道，旨在將天然礦泉水資源用於沐浴和飲用；其他基礎設施還有飯店、別墅、賭場、劇院等。這些建築與設施完美融入城鎮原本的格局，形成如世外桃源的休閒和療養環境，體現了城市規劃與醫學、科學、浴療學的重要交流。

World Heritage Sites of Hungary
匈牙利世界遺產

文●墨刻編輯部　圖●周治平．墨刻攝影組

因歷史上屢遭外族入侵，而讓匈牙利在文化上留下了豐富的遺產，再加上地貌上的變化多端，除了四周環繞山脈且被多瑙河從中一分為二之外，東部的大草原、西南部的湖泊、東北部的葡萄園等，都增添了它不同的風情與特色。

①布達佩斯

Budapest, including the Banks of the Danube, the Buda Castle Quarter and Andrássy Avenue

登錄時間：1987、2002年

遺產類型：**文化遺產**　**遺產面積**：473 ha

被喻為「多瑙河珍珠」的布達佩斯以多瑙河為中央線，一分為二。尤其是位於河西岸布達山丘上的城堡，隨著時代的潮流，從羅馬式的圓形古堡發展成為一座哥德式的城堡區，多元且繽紛的建築型態，不僅見證了當時建築師們的美學功力，也完全展現布達的完整歷史，更是被遴選為世界文化遺產的重要原因。

具有「中歐巴黎」之稱的布達佩斯，不僅是匈牙利的首府，同時還是全國的行政與經濟文化中心。布達佩斯橫跨在多瑙河的兩岸，是布達與佩斯兩個城市組合而成的，左岸是古老又傳統的布達城，右岸則是充滿巴洛克與古典主義建築的商業城市佩斯。

布達城堡山保存許多重要的中古遺跡，以及幾個不錯的博物館，更是全覽整個布達佩斯和多瑙河的眺望點。海拔約170公尺的城堡山位在長約1公里的高原地上，主要分為皇宮和舊城兩大部份，皇宮所在地是13世紀所建的城堡，舊城則是當時中古時代平民主要的居住生活地。從布達跨越多瑙河到右岸的佩斯，瞬間就從古典高雅風情轉換到繁榮的現代都會。

②古村落霍羅克

Old Village of Hollókö and its Surroundings

登錄時間：1987年

遺產類型：**文化遺產**

遺產面積：145 ha

霍羅克是個展現歷史文化風情的小村莊。整個村莊僅有兩條道路，道路兩側建立著極具歷史價值的民房，其中有65個房舍是受到保護的。覆蓋著乾草的木造民房是帕羅次(Palóc)地區的傳統建築風格。由於這種建材易燃，霍羅克村的房舍自13世紀以來便歷經多次的火災損毀，而現今所看到的村景，是19世紀初1909年一場大火後重建的；不過建築整體結構仍從中世紀保存至今。

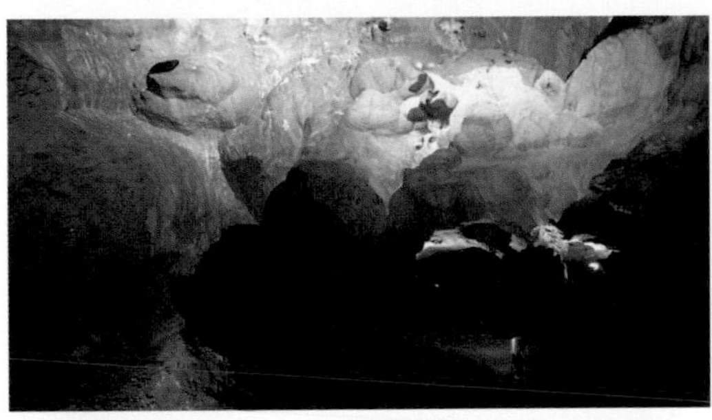

③阿格特雷克及斯洛伐克喀斯特洞窟群

Caves of Aggtelek Karst and Slovak Karst

登錄時間：1995年　**遺產類型**：**自然遺產**

遺產面積：56,651 ha　**備註**：**與斯洛伐克並列**

這個位於匈牙利和斯洛伐克邊界的石灰岩洞群(又稱喀斯特地形)，共有715個石灰岩洞，這是非常罕見、珍貴的溫帶地區石灰岩洞，有別於熱帶與冰河地區的石灰岩洞，其中有一段長達25公里的洞穴「巴拉德拉——多明加洞穴」(Baradla-Domica Cave)非常精采，裡面有鐘乳石、石筍與地下激流等珍奇的地理景觀。

就自然、地理、氣候、地質、生物、歷史學等各種角度來看，這裡擁有觀光及研究價值，1995年由匈牙利、斯洛伐克兩國共同提出並列入世界遺產名單中。

④帕農哈馬的千年聖本篤會修道院及其自然環境

Millenary Benedictine Abbey of Pannonhalma and its Natural Environment

登錄時間：1996年

遺產類型：**文化遺產**

遺產面積：47 ha

帕農哈馬聖本篤會修道院建立於996年，是匈牙利最古老的修道院，匈牙利的開國國王聖依斯特凡的父親，體察到匈牙利人要在歐洲長治久安必須要先入境隨俗，因此，改信天主教並建立這座修道院。所以，這裡可說是匈牙利天主教精神萌芽之所。

這座哥德式的修道院其間雖歷經幾番整修，但古老的地下室、哥德式迴廊、頂棚的濕壁畫及圖書館仍完善地保存下來，環境非常清幽，目前仍有修道士在此居住。

©Hungary Tourism

⑤荷托貝吉國家公園

Hortobágy National Park - the Puszta

登錄時間：1999年

遺產類型：**文化遺產**

位於匈牙利東部的荷托貝吉國家公園有個別稱——「普茲塔」(Puszta)，它是由大片的草原和溼地構成，在這片平原上，有大量的野生動植物在此生活，是歐洲最大的保護草原地之一。不過這裡是以文化遺產的身分入列，傳統的土地利用形式、以及家畜在草原上吃草的田園景觀，已經超過兩千年。來到這裡，可以參加旅遊團，沿途欣賞牛、馬、羊、鳥群等有趣活潑的大自然生態。

⑥佩奇的早期基督教墓園遺跡

Early Christian Necropolis of Pécs (Sopianae)

登錄時間：2000年

遺產類型：**文化遺產**

遺產面積：3.76 ha

佩奇(古稱Sopianae)由於氣候溫暖加上多瑙河流域的富饒土地，使羅馬人早就在這塊土地紮根生存，而埋入地下幾千年的文物，隨著考古學家不斷地挖掘，也陸續呈現在世人面前。

古基督教墓園遺跡就在1975年時被挖掘出，估計為西元350年時期的產物，地面上是一個簡單的禮拜堂，地面下便是墓地。因為這些墓地是建在地面上，兼具墓穴和禮拜堂的功能；而就藝術層面來說，這些墳墓以描述基督教主題的壁畫，裝飾豐富，極具藝術價值。

⑧托卡伊葡萄酒歷史文化景觀

Tokaj Wine Region Historic Cultural Landscape

登錄時間：2002年

遺產類型：**文化遺產**

遺產面積：13,255 ha

位於匈牙利東北方，以低地與河谷地形為主的托卡伊，是個由葡萄園、農場、村落交織而成的迷人城鎮。拜火山土壤以及適合生長黴菌的微氣候所賜，這裡擁有流傳了上千年的葡萄栽培模式及釀酒文化，而且一直延續到今天。事實上，「托卡伊」(Tokaj)一詞就是西元10世紀從亞美尼亞語「葡萄」演變而來的匈牙利語。

本區的建築包含羅馬天主教、東正教及猶太教教堂、充滿貴族風格的城堡和莊園，以及純樸的民宅；不過最具特色的是酒窖，它們基本上分為兩種：一種建於住宅的地下室，另一種突出於地表，不直接與住宅相連，入口處裝有鐵門或木門。

© Hungary Tourism

⑦費爾托／諾吉勒湖文化景觀

Fertö／Neusiedlersee Cultural Landscape

登錄時間：2001

登錄時間：**文化遺產**

遺產面積：68,369 ha

備註：**與奧地利並列**

諾吉勒湖位於奧地利和匈牙利交界處，在匈牙利境內則名為費爾托(Fertö)，是中歐最大的草原湖，海拔113公尺，總面積約320平方公里。湖泊大部份位於奧地利境內，有1/5是在匈牙利境內，因此由奧地利和匈牙利共同提報，並通過列名世界遺產。

這座湖8,000年來都是不同文化交匯的地點，當地地貌因為人類活動和自然環境的交相影響，產生了不同的景觀，其中最具代表性的是圍繞於湖畔四周的村莊聚落建築，它們大多出現在18~19世紀，因而增添了這座湖的文化價值。

Celebrities of Czechia
捷克名人

文●墨刻編輯部　攝影●周治平．墨刻攝影組

卡夫卡Franz Kafka｜存在主義先驅

法蘭克．卡夫卡(1883~1924)這個名字在文學史上，具有舉足輕重的地位，他被譽為20世紀存在主義的先驅。

卡夫卡出生於1883年7月3日，是家裡的長子，他有三個妹妹，父親屬於中產階級的猶太商人，對於他父親而言，能安安穩穩地擁有一份好的工作、好的家庭，成為主流社會中的一份子，就是幸福的生活。

父親對他影響非常深遠，幾乎滲透到他的人生與作品中。從《父親手札》(Brief an den Vater)可以看出纖細、敏感、不善表達感情的卡夫卡，與他那強壯、控制慾強的父親之間的複雜情感。

當時布拉格的官方語言是德語，所以卡夫卡在德語學校就讀，並在布拉格的德語大學完成法律博士的學位。畢業後，他在一家私人的保險公司就業。這份工作提供卡夫卡穩定的收入與固定的工作時間，於

是他可以利用傍晚時間從事寫作，從卡夫卡的日記中可以知道，他非常熱衷於寫作，常常在不眠不休地寫作後直接去上班，一直到自己精疲力盡為止。有趣的是，雖然卡夫卡的捷克文說寫都非常流利，但他始終使用德文創作。

不管日後卡夫卡如何地影響這個世界，在他有生之年，都只是一個默默無名的作家。他生前發表的作品非常少，只在一些純文學的小型刊物上發表而已。卡夫卡開始創作的時間非常早，不過，這些早期的作品都被他自己銷毀，首次作品出版於1907年，接著17年又陸陸續續地推出，但是，大多數的作品都是在他死後才付梓，而且是由他的好友馬克思博得(Max Brod)出版。他不算多產型的作家，比較重要的著作如《美國》、《蛻變》、《審判》和《城堡》。

卡夫卡與布拉格有非常密切的關係，因為他出生在布拉格，多數時間也都住在舊城區附近，只有在戰爭前後搬到布拉格的城堡區，一生甚少離開過家鄉，最後長眠於布拉格的猶太墓園。後人也只能藉由一些景點，來走進他孤單的世界。

景點	與卡夫卡的淵源	頁數
舊城廣場8號House No.8	1882年，卡夫卡的父親所經營的第一家商店在此開幕。當時卡夫卡雙親剛結婚還沒生下卡夫卡	79
卡夫卡之家Kafkův dům	1883年7月3日，卡夫卡在這棟房子的2樓誕生	92
西克斯特屋Dům U Sixtů	卡夫卡一家人在1888~1889年間居住的地方	80
一分鐘之屋Dům U Minuty	1889~1896年間，卡夫卡一家人的住所，他的3個姊妹都在此出生	79
獨角獸之屋 Dům U Bílého Jednorozce	卡夫卡學生時代，曾在這裡參與一個哲學討論會，研讀康德、黑格爾等人的哲學著作	80
卡洛琳南大學Karolinum	查理大學本部。卡夫卡作為法律系學生時代曾在這裡上課	89
克拉姆．葛拉斯宮 Clam-Gallasův Palác	1900年代，曾是查理大學德語學院的政治學系所，卡夫卡學生時代也曾在此修過課	87
克萊門特學院Klementinum	卡夫卡曾在此修讀德國文學、藝術史及哲學	90
史瓊伯恩宮殿 Schönborn Palace	1917年3月，卡夫卡曾經這裡租了一層公寓住宿。現在作為美國大使館，不開放參觀	111
黃金巷22號Zlatá ulička No.22	1916~1917年，卡夫卡與妹妹Ottla住在此處，並專心寫作	104
Café Louvre	卡夫卡和他的好友會固定在此碰面，討論當時影響布拉格知識分子甚多的哲學家Franz Brentano的學說	57

史麥塔納Bedřich Smetana｜波西米亞音樂之父

史麥塔納(1824~1884)是捷克最著名的音樂家之一，他的音樂對捷克的民族復興運動有著極其深遠的影響，被視為捷克人的驕傲。

史麥塔納為19世紀的捷克掀起國民樂派風潮，他的作品都與鼓舞民族愛國精神有關，用民族樂曲旋律激勵民心士氣。著名代表作包括歌劇《被出賣的新娘》(Prodaná nevěsta)和細膩詮釋捷克歷史、故事、景致的《我的祖國》(My Country)。

景點	與史麥塔納的淵源	頁數
史麥塔納博物館Muzeum Bedřicha Smetany	史麥塔納最愛的居所，目前展示許多他生前的珍貴遺蹟	91

德弗札克Antonín Dvořák｜國民樂派作曲家

同樣以濃厚民族氣氛著稱的德弗札克(1841~1904)，知名度和受歡迎的程度不在史麥塔納之下。

德弗札克是一位抒情作曲家，靈感如泉水般源源不絕，其作品的旋律中幾乎都帶著民族固有的風味。他很少直接引用民歌旋律，但民族風味油然而生，那種發自靈魂深處對祖國的感情，幻化為音符，最能牽動人們心底悠悠的共鳴與感動。

德弗札克的音樂受布拉姆斯、華格納和捷克民間音樂的多重影響，他創作了交響曲、合唱曲、室內樂曲、歌劇、鋼琴曲、協奏曲等，尤以交響曲和室內樂居多，不僅民族氣氛濃厚，樂風更充滿明朗浪漫的詩情。最膾炙人口的是德弗札克在客居美國時所作的《新世界交響曲》(New World)；另一個代表作品《斯拉夫舞曲》(Slavonic Dances)則充分表現出捷克人民的歡樂和哀痛。

景點	與德弗札克的淵源	頁數
德弗札克博物館Muzeum Antonína Dvořák	展示德弗札克生平相關的文物，包括手稿、海報、私人用品及一些未曾發表的曲目	118

慕夏Alfons Mucha｜新藝術派代表

©Mucha Trust 2016

慕夏(1860~1939)西元1887年畢業於德國慕尼黑的美術學校，原本是以宗教和歷史性的大型壁畫和油畫為主力創作，然而在27歲前往巴黎進修時，因助學金遭停止，不得不以日曆設計、書和雜誌插畫等多種方式賺取生活費，漸漸形成獨特的繪畫風格。

在一次臨時的工作中，慕夏為當時著名的巴黎女演員Sarah Bernhardt及她的劇院描繪海報，受到她本人與無數影迷的喜愛，慢慢奠定慕夏在巴黎新藝術領域的地位。

1904年，慕夏以歐洲最重要的裝飾藝術家身份，獲邀前往美國教學；1910年，他來到布拉格，繪製一連串的作品《斯拉夫史詩》(Slovanská Epopej)，不過當時並未受矚目；直到1960年，各界才開始重視慕夏的藝術成就。

不過，即使慕夏的作品曾在世紀交界時深深地影響藝術走向，慕夏依然深怕他的裝飾藝術太過輕挑花俏，1910年之後，慕夏開始致力於繪製斯拉夫民族的歷史文化。1939年7月14日慕夏因肺炎死於巴黎，他的遺作是《斯拉夫統一的誓言》(The Slav's oath of Unity)。

景點	與慕夏的淵源	頁數
市民會館 Obecní dům	其室內裝潢和中央表演廳都是慕夏的傑作	85
慕夏博物館 Muchovo muzeum	收藏慕夏作品，包括繪畫創作、在巴黎與捷克設計的海報作品、設計草圖等	117

Celebrities of Hungarian
匈牙利名人

文●墨刻編輯部　攝影●周治平．墨刻攝影組

李斯特Liszt Ferenc｜浪漫主義音樂一代宗師

19世紀匈牙利唯一舉世知名的音樂家李斯特(1811~1886)，曾經是歐洲最偉大的鋼琴演奏家，早年旅居奧地利、法國、義大利、瑞士等歐洲各國，幾乎讓人忘了他本來的國籍；1838年重回匈牙利，為當時遭受水患的同胞盡心力，也開始更深入接觸自己國家的傳統音樂，在他的某些作品中隱約可聽出吉普賽民俗音樂的味道。

早慧的李斯特從9歲就開始登台演出，積極探索鋼琴的演奏技巧，並創造了「交響詩」的音樂形式；和蕭邦、舒曼、華格納等交情深厚，在教學與提攜後輩方面也不遺餘力，歐洲音樂家的地位可說是從李斯特開始迅速提升的；對於音樂的普及大眾，他也居功厥偉。

李斯特一生創作了700多首樂曲，他的鋼琴曲以極高難度聞名，最為人熟知的作品包括《匈牙利狂想曲》、《浮士德交響曲》、《但丁交響曲》、《帕格尼尼練習曲》、鋼琴曲《愛之夢》等，是浪漫主義音樂的主要代表人物之一。

景點	與李斯特的淵源	頁數
李斯特．菲冷茲紀念館 Liszt Ferenc Emlékmúzeum	1881~1886年間的住所，展示與李斯特相關的生平文物，	230

高大宜Kodály Zoltán｜多才多藝的音樂教育家

出生在匈牙利南部城市凱奇米(Kecskemét)的高大宜(1882~1967)，可說是匈牙利20世紀最傑出的人物，他身兼作曲家、民族音樂收集家、語言學家、哲學家與音樂教育家，並以音樂教育家舉世聞名。

高大宜從10歲開始接受音樂教育，18歲進入布達佩斯大學修習哲學和語言學，同時也在布達佩斯李斯特音樂學院(Liszt Ferenc Zeneművészeti Egyetem，又名Royal Academy of Music in Budapest)繼續學習音樂。他不但在大學取得哲學與語言學雙學位，也在音樂學院獲得作曲與教學學位，之後又前往巴黎深造音樂，受法國作曲家德布西(Achille-Claude Debussy)的影響相當深遠。

在收集民族音樂的過程中，他注意到一些音樂教學上的問題，進而發展出高大宜音樂教學法，強調音樂教育是人們與生俱來的權利，也是日常生活中不可或缺的調劑。

景點	與高大宜的淵源	頁數
高大宜紀念館 Kodály Zoltán Emlékmúzeum	1924~1967年間的住所，展示與高大宜相關的生平文物	230

The Architecture in Prague
布拉格建築之美

文●墨刻編輯部　攝影●周治平．墨刻攝影組

光是在布拉格一個城市，你就可以遍賞從10世紀至20世紀這千年歐洲建築的演變，包括從仿羅馬式、哥德式、文藝復興式、巴洛克式、洛可可風、新古典主義到新藝術風格，難怪世人都齊聲讚美布拉格為「露天的歐洲建築博物館」！

布拉格早在西元5世紀時就有了城市的雛形，當時斯拉夫部族(Slav)定居在這塊歐洲人慣稱為「波西米亞」的地區，在伏爾塔瓦河沿岸建立村落，其中最主要的村落坐落於伏爾塔瓦河最廣闊的淺灘附近，這就是現在的布拉格。

當時由於伏爾塔瓦河常常氾濫，地勢高的左岸地區(城堡區)比右岸(舊城區)發展快速，直到7世紀，山丘上已建立了武裝守備的城鎮，這是布拉格城堡的雛形。此時的建築形式非常簡單，除了教堂是石造的之外，其他都是木造房屋，稱不上什麼風格。

9世紀末，在普熱米斯爾家族(Přemyslids)努力下，勢力擴張為中歐一個重要的貿易經商之地，正式成立國家，以斯拉夫語稱其為「捷克」。

973年時羅馬教廷在布拉格設立大主教，接著波西米亞成為神聖羅馬帝國的一個領地，在經濟、政治、宗教、文化各方面都與羅馬有密切的交流，這時，布拉格的建築才開始有系統地發展，並隨著當時歐洲藝術潮流波動。

仿羅馬式Romanesque

11世紀左右，捷克成為神聖羅馬帝國的領地，當時的政權普傑米斯立德家族為了強化統治權積極推廣天主教，而仿羅馬的建築風格也開始在布拉格出現，其中保持最完整的是布拉格城堡內的聖喬治教堂(Basilica of St. Jiři)。

在舊城區雖然也有許多仿羅馬式建築的民房，但由於此區常常因伏爾塔瓦河氾濫而淹水，所以後來修築的道路都把地面填高，原來地面層的房舍也變成地下室，甚至被埋在現有房舍的地基之下，往往在整修地下管線時才意外發現。

仿羅馬式建築與羅馬式建築風格上有差異，仿羅馬式建築是從10世紀末到13世紀中流行於歐洲的教堂建築，為了營造一個供多人使用的大型公共空間，建築師設計出「肋形穹窿」的結構，可以將屋頂重量分散經由牆壁傳到地上，不需占空間的廊柱。(這種肋形穹窿在後來的哥德式建築發展得更為精緻)。樸拙厚重是仿羅馬式建築的特色。

哥德式Gothic

最早起源於法國，約在12世紀初期成為法國中部天主教教堂的主要建築形式，藉由修道僧傳入中歐。自從捷克的盧森堡家族(Luxembourg)取代普熱米斯爾家族的政權建立捷克歷史上第二個王朝後，開始一改仿羅馬式的簡樸作風，以高聳的尖塔炫耀勢力。

然而，布拉格哥德式建築最大的推手是查理四世，他在位期間下令修築了聖維特教堂、火藥塔、提恩教堂、查理大橋、舊市政廳、新城市政廳等著名的建築。

哥德式建築強調的是垂直的地景，建築師利用無數的尖塔、尖拱型的窗戶、拱門、拱廊形成垂直的、輕巧的、向上飛昇的效果。加上13世紀威尼斯發明的彩繪玻璃被運用在建築中，形成一種更神性的氣氛，宗教力量在此展露得淋漓盡致。從此布拉格又多了「百塔之都」的美稱。

文藝復興式Renaissance

15世紀中期至16世紀，歐洲文化藝術發展漸漸從宗教的桎梏中走出來了，藝術不再只是為神服務，藝術家開始思索以「人」為本的價值觀，並展現在建築、繪畫上。文藝復興式建築最早發源於義大利，後來攀過了阿爾卑斯山流傳到歐洲各地，以人需求為主的建築從此展開。

文藝復興式建築引起建築結構與材料上很大的變化：建材上不再以石材一枝獨秀，而是大量使用木材、泥瓦、石膏；結構講究理性、比例完美、外型簡單、寬敞、內部明亮。如果跟哥德式的動態的、垂直的特色相較，文藝復興建築是靜態的、水平的。這些新變革的建築在15世紀末、布拉格政權交替時開始流行起來。

1491年，維拉迪斯拉夫・亞蓋洛(Vladislav Jagiello)國王推翻盧森堡王朝，成立捷克第三個王朝，正逢哥德式建築式微，於是他聘請了多位義大利建築師如Benedikt Rieth、Paolodella Stella、Giovanni Spatio等負責改建布拉格城內的風格，其中城堡舊皇宮內的維拉迪斯拉夫大廳(Vladislavský Hall)窗戶，就是以文藝復興風格設計的，從此，布拉格開啟文藝復興建築的新紀元。

巴洛克式Baroque

巴洛克建築在布拉格大流行與天主教勢力的鞏固有關，然而在引進布拉格時遭到波西米亞人的反感，他們視這種來自德國及義大利的建築風格為政治同化的手段之一。

16世紀初，來自奧地利的哈布斯堡家族統治了捷克，成立第四代的哈布斯堡王朝，從此捷克陷入內外對立的緊張局勢，哈布斯堡家族規定以德語為官方語言，壓抑原來的捷克母語，宗教上強迫推行天主教，排除捷克原有的新教，因此引發了波西米亞貴族的不滿，反抗聲浪四起。

而布拉格的建築史仍然隨著政治勢力演替，1713年，由奧地利偉大的建築師Fischer von Erlach建造了克拉姆・葛拉斯宮(Clam-Gallasův Palác)作為拿坡里總督葛拉斯的官邸，白山之役哈布斯堡家族徹底擊潰波西米亞貴族及新教徒之後，更大肆在布拉格各區興建或改建了許多巴洛克式建築，最有名的包括克萊門特學院、小區的聖尼古拉教堂與舊城廣場的聖尼古拉教堂、葛茲金斯基宮和城堡區的蘿瑞塔教堂等。當時有許多傑出的外國藝術家前來布拉格，為這個燦爛的時期增添不少佳作。

直到18世紀，捷克藝術家才開始真正接受巴洛克藝術，並以繁複的巴洛克式繪畫為提恩教堂、聖維特教堂等製作壁畫。

巴洛克一詞葡萄牙語是指「變形的珍珠」，而它講究的正是錯綜繁雜的曲線表現出來的華麗感，這種打破文藝復興式建築直線與理性概念的建築風格，與大量使用石膏作為裝飾材料有關，由於石膏的可塑性，讓藝術家可以盡情發揮，將情感投注在建築雕飾上。在曲線勝於一切的概念引領下，布拉格許多直線型的哥德式尖塔都被改造成圓弧形或蔥形。雖然巴洛克式建築是一個極端炫耀財富、權勢的建築形式，然而從今日的角度看來，卻為布拉格增添許多魅力。

洛可可風Rococo

巴洛克風格發展到極致，就成為更為享樂、感官的洛可可風格，在布拉格的洛可可藝術大多展現在壁畫及家具裝飾上，黃金被大量採用，極盡繁縟華麗，其下筆之細膩、色彩之繽紛簡直讓人目不暇給，徹底展現了人間浮華的一面。

新古典主義Neo-Classicism

巴洛克建築已經把建築的裝飾發揮到了盡處，於是人們開始重尋古典的簡單、雍容之美。18世紀晚期，隨著考古熱潮，歐洲興起一陣復古風，建築師們重新研究古希臘、羅馬的建築元素，把三角形山牆、成排的列柱還原到當代的建築風格中。

新古典主義非常強調理性，結構組成已經臻至成熟的階段，加上建築工藝的教育非常健全，因此這個時期的建築是極高水準的。另一個有趣的現象是鑄鐵的運用，當時鑄鐵剛被發明，因此廣泛地使用在建築裝飾中。布拉格最有名的新古典主義建築就是城邦劇院(Stavovské divadlo)，而沿著契里特那街往東走，出了火藥塔之後銜接的海柏尼斯卡街(Hybernska Street)兩側建築，及伏爾塔瓦河沿岸、從查理大橋往南到新城區的國家劇院一帶的建築，都呈現布拉格新古典主義建築的景觀。

新藝術風格Art Nouveau

1890年代，一種新的裝飾藝術出現了，這種以自然花草圖騰、女人面孔圖像裝飾在建築物立面，或是彎曲的鑄鐵做成的柵欄，通稱「新藝術」。所謂新藝術在歐洲各地不約而同地出現，在德國、奧地利稱為「分離派」或「青春派」，在法國稱為「新藝術」。布拉格的新藝術大師慕夏(Alfons Mucha)名聞遐邇，不過，在他之前布拉格首創新藝術的卻是一位工藝學校的教授Bedřich Ohmann，他出生於烏克蘭，1898年設計了科索咖啡(Cafe Corso)，這是第一個新藝術創作，以及著名的中央飯店(Central Hotel)等。現在在布拉格要欣賞新藝術的建築，絕不能錯過瓦茨拉夫廣場(Václavské náměstí)和護城河街(Na Příkopě)。

Thermal Baths in Budapest
布達佩斯的溫泉文化

溫泉泡湯在匈牙利被視為一項全民運動，人們閒來無事就會到溫泉泳池去輕鬆一下，游個小泳或下棋聊天，就像台灣民眾呼朋引伴泡茶開講，或到咖啡店高談闊論一般，屬於一種大眾化的社交活動。來到匈牙利，一定要親身體驗這種歐洲式的泡湯活動，暢快中帶有更多悠閒。

匈牙利的溫泉歷史可追溯至2,000年以前，礦物質豐富的泉水對風濕、關節、呼吸道等各種疾病具有不同的療效。除了治病的效果外，溫泉在匈牙利更是一種社交活動的代表。首先將溫泉概念引進匈牙利的為酷愛泡澡的羅馬人，在占領多瑙河畔的布達後，隨即建造了11個公共溫泉浴場供軍隊和市民使用，當然還有許多私人浴池未對外公開。直至中世紀，幾個知名的浴池如盧卡奇溫泉、蓋勒特溫泉和瑪格麗特島上的溫泉都在12~13世紀間落成。

匈牙利溫泉的極盛時代包括土耳其統治的150年，同樣喜愛澡浴的土耳其人也在布達佩斯興建了許多別具特色的溫泉，例如科拉力、盧達斯等，這些溫泉最大特色就是圓形屋頂上的土耳其式弦月標記。

從18世紀末開始，有規畫的大型溫泉療養中心逐漸受到歡迎和普及，直到現在，布達佩斯仍有許多享有盛名的溫泉，以風雅逸情和神祕古意吸引市民與國內外觀光客流連忘返，部份已經成為國際級的溫泉旅館，部份仍保留公共浴室的風貌與特色。

匈牙利的泡湯文化
與另一泡湯王國——日本大不相同！

在這裡不必全裸和其他浴客裸裎相見，只要像在游泳池一樣，穿著泳衣、戴著泳帽，在寬廣的室內外溫泉池中優游暢泳；如果找到伴下下西洋棋，或比手畫腳東扯西聊，更能夠體會匈牙利溫泉文化的精髓。

習慣裸湯的浴客也不必擔心，盧達斯溫泉有專門的男湯和女湯，該特定時段是不需要準備泳衣，浴巾圍一圍就可以泡湯了！

布達Buda

盧卡奇溫泉

Lukács Gyógyfürdő/Lukács Thermal Bath

從地鐵M2線Batthyány tér站轉搭HÉV於Margit Hid站下，步行約5~8分鐘可達。 Frankel Leó út 25-29 (20)257 9476 7:00~19:00(週二、週三至20:00) 平日全票3,800Ft、半票2,800Ft，假日全票4,200Ft、半票3,700Ft，使用桑拿加收500Ft；持布達佩斯卡免費 www.lukacsfurdo.hu 桑拿目前暫停使用

這是從土耳其時代就開始的溫泉，整座溫泉置身在一個漂亮的花園裡，繁花綠蔭圍繞，讓人一進來就覺得舒服。

盧卡奇的開放式室外泳池最受歡迎，尤其是遇到假日，這裡總是全家扶老攜幼一起光臨，到處都是笑聲；3個室內熱溫泉池水溫維持在32~40℃，另外還有泥巴池、鹽巴池可以使用。

由於水質含鈣、鎂的碳酸氫鹽和氯化物，據說對慢性關節炎、椎間盤突出、骨骼缺鈣或受傷復健治療都頗具功效，所以非常受到當地人喜愛，而且多半是為了治療宿疾而來。

除了溫泉池和泳池外，還有芬蘭桑拿浴池、甘菊蒸汽浴、閱讀休息室和露天花園等設備，而且溫泉不僅能泡，還可以飲用。亦可付費享受按摩Spa服務。

布達Buda

科拉力溫泉

Király Gyógyfürdö/Király Thermal Bath

搭地鐵M2線於Batthyány tér站下，步行約5~8分鐘可達。 Fő utca 84 (1)202 3688 www.kiralyfurdo.hu 受新冠肺炎疫情影響，自2020年3月15日起無限期關閉。

外表貌不驚人的科拉力溫泉，卻是布達佩斯最具土耳其遺風的公共浴池，在奧圖曼大帝統治布達時所建，年代估計約於1565年左右，是迄今保存最好的土耳其建築遺跡之一，以青銅色圓蓋屋頂和石牆著稱，屋頂上的金色弦月更是土耳其的象徵。科拉力溫泉引人入勝之處為透過屋頂小洞照射在浴池的光線，讓人同時沐浴在慵懶陽光與煙緲泉水中，雖然沒有富麗堂皇的裝飾，但有濃濃的土耳其浴遺風。

科拉力溫泉在第二次世界大戰中遭受嚴重破壞，經過努力的整修，保留原有的建材與建築結構，添加進桑拿、按摩浴缸、健身器材等現代化設施，也有眾多按摩療程可供選擇。

布達Buda

盧達斯溫泉

Rudas Gyógyfürdő/Rudas Thermal Bath

搭地鐵M4線於Szent Gellért tér站下，步行約10~12分鐘可達；或搭地鐵M3線於Ferenciek tere站下，步行約12~14分鐘可達；或搭巴士7、8E、108E、110、112或電車19、41、56或56A號於Rudas gyógyfürdő站下，下車即達。 Döbrentei tér 9 (20)321 4568 泳池、Spa、土耳其浴6:00~20:00(詳細男女泡湯時間請參閱以下表格)，桑拿11:00~19:45 全區域聯票平日6,500Ft、假日9,200Ft；泳池、Spa、土耳其浴各單項入場券4,500Ft(限平日，週四至12:45)；夜間泡湯9,500Ft(需網路購票)；持布達佩斯卡8折(限18:00~20:00) www.rudasfurdo.hu 14歲以下不得入場，桑拿目前暫停使用。

這座歷史已經超過500年的盧達斯土耳其浴溫泉，位於伊莉莎白橋旁，自1936年開始營業，原只提供給男性使用，但在2005年改裝後，女性也得以進來享受泡湯之樂。

這裡的環境依山傍水，規模相當大，設施先進，而且一邊泡湯、一邊可欣賞近在咫尺的多瑙河美景，情調最是迷人，所以建議避免假日前往，以免人滿為患。

盧達斯溫泉的水質含鈉、鈣和碳酸鹽，具有美容、保持年輕的功效，有關節退化性問題或神經痛的人，據說泡了也可以獲得改善。5個溫泉池水溫保持在29~42℃，泳池的水溫較高，約有28℃；泡湯之餘，還可以免費使用芬蘭桑拿浴室和蒸氣室。

盧達斯溫泉有分男女泡湯時間，請多加留意！

	週一	週二	週三	週四	週五	週六	週日
土耳其浴(限男士)	6:00~20:00		6:00~20:00	6:00~12:45	6:00~10:45		
土耳其浴(限女士)		6:00~20:00					
男女混浴(須著泳裝)				13:00~20:00	11:00~20:00	6:00~20:00	6:00~20:00
夜間泡湯					22:00~3:00	22:00~3:00	

布達Buda

蓋勒特溫泉

Gellért Gyógyfürdő⊠Gellert Thermal Bath

搭地鐵M4線於Szent Gellért tér站下，步行約2~3分鐘可達；或搭電車19、41、47、49號於Szent Gellért tér站下，步行約2~3分鐘可達。 Kelenhegyi út 2 (1)466 6166 溫泉9:00~19:00，桑拿12:00~19:00 週一~週四7,100Ft，週五~週日、國定假日8,200Ft www.gellertbath.hu

附屬在蓋勒特飯店的蓋勒特溫泉，當推布達佩斯最豪華的溫泉，因此受到最多外國觀光客的青睞。如蓋勒特的住客可以沿著飯店右側進入蓋勒特溫泉的專用入口，先在大門入口處購買門票，即可進入饒富尊貴氣氛的浴池大廳，右側的通道會引導浴客前往古典華麗的浴池，洋灑在透明天窗下的金黃色陽光，映照在古羅馬式的雕琢浴池中，更覺得古典和享受。

根據記載，蓋勒特在15世紀被發現泉源，比當時布達地區其他溫泉的規模和溫度都要來得大些、高些，直到1918年，蓋勒特溫泉飯店才終於完工並開幕，設備內容也跟隨時代的腳步，1927年增加了可製造波浪的浴池，1934年又增建了按摩浴池等。

如果想來一套全身溫泉美容，蓋勒特溫泉附設的各種服務絕對能滿足愛美人士需求，不論芬蘭浴、泥漿浴、全身按摩、水中噴射按摩等應有盡有。

佩斯Pest

塞切尼溫泉

Széchеny Gyógyfürdő/Szechenyi Thermal Bath

搭地鐵M1線於Széchenyi fürdö站下，步行約2~3分鐘可達。Állatkerti körút 9-11 (20)435 0051 溫泉週一~週四7:00~19:00，週五~週日、國定假日9:00~20:00；桑拿9:00~18:00 週一~週四7,100Ft，週五~週日、國定假日8,200Ft；午後票(17:00後，週日16:00後) 週一~週四6,800Ft，週五~週日、國定假日7,900Ft；持布達佩斯卡8折 www.szechenyibath.hu

位於市民公園的塞切尼溫泉不僅是布達佩斯最受歡迎的溫泉，也是歐洲最大的溫泉之一。1879年時11位地質學家意外發現這座溫泉，據說這裡的泉水對於治療風濕十分有效！匈牙利經典的全民泡湯運動在這裡一覽無疑。

此浴池是布達佩斯泉水溫度最高的浴池，不僅建築設計宛如宮殿般美輪美奐，同時還可看到悠閒的市民在池中邊泡湯邊下棋的經典畫面。黃色雄偉外觀在公園扶疏花木的襯托下，多了幾分療養生息的氣氛，內部浴池也融合了許多歐洲國家的溫泉文化，遼闊的大浴池和周圍寬廣的活動空間反映了羅馬式的澡堂文化；小型的浴缸型浴池則是希臘浴的代表；而蒸氣室的設計更是淵源於北歐。

想要見識塞切尼溫泉浴池得親自花錢入內泡湯，大廳的購票處列有琳瑯滿目的消費價目表。如果無緣泡湯，溫泉大廳旁的餐廳隔有透明玻璃窗，也可在此一窺浴池的真面目！

塞切尼溫泉是佩斯的第一個溫泉，迄今已有超過130年歷史，主要溫泉浴池有5個，室內3個溫度從18、28、38℃不等，室外兩個浴池分別為28和38℃，不同季節前往會有截然不同的趣味。除了泡澡之外，塞切尼露天泳池畔總有許多西洋棋高手在此較量，看他們怡然自得的神情和爽朗的笑聲，讓人真正感受到匈牙利的泡湯樂。

Historical Cafes in Prague & Budapest
布拉格&布達佩斯百年咖啡館巡禮

布拉格與布達佩斯有不少咖啡館創立於19世紀末，當時的咖啡館扮演著文人、學者或政治家暢談國家議事與發表個人言論的場合，與法國的沙龍文化相當。在穿梭旅遊景點的途中，撥空找間咖啡廳喝喝咖啡、品嘗甜點，或許你會發現另一面的布拉格與布達佩斯！

布拉格

布拉格的咖啡館最早可以追溯至奧匈帝國末期，愛因斯坦、卡夫卡都曾在這些咖啡館裡寫作、辯論。雖然有一大部分咖啡館沒有躲過共產主義的摧殘，但它們的精神仍然延續至今。捷克共和國自1993年成立以來，有不少舊時代咖啡館重新整修後開幕，為布拉格增添一份文藝色彩。菜單上提供的餐點除了咖啡廳常見的品項，還有許多當地傳統的鹹食、甜品、糕點等。

Kavárna Obecní dům

搭地鐵B線於Náměsti Republiky站下，步行約3~5分鐘可達。

Náměstí Republiky 1090/5

222 002 763

8:00~22:00

www.kavarnaod.cz

華麗優美的新藝術風格咖啡館：Kavárna Obecní dům

Kavárna Obecní dům位於市民會館中，餐廳有極為優美的20世紀新藝術裝飾，從華麗的水晶燈飾到雕飾和繪畫樣樣讓人目不暇給，有些桌椅、家具甚至是從當時就保存至今，和市民會館本身的新藝術建築型式互相輝映。

最好的位置莫過於一整排面向市街的窗邊，遇到好天氣，明亮的陽光輕灑屋內，更將華麗的裝飾襯托得金碧輝煌；夏季則會開放露天花園座位，可以坐在美麗的共和廣場街頭，享受一杯濃郁咖啡。

這裡的早餐很有名，很多人一早就來品嘗美味早點；令人難以抗拒的還有餐車推出的各種蛋糕，每樣看起來都極為可口；而捷克美食如奶油烤牛肉或炸豬排都是不錯的選擇，這裡的醬汁調理得不那麼鹹，比較合台灣人的口味。

捷克民族復興運動的象徵：Café Slavia/Kavárna Slavia

坐落於國家劇院對面的Café Slavia可以說是布拉格歷史最悠久的咖啡館，咖啡館裡依舊保留著1930年代的新藝術裝飾，每張玻璃窗外的景色宛如一張明信片──路過的電車行人、伏爾塔瓦河、查理大橋和布拉格城堡。

Café Slavia和國家劇院差不多時間成立，如同有「捷克人的舞台」之稱的國家劇院，這家咖啡館也成為了19世紀捷克民族復興運動的象徵。自1884年開業以來，詩人、劇作家、革命家經常在這聚會，如德弗札克、里爾克(Rainer Maria Rilke)以及成為捷克第一任總統之前的哈維爾就是常客之一。因為地理位置的關係，Café Slavia還是當年絲絨革命遊行的搖滾區！到了1990年代初，Café Slavia因法律糾紛被迫歇業，哈維爾總統親自請願，要求恢復其以往的光榮。1997年11月17日，Café Slavia終於再次開張。

Café Slavia/ Kavárna Slavia

搭地鐵B線於Národní třída站下，步行約6-8分鐘可達。

Smetanovo nábřeží 1012/2

777 709 145

9:00~22:00

www.cafeslavia.cz

捷克傳統美食及帝國蛋糕同樣出名：帝國咖啡館Café Imperial

位於Art Deco Imperial Hotel內的帝國咖啡館，和飯店同樣誕生於1914年，它是布拉格最知名的餐廳(咖啡館)，曾獲不少名人如捷克大文豪卡夫卡和作曲家Leos Janacek的青睞。咖啡館在2007年全面翻新，仍保留建築原先新藝術風格的陶瓷磚瓦和馬賽克天花版，透過優美的花卉和動物紋飾圖騰，彷彿也跌入昔日愉悅的美好時光。

餐廳主廚Zdeněk Pohlreich是當地名廚，由他帶領的團隊為客人獻上一道道精緻的捷克傳統美食，其中「燉牛頰」(Braised Veal Cheeks)和「燴羊膝」(Braised Shank of Lamb)是招牌；這裡的咖啡和自製手工「帝國蛋糕」(Imperial Cake)也很有名，可以來這裡品味下午茶。不過帝國咖啡館幾乎永遠座無虛席，建議提早預約。

帝國咖啡館 Café Imperial

搭地鐵B線於Náměstí Republiky站下，步行約1~2分鐘。

Na Poříčí 15

246 011 440

7:00~23:00

www.cafeimperial.cz

因卡夫卡而聲名大噪的咖啡館：Café Louvre

1900年前後，卡夫卡和他的3位好友Max Brod、Hugo Bergmann和Felix Weltsch曾經組成一個哲學讀書會辯論哲學、文學及時事，他們固定在1902年開業的Café Louvre碰面，討論當時影響布拉格知識分子甚多的哲學家Franz Brentano的學說。這個討論會後來因Max Brod退出而解散，然而Café Louvre卻因卡夫卡而聲名大噪，至今仍是布拉格藝術家們最喜歡的聚會場所。

Café Louvre

搭地鐵B線於Národní třída站下，步行約1分鐘。

Národní 22

224 930 949

8:00~23:30(週六及週日9:00起)

www.cafelouvre.cz

布達佩斯

隨著共產黨的統治，布達佩斯的咖啡館也隨之沒落，民生困乏與政治的因素，都讓咖啡文化隨之凋零，甚至有些咖啡館成了秘密警察的基地；直到民主再度降臨匈牙利，咖啡館才又活絡起來，百年老店整修後重新出發，幾間家族世代經營的老店還是維持著祖傳的糕點技術。這些百年老店的咖啡館有的豪華貴氣、有的仍維持著傳統的風貌，其中的蛋糕櫃總是擺放著數十種糕點，這些糕點流露著淡淡的東歐風味，可以一窺匈牙利人嗜甜點的喜好。

Ruszwurm Cukrászda

見布達皇宮(P.214)

Szentháromság utca 7

(1)375 5284

夏季 10:00~19:00、冬季 10:00~18:00

www.ruszwurm.hu

傳承200年的布達佩斯糕點文化：Ruszwurm Cukrászda

小小的店面總是擠爆了前來朝聖的遊客，由於位在馬提亞斯教堂旁，因此凡是到城堡山遊覽的客人一定會來這裡一探究竟！

1827年就開始營業的糕點老舖賣的不只是令人難忘的糕點，同時是布達佩斯那將近兩百年的糕點文化！創辦人Ferenc Schwabl開業後3年便去世，接管糕餅店的人正是娶他遺孀的Lénárt Richter，現今的風貌也是打從他經營此店開始就保留下來的模樣。店面以櫻桃木的櫃子作為設計，牆壁四周皆是櫻桃木打造的玻璃櫃，裡面放置著許多鎮店之寶紀念品——兩百年歷史的糕點模型人物，就連擺放蛋糕的兩個櫃子也是以古色古香的木櫃，呈現出百年前的浪漫風情！

由於Ruszwurm Cukrászda本身以糕點起家，所以這裡的糕點總類多達50種，著名的糕點包含了提洛烤餅(Tiroli Rétes)、魯茲維姆奶油蛋糕(Ruszwurm Krémes)、核桃糕(Eszterházi Torta)、巧克力的「海綿千層糕」(Dobos Torta)等。點蛋糕時最好擠到玻璃櫃前直接告訴侍者，他會親切地將蛋糕送到你的桌子！

Café Gerbeaud

搭地鐵M1線於Vörösmarty tér站下，出站即達。

Vörösmarty tér 7-8

(1)429 9000

週一~週四、週日 9:00~20:00，週五~週六 9:00~21:00

www.gerbeaud.hu

注意：不開放訂位

歐洲名氣最大的傳奇咖啡館：Café Gerbeaud

具有傳奇色彩的Gerbeaud是歐洲名氣最大且最具規模的咖啡館之一，它的地理位置非常好，慕名而來的觀光客只能用「蜂擁而至」來形容！

Café Gerbeaud於1858年由Henrik Kugler創立，到了1990年時已頗享盛名並在1997年重新整修。面對著佛羅修馬提廣場(Vörösmarty tér)的咖啡廳，除了有數十張戶外桌椅外，內部走的是華麗又復古的設計，從水晶吊燈、桌椅到紅色的窗簾，在在顯示出Gerbeaud百年老店的風華！這裡的招牌包括了核桃糕(Eszterházi torta)、巧克力的「海綿千層糕」(Dobos Torta)和各式各樣奶油糕點與自製巧克力、冰淇淋，此外這裡也供應三明治和沙拉等輕食，深受許多女性朋友的喜愛！

安德拉西路上的巴黎咖啡風情：藝術家咖啡館Müvész Kávéház

和亞歷山大咖啡同樣位於安德拉西路上，由於距離歌劇院相當近，布達佩斯的年輕人常常將這裡比喻為巴黎的咖啡館！仔細一看，Müvész Kávéház倒也有幾分相似的氣息，店內華麗的裝飾，同樣也是挑高的屋頂、垂吊水晶燈和大理石桌子，店門口也擺放了許多張桌椅，營造出一種「行人與客人對看」的巴黎咖啡館特殊文化！

這裡的糕點選擇眾多，店內也提供詳細的菜單，讓不識匈牙利文的遊客參考。除了咖啡與蛋糕外，這裡還有種類繁多且美味的冰淇淋，可說是Müvész Kávéház的特色之一。

平實又懷舊的咖啡時光：中央咖啡館Central

中央咖啡館早在1887年就已開幕，由於位處布達佩斯的文化中心，周邊有許多報社、出版社等文化單位，因此備受當時的文化人士喜愛。

1913年時，中央咖啡館重新整修並歷經二次世界大戰的經濟蕭條，為求生存這裡曾改賣義大利濃縮咖啡、紅椒和成為供應大學生用餐的餐廳；2000年時才整修成現今的風貌。挑高的咖啡廳分為上下兩層樓，雖然沒有過於華麗的裝潢，但卻給人一股很平實卻又懷舊的氣息，現今的中央咖啡館已轉換成兼具供應餐點的地方，當然你還是可以在下午時分前往這裡享受片刻的布達佩斯午後時光。

藝術家咖啡館 Müvész Kávéház

搭地鐵M1線於Opera站下，步行約1~2分鐘可達。

Andrássy út 29

(70)333 2116

9:00~20:00

www.muveszkavehaz.com

中央咖啡館 Central

搭地鐵M3線於Ferenciek tere站下，步行約2~3分鐘可達。

Károlyi utca 9

(30)945 8058

週一~週二、週日9:00~20:00，週三~週六9:00~24:00

www.centralkavehaz.hu

Gundel

搭地鐵M1線於Hösök tere或Széchenyi fürdö站下，皆步行約4~6分鐘可達。

Gundel Károly út 4

(30)603 2480

11:00~22:00(晚餐供應時間18:00起)，最後點餐時間21:00

www.gundel.hu

經典可麗餅好吃不用多說：Gundel

Gundel大概是布達佩斯最享譽盛名的餐廳了！它在1858年時由一位瑞士人所創立，並於1992年重新開幕，現在已經發展成非常具有規模的高級餐廳，想要品嘗Gundel的匈牙利料理可是一點也不便宜，一份主餐就收費5,000~9,000Ft。不過由於Gundel的經典可麗餅(Klasszikus Gundel Palacsinta)實在是太有名氣了，因此許多遊客都慕名前來朝聖。

如果只想品嘗下午茶點，餐廳領班會帶領你前往餐廳旁的酒吧咖啡廳，這裡的裝潢雖然說不上有趣，不過木頭吧檯和給人穩重感的餐桌椅，倒是為它添加了濃厚的歐洲風味。Gundel經典可麗餅已有百年的歷史，雖然常有人爭議可麗餅是法國人的發明，但是匈牙利人認為羅馬人都是共同的祖先，要比就比誰做的最好吃！可麗餅裹著萊姆、葡萄乾、檸檬和核桃，與起士和奶油在平底鍋內翻煎，起鍋後淋上巧克力醬汁，果然別有一番風味。

紐約咖啡館
New York Café

搭地鐵M2線於Blaha Lujza tér站下，步行約3~5分鐘可達。

Erzsébet krt. 9-11

(1)886 6167

8:00~24:00

www.newyorkcafe.hu

全球最美咖啡館之一：紐約咖啡館New York Café

高挑的建築空間、華麗的水晶燈和廊柱、精緻的壁畫和雕飾，結合了文藝復興式和巴洛克風格的藝術氣息，讓紐約咖啡館像是一座宮殿般令人目不暇給。而這些金碧輝煌的裝飾，也將它推向了全球十大最美咖啡館之列。

紐約咖啡館營業於1894年，昔日，許多文學家和詩人逗留此地找尋靈感，不少具有影響力的刊物報紙甚至是在這裡編輯完成的；今日，它屬於安納塔拉紐約皇宮布達佩斯飯店(Anantara New York Palace Budapest Hotel)的一部分，走過百年歷史的迷人丰采，讓它更加贏得眾人目光。

來到這裡，可以點選匈牙利燉牛肉、匈牙利魚湯等傳統佳餚；或喝杯咖啡，點上招牌甜點——手工起司蛋糕(Sajttorta baracklekvárral)，享受一段華麗又甜蜜的時光。

分區導覽
Area Guide

捷克

The Czech Republic

捷克，是許多人夢想一生必訪的國度，卡夫卡、德弗札克、木偶劇、黑光劇、波西米亞水晶……這些全與捷克有著深刻的連結，但都只能勾勒出一小部份。

雖然曾是共產國家之一，但捷克呈現出樂天開朗的特性，迥異於其他東歐國家，可能由於捷克人總是被經典藝術圍繞，美麗的東西看久了，心情就保有純真愉悅的一面。

捷克擁有豐富的文物史蹟和藝術創作，自中世紀開始，布拉格就被封為歐洲最美的城市，觸目所及全是歷史悠久的教堂和建築，耳中聽到的是悠揚的鐘聲或人群爽朗的笑聲，遊賞布拉格，無疑是一趟完整的藝術、音樂、建築和文學之旅。

捷克之最 Top Highlights of The Czech Republic

布拉格Praha／Prague

聖維特大教堂、查理大橋、舊城市政廳及提恩教堂，一座座高聳入雲的哥德式尖塔，構築出「百塔之都」的天際線。這裡不分晝夜四季，總是吸引數以萬計的遊客慕名而來。(P.65)

卡羅維瓦利 Karlovy Vary／Karlsbad

來到捷克最著名且歷史最悠久的溫泉鄉，不妨以溫泉杯品啜溫泉，漫步於美麗的溫泉迴廊，親身體驗19世紀最流行的休養模式。(P.155)

皮爾森Plzeň／Pilsen

捷克的啤酒馳名歐洲，別錯過皮爾森的Pilsner啤酒釀造所，一探黃金啤酒的製造之旅，以及療癒身心的啤酒SPA。(P.128)

庫特納霍拉Kutná Hora／Kutna Hora

雖然只是個2萬1千人的小鎮，但是擁有芭芭拉大教堂和人骨教堂，而且是14~15世紀全歐洲最有錢的城市！(P.149)

庫倫洛夫Český Krumlov／Cesky Krumlov

1992年列入世界遺產的美麗中古小鎮，建築形式與色彩充分表現波西米亞式的浪漫，穿梭於舊城區與城堡區之中，彷彿真的闖進童話世界。(P.137)

波西米亞

Bohemia/Bohemia

捷克共和國在行政分類上，分成中西部的波西米亞和東南部的摩拉維亞，其中波西米亞又再區分成東、西、南、北和中部五區。波西米亞境內以山地、森林居多，還有捷克最重要的河流——伏爾塔瓦河(Vltava)由南向北流，首都布拉格也在這塊土地上。

在歷史上，波西米亞主要指中歐這塊土地，幾乎占據了今日捷克三分之二的土地，因此看到「波西米亞」這四個字，就讓人引發出可歌可泣或夢幻浪漫的情懷。鐵血宰相俾斯麥曾說：「誰掌握波西米亞，就掌握了全歐洲」，道盡了波西米亞在歐洲地理上的神聖地位，而數百年來，屢遭鄰國侵犯，也不難想像其烙印在世人腦海中悲歡離合的印象。

正因如此，這個地方自古即接受各種不同文化的洗禮，在每個城鎮中，你也可以看到各自發光發熱的自然與人文特色。

布拉格
Praha/Prague

布拉格早在西元5世紀時就有了城市的雛形，當時歐洲人慣稱此地為波西米亞(Bohemi)，居民統稱為波西米亞人(Bohemia)。幾世紀以來，波西米亞國王、捷克新教組織、羅馬天主教勢力及來自奧地利的哈布斯堡家族不斷在這裡投注心血，將布拉格打造成歐洲耀眼的都市，其中功勞最大的要算是14世紀波西米亞國王兼神聖羅馬帝國皇帝的查理四世，他大興土木建設了聖維特教堂、查理大橋、舊城市政廳、提恩教堂等，高聳入雲的哥德式尖塔讓布拉格有了「百塔之都」的美稱。

今日的布拉格以美麗的風光、優雅的建築吸引眾人目光，特別是在高消費的歐洲，這座「百塔之城」比起巴黎、倫敦、米蘭等歐洲其他首都不但毫不遜色，相形之下消費來得更為輕鬆，也因此成為遊客的最愛。

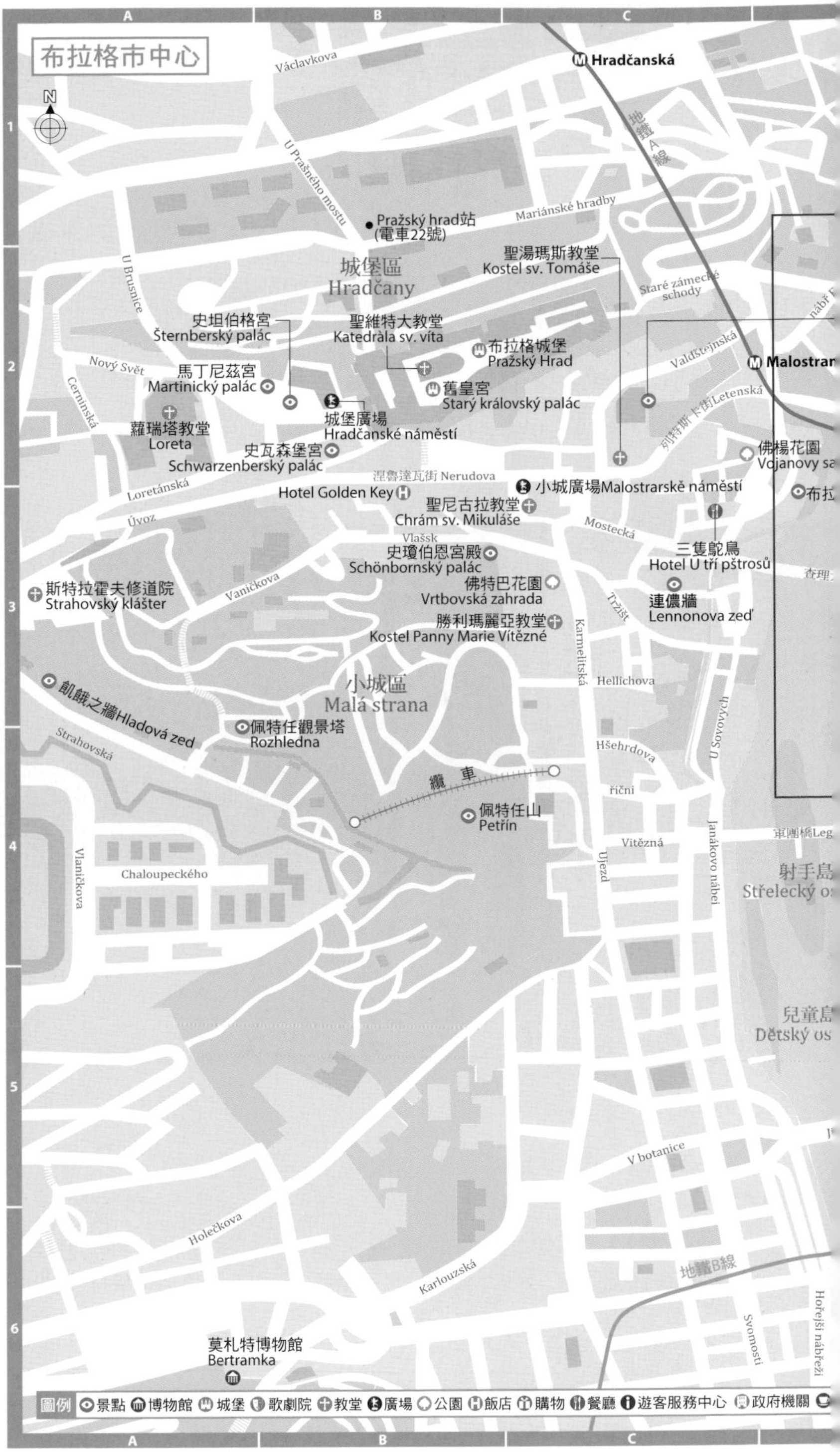

布拉格市中心

A B C
1 2 3 4 5 6

N

Václavkova
U Prašného mostu
Ⓜ Hradčanská
地鐵A線
Pražský hrad站 (電車22號)
Mariánské hradby
U Brusnice
城堡區 Hradčany
聖湯瑪斯教堂 Kostel sv. Tomáše
Staré zámecké schody
史坦伯格宮 Šternberský palác
聖維特大教堂 Katedrála sv. víta
布拉格城堡 Pražský Hrad
Valdštejnská
Ⓜ Malostran
Nový Svět
馬丁尼茲宮 Martinický palác
舊皇宮 Starý královský palác
列特斯卡街 Letenská
Cerninská
蘿瑞塔教堂 Loreta
城堡廣場 Hradčanské náměstí
佛楊花園 Vojanovy sa
史瓦森堡宮 Schwarzenberský palác
涅魯達瓦街 Nerudova
Loretánská
Hotel Golden Key
小城廣場Malostrarské náměstí
布拉
聖尼古拉教堂 Chrám sv. Mikuláše
Úvoz
Vlašsk
Mostecká
史瓊伯恩宮殿 Schönbornský palác
三隻鴕鳥 Hotel U tří pštrosů
佛特巴花園 Vrtbovská zahrada
Vaničkova
斯特拉霍夫修道院 Strahovský klášter
Tržiště
連儂牆 Lennonova zeď
勝利瑪麗亞教堂 Kostel Panny Marie Vítězné
Karmelitská
小城區 Malá strana
Hellichova
飢餓之牆Hladová zed
佩特任觀景塔 Rozhledna
U Sovových
Strahovská
Hšehrdova
纜車
Říční
佩特任山 Petřín
軍團橋Leg
Vlaničkova
Vítězná
Chaloupeckého
Újezd
Janákovo nábřeí
射手島 Střelecký o
兒童島 Dětský os
V botanice
Holečkova
地鐵B線
Karlouzská
Hořejší nábřeží
Svornosti
莫札特博物館 Bertramka

圖例 景點 博物館 城堡 歌劇院 教堂 廣場 公園 飯店 購物 餐廳 遊客服務中心 政府機關

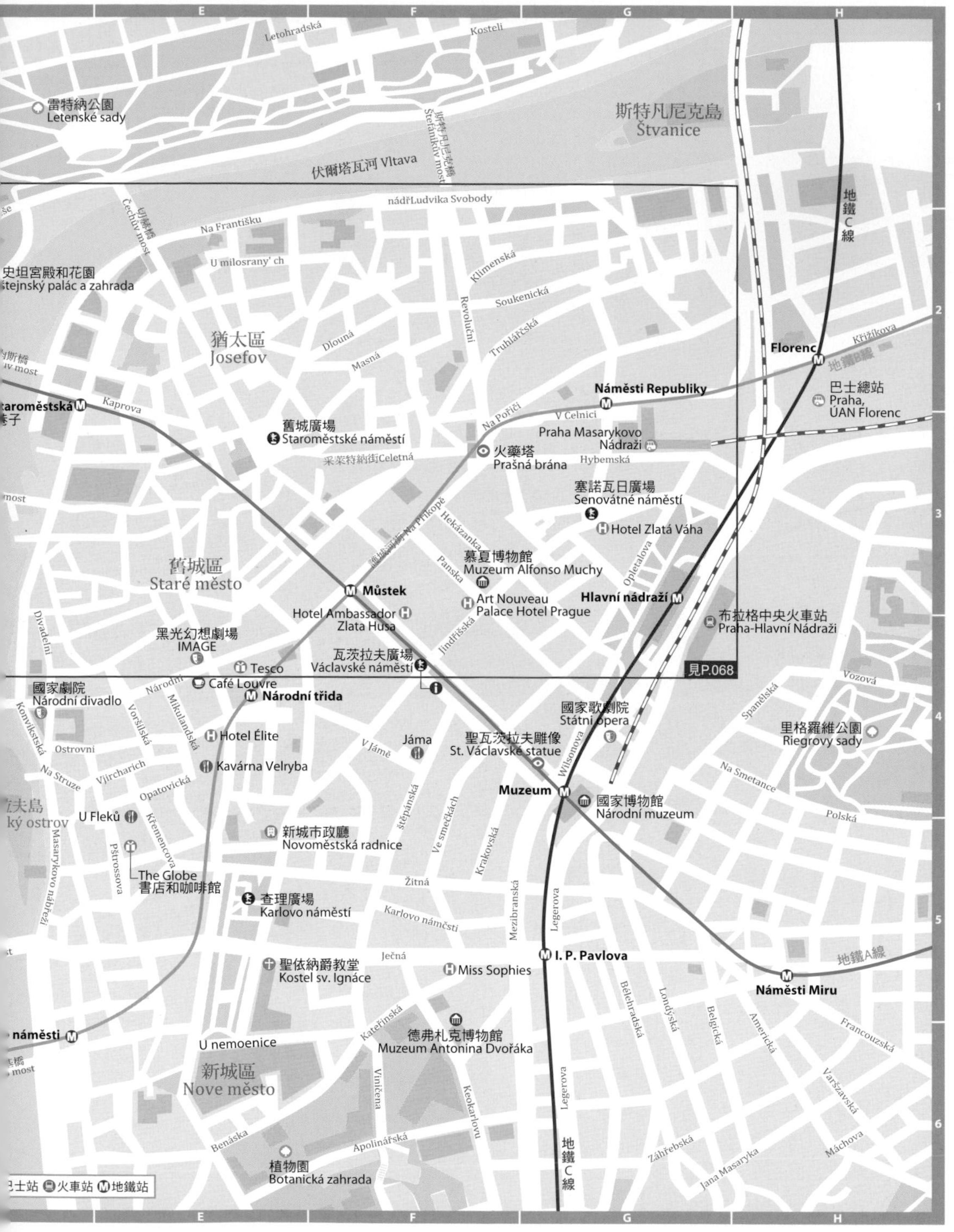

雷特納公園
Letenské sady
斯特凡尼克島
Štvanice
伏爾塔瓦河 Vltava
史坦宮殿和花園
Valdštejnský palác a zahrada
猶太區
Josefov
舊城廣場
Staroměstské náměstí
火藥塔
Prašná brána
Náměsti Republiky
Florenc
巴士總站
Praha, ÚAN Florenc
Praha Masarykovo Nádraži
塞諾瓦日廣場
Senovátné náměstí
Hotel Zlatá Váha
慕夏博物館
Muzeum Alfonso Muchy
Art Nouveau Palace Hotel Prague
Hlavní nádraží
布拉格中央火車站
Praha-Hlavní Nádraži
舊城區
Staré město
Můstek
Hotel Ambassador Zlata Husa
黑光幻想劇場
IMAGE
Tesco
瓦茨拉夫廣場
Václavské náměstí
見P.068
國家劇院
Národní divadlo
Café Louvre
Národní třída
國家歌劇院
Státní opera
里格羅維公園
Riegrovy sady
Hotel Élite
Jáma
聖瓦茨拉夫雕像
St. Václavské statue
Kavárna Velryba
Muzeum
國家博物館
Národní muzeum
U Fleků
新城市政廳
Novoměstská radnice
The Globe
書店和咖啡館
查理廣場
Karlovo náměstí
聖依納爵教堂
Kostel sv. Ignáce
Miss Sophies
I. P. Pavlova
Náměsti Miru
德弗札克博物館
Muzeum Antonina Dvořáka
新城區
Nove město
植物園
Botanická zahrada
地鐵C線
地鐵A線
巴士站 火車站 地鐵站

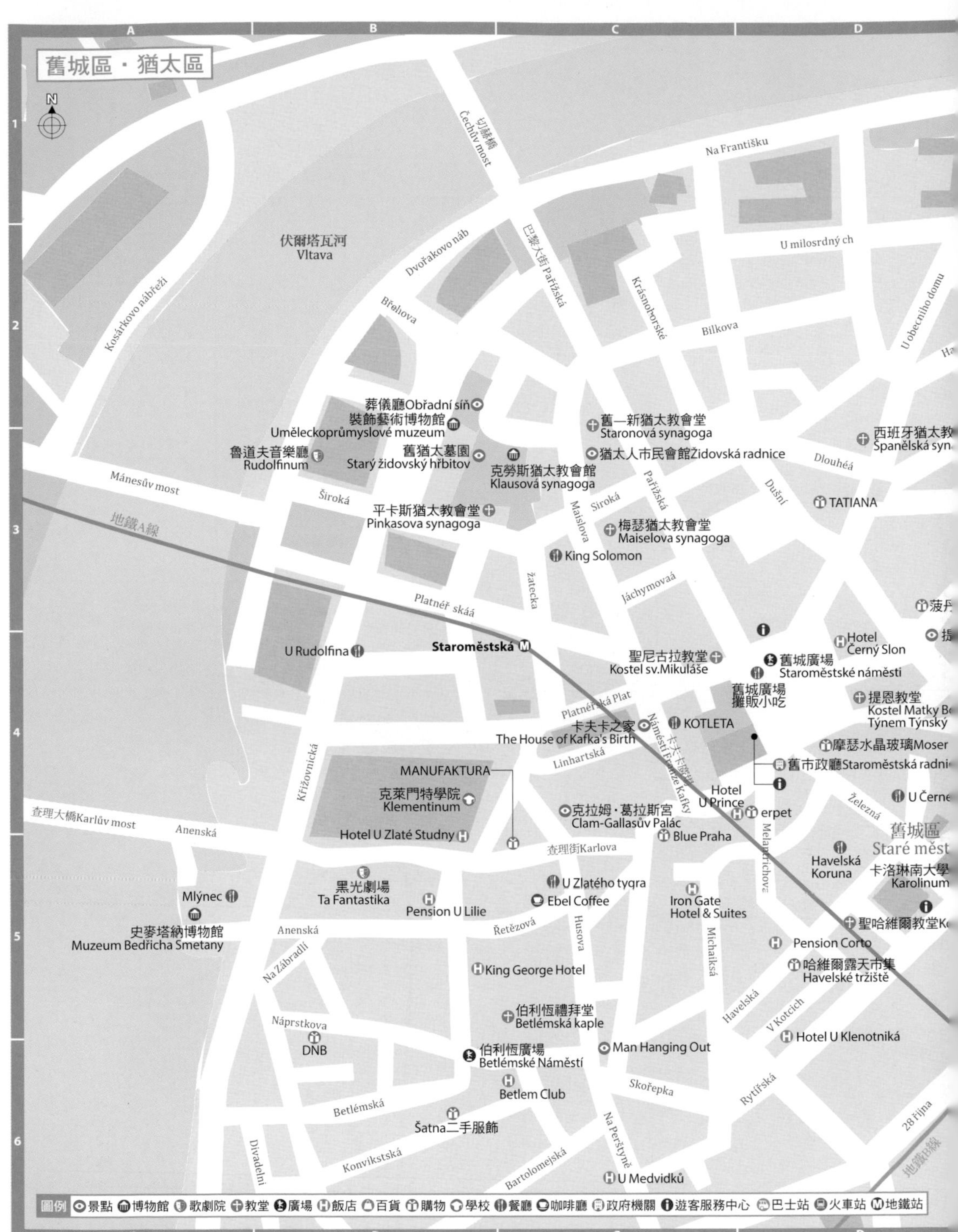

舊城區・猶太區
伏爾塔瓦河
Vltava
切赫橋
Čechův most
Na Františku
巴黎大街 Pařížská
Dvořákovo náb
Břehova
Kosárkovo nábřeží
Krásnohorské
Bilkova
U milosrdný ch
U obecního domu
葬儀廳Obřadní síň
裝飾藝術博物館
Uměleckoprůmyslové muzeum
魯道夫音樂廳
Rudolfinum
舊猶太墓園
Starý židovský hřbitov
克勞斯猶太教會館
Klausová synagoga
舊—新猶太教會堂
Staronová synagoga
猶太人市民會館Židovská radnice
西班牙猶太教
Španělská syn
Dlouhá
Dušní
TATIANA
Mánesův most
Široká
平卡斯猶太教會堂
Pinkasova synagoga
梅瑟猶太教會堂
Maiselova synagoga
Maislova
King Solomon
地鐵A線
Platnéř ská
Žatecka
Jáchymova
U Rudolfina
Staroměstská
聖尼古拉教堂
Kostel sv.Mikuláše
舊城廣場
Staroměstské náměstí
Hotel
Černý Slon
舊城廣場
攤販小吃
提恩教堂
Kostel Matky B
Týnem Týnský
卡夫卡之家
The House of Kafka's Birth
KOTLETA
摩瑟水晶玻璃Moser
Linhartská
Náměstí Franze Kafky
舊市政廳Staroměstská radni
MANUFAKTURA
克萊門特學院
Klementinum
Hotel
U Prince
U Černe
Křižovnická
查理大橋Karlův most
Anenská
克拉姆・葛拉斯宮
Clam-Gallasův Palác
erpet
Železná
Hotel U Zlaté Studny
Blue Praha
查理街Karlova
舊城區
Staré měst
Havelská
Koruna
卡洛琳南大學
Karolinum
黑光劇場
Ta Fantastika
U Zlatého tygra
Mlýnec
Pension U Lilie
Ebel Coffee
Iron Gate
Hotel & Suites
Melantrichova
史麥塔納博物館
Muzeum Bedřicha Smetany
Anenská
Řetězová
Husova
聖哈維爾教堂
Pension Corto
Na Zábradlí
King George Hotel
Michalská
哈維爾露天市集
Havelské tržiště
伯利恆禮拜堂
Betlémská kaple
Havelská
V Kotcích
Náprstkova
DNB
伯利恆廣場
Betlémské Náměstí
Man Hanging Out
Hotel U Klenotníka
Betlem Club
Skořepka
Rytířská
Betlémská
Šatna二手服飾
Na Perštýně
28 října
Divadelní
Konviktská
Bartolomejská
U Medvidků
地鐵B線
圖例 景點 博物館 歌劇院 教堂 廣場 飯店 百貨 購物 學校 餐廳 咖啡廳 政府機關 遊客服務中心 巴士站 火車站 地鐵站

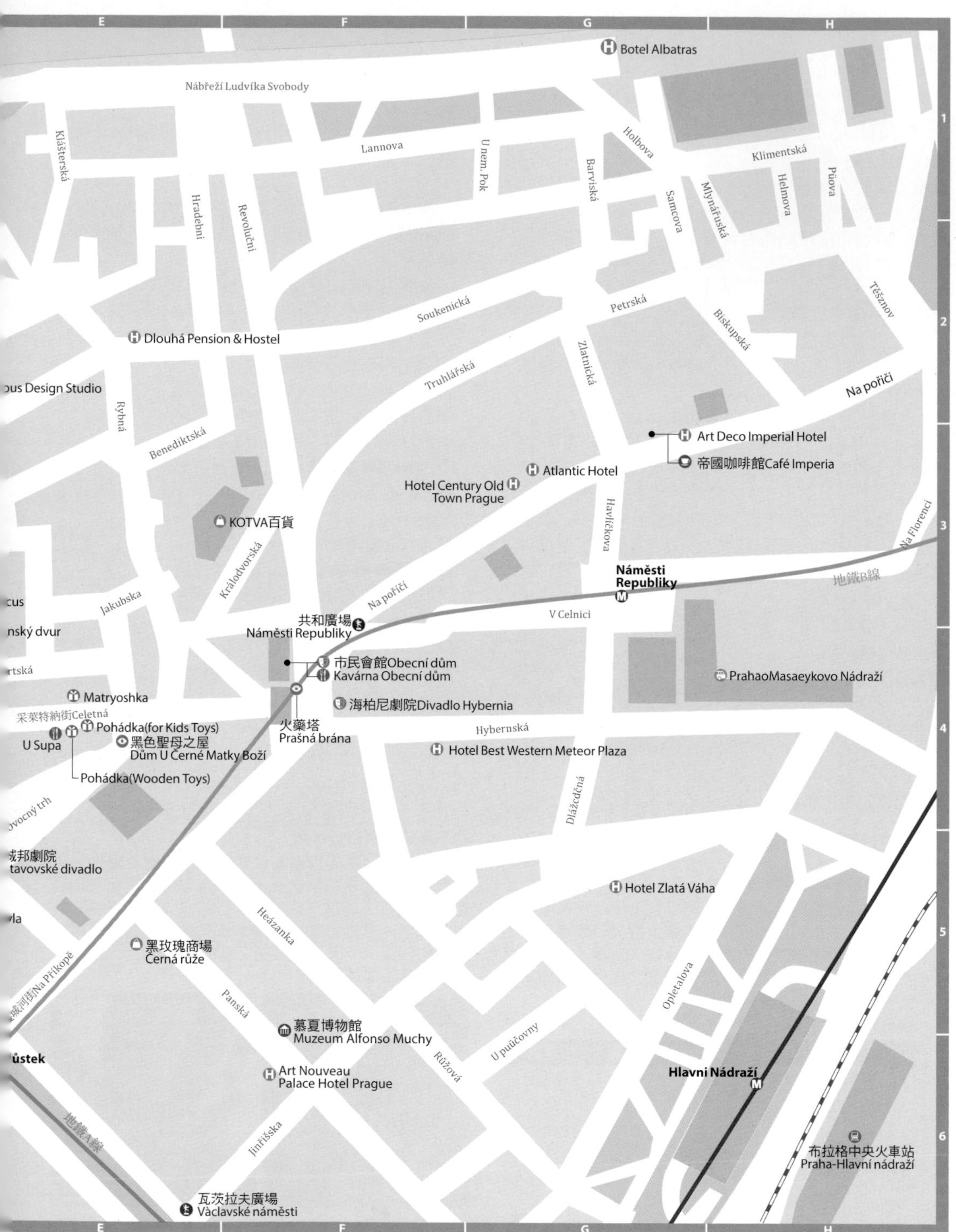
Botel Albatras
Nábřeží Ludvíka Svobody
Lannova
U nem. Pok
Klášterská
Hradební
Revoluční
Barvíská
Holbova
Samcova
Mlynářská
Klimentská
Helmova
Půova
Soukenická
Petrská
Biskupská
Těšnov
Dlouhá Pension & Hostel
Truhlářská
Zlatnická
Na poříčí
Rybná
Benediktská
Art Deco Imperial Hotel
帝國咖啡館Café Imperia
Atlantic Hotel
Hotel Century Old Town Prague
KOTVA百貨
Havlíčkova
Na Florenci
Králodvorská
Náměstí Republiky
地鐵B線
Jakubska
Na poříčí
V Celnici
共和廣場 Náměsti Republiky
市民會館Obecní dům
Kavárna Obecní dům
PrahaoMasaeykovo Nádraží
Matryoshka
海柏尼劇院Divadlo Hybernia
采萊特納街Celetná
Pohádka(for Kids Toys)
火藥塔 Prašná brána
U Supa
黑色聖母之屋 Dům U Černé Matky Boží
Hybernská
Hotel Best Western Meteor Plaza
Pohádka(Wooden Toys)
Dlážděná
Hotel Zlatá Váha
Heázanka
黑玫瑰商場 Černá růže
Na Příkopě
Opletalova
Panská
慕夏博物館 Muzeum Alfonso Muchy
Růžová
U půjčovny
Art Nouveau Palace Hotel Prague
Hlavni Nádraží
地鐵A線
Jinřišská
布拉格中央火車站 Praha-Hlavní nádraží
瓦茨拉夫廣場 Vàclavské náměsti
E
F
G
H
1
2
3
4
5
6

INFO

基本資訊

人口：約131萬。

面積：市區約496平方公里；大都會區約6,977平方公里。

時區：歐洲中部時間比台灣慢7小時；夏令時間(3月最後一個週日~10月最後一個週日)比台灣慢6小時。

如何到達——航空

由於台灣沒有航班直飛布拉格，遊客可利用瑞航、德航等航空公司的航班經第三地轉機前往。詳細資訊可參考P.262。

布拉格瓦茨拉夫·哈維爾機場(Václav Havel Airport Prague，機場代碼PRG)位於布拉格市中心西側10公里處，是布拉格唯一的國際機場，也是進出捷克的主要門戶，目前有4座航廈，請留意自己搭乘的航空公司是在哪個航廈起降(第1航廈以非申根區航班為主、第2航廈以申根區航班為主，第3航廈主要提供私人或包機服務，第4航廈則提供官方飛機起降)，以免找不到報到櫃台。

☎220 111 111

🌐www.prg.aero

◎巴士City Buses

如果要前往市區地鐵站，可於機場搭乘巴士100、119、191號和夜間巴士907、910號前往：

・100號停靠地鐵B線Zličín站，約10~20分鐘一班，車程約16分鐘；

・119號停靠地鐵A線Nádraží Veleslavín站，約3~10分鐘一班，車程約17分鐘；

・191號停靠地鐵A線Petřiny站和B線Anděl站(連接Na Knížecí長途巴士站)，約5~30分鐘一班，車程約51分鐘；

・夜間巴士907號(01:09~04:03發車)停靠地鐵B線Náměstí Republiky站，約1小時一班，車程約40分鐘；

・夜間巴士910號(23:53~03:56發車)停靠地鐵C線I. P. Pavlova站，約30分鐘一班，車程約45分鐘。

從市區到機場，亦可從上述地鐵站搭乘巴士前往。

車票可於機場大廳遊客中心(每日7:00~21:00)、書報攤或黃色售票機。部分售票機不接受信用卡，建議隨身攜帶一些零錢以備不時之需。

☎296 191 817 (每日7:00~21:00)

$90分鐘票券全票40Kč、半票20Kč

🌐www.dpp.cz/en/public-transit-to-prague-airport

❗地鐵營運時間5:00~24:00

◎機場快線Airport Express (AE)

如果要前往中央火車站(Hlavní nádraží)，可搭乘機場快線，從機場直達中央車站，約30分鐘一班，車程約40分鐘。從火車站到機場，亦可搭乘機場快線前往。車票可於機場大廳遊客中心、火車站櫃檯或車上直接向司機購買(可刷卡)。

☎296 191 817 (每日7:00~21:00)

布拉格搭車小筆記

◎上車前記得驗票！

捷克的公共運輸系統以時間計費，因此搭車前一定要驗票(validate)，也就是在車票上打上時間和日期，少做這個步驟被抓到的話會罰鍰1,000Kč喔！車站和車上都設有黃色或橘色的打卡機，除非是使用感應式支付，紙本車票都一定要驗票！

◎車票種類一覽

	全票（15~70歲）	半票	行李票
30分鐘票券	30Kč	15Kč	20Kč
90分鐘票券	40Kč	20Kč	20Kč
一日券	120Kč	60Kč	免費
三日券	330Kč	——	免費

❗6~14歲、70歲以上免費，需出示身分證明文件；大於25×45×70公分的行李需額外購買行李票。

◎不必急著買多日套票

由於布拉格重要景點都相距不遠，彼此之間大多步行可達，購買多日票未必划算，遊客可依行程安排決定購買與否。建議不妨先以步行的方式遊逛景點較集中的地區，然後把需要搭乘大眾交通工具的行程再安排在同一天，一天之中只要搭車超過4趟以上，一日券就保證值回票價了。

©Pražská integrovaná doprava

05:30~22:00(末班車21:00自第1航廈發車)
全票100Kč、半票50 Kč、6歲以下免費；行李票免費
www.dpp.cz/en/travelling/transport-to-airport/ae-line
往中央火車站的班次不停靠第2航廈

◎計程車Taxi

搭計程車從機場至市區，約20~30分鐘可達。起跳價60Kč，每1公里加跳36Kč，等候紅綠燈時每分鐘加跳7Kč。強烈建議上車前要求司機跳表計價。

從機場往返市區單程約700Kč。

TICK TACK taxi

721 300 300
ticktack.cz

FIX Taxi

722 555 525
fix-taxi.com

如何到達——火車

火車是歐洲國家主要的交通工具之一，遊客可以經由歐洲其他城市，乘坐火車進入布拉格。

布拉格共有4大火車站，分別是北邊的Holešovice火車站、靠近市中心的Hlavní nádraží中央車站、Masarykovo nádraží火車站，和西南方的Smíchovské nádraží火車站。其中最大的車站是中央車站Hlavní nádraží，許多國際列車和地方列車都由這個車站出發。

以上火車站皆可就近搭乘地鐵轉往市區，因此，從捷克其他城市或其他歐洲國家搭乘火車前往布拉格市區，也是十分方便。

Holešovice火車站：地鐵C線Nádraží Holešovice站
Hlavní nádraží中央車站：地鐵C線Hlavní nádraží站
Masarykovo nádraží火車站：地鐵B線Náměsti Republiky站
Smíchovské nádraží火車站：地鐵B線Smíchovské nádraží站

◎捷克國鐵(České dráhy，簡稱ČD)

840 112 113
www.cd.cz

◎歐洲鐵路

www.eurail.com

◎火車通行證

到捷克旅遊除了可購買單國火車票外，亦可視自己的需求選購全歐火車通行證，購票及詳細資訊可洽詢台灣歐鐵火車票總代理飛達旅遊或各大旅行社。

(02) 8161-3456分機2
LINE 線上客服：@gobytrain
www.gobytrain.com.tw

如何到達——長途巴士

可從鄰近國家搭長途巴士到布拉格。布拉格最大的巴士總站為Praha, ÚAN Florenc，從這裡可搭地鐵B和C線從Florenc站到其他地方。

◎捷克國家交通網

www.idos.cz

◎Praha, ÚAN Florenc巴士總站

www.uan.cz

市區交通

布拉格的地鐵、電車、巴士和纜車統一由交通局管理，車票可以通用。布拉格大眾交通工具搭乘路線和時刻表皆可於下列網址查詢。

車票可於地鐵售票處、售票機和市區書報攤、遊客服務中心購票，如果使用售票機購票，步驟與在台北、高雄捷運售票機買票方式雷同：先按票價按鈕，

❸3小時 ⑤1~5人3,000Kč、6~10人5,500Kč、11~20人8,000Kč ⓦwww.guide-prague.cz/eng/tour/velvet-revolution-guided-tour

◎客製化行程

除了上述行程，布拉格旅遊局和Guide Prague也提供其他不同主題的觀光行程，可到官網上選購。若你有自己想要走的路線，也可直接告訴他們你的需求，他們會盡力幫你規劃出你心目中的布拉格之旅！

◎布拉格旅遊局

@guides@prague.eu ☎775 855 037

◎Guide Prague

@info@guide-prague.cz ☎774 278 473

旅遊諮詢

◎布拉格旅遊局

☎221 714 714 ⓦwww.prague.eu

◎遊客服務中心(舊市政廳)

ⒶP.68D4

➋搭地鐵A線於Staroměstská站下，步行3~5分鐘可達。

⌂Staroměstské Náméstí 1

❸9:00~19:00(週一11:00起)

◎遊客服務中心(佩特任觀景塔)

ⒶP.66B4

➋纜車站：搭地鐵A線於Malostranská站下，步行約15~20分鐘可達；或搭電車6、9、12、20、22、91號於Újezd站下，步行約2分鐘可達。

⌂Petřínské sady

❸1~3月10:00~17:30、4~5月9:00~19:30、6~9月9:00~20:30、10~12月10:00~19:30

◎遊客服務中心(Na Můstku)

ⒶP.68D5

➋搭地鐵A或B線於Můstek站下，步行3~5分鐘可達。

⌂Rytířská 12

❸9:00~19:00

◎遊客服務中心(機場第1航廈)

❸1~6月9:00~19:00、7~12月8:00~20:00

◎遊客服務中心(機場第2航廈)

❸1~6月9:00~19:00、7~12月8:00~20:00

布拉格新玩法！邊吃邊聽邊看捷克人的日常
Eating Europe Prague Food Tour

Eating Europe的創辦人是個喜歡旅行和美食的美國人，他在移居羅馬後，愛上了歐洲美食，時常會帶來探望他的家人朋友到處品嚐當地美食。在親人的鼓勵下，最後決定把這個人愛好變成觀光行程，於是Eating Italy Food Tours就在2011年誕生了！

幾年後，歐洲其他城市都建立了據點，團隊也改名為Eating Europe，如今在羅馬、佛羅倫斯、拿波里、柏林、阿姆斯特丹、倫敦、布拉格、巴黎、里斯本、斯特拉斯堡和波爾圖都可以找到他們。到歐洲旅行時，不妨參加他們的行程，由當地人帶路，吃道地美食、品美酒，還有有趣的歷史文化故事可以聽呢！

3.5小時 成人€79、青少年(13~17歲)€69、兒童(4~12歲)€69 www.eatingeurope.com/prague/prague-food-tour 行程內容可能因季節、商家營運時間或當地假日有所變動。

第①站 Lod Pivovar

來捷克當然就是要喝啤酒，所以第一站就來到獨一無二的「船上釀酒廠」，在這裡品嚐捷克拉格啤酒和傳統下酒菜。為什麼捷克是世界人均啤酒消費量最高的國家呢？導遊也會在這裡講解捷克人與啤酒的淵源。

第②站 Sisters

接著會前往捷克的小吃店(Lahudky shop)享用國民小吃Chlebíčky，這是一種開口三明治，當地人會當作前菜、小點心或簡單的早餐、午餐。切成橢圓形的Veka麵包上放滿各種新鮮食材，如火腿、煙燻肉片、沙拉、起司、番茄、水煮蛋等，再摺疊成造型，宛如迷你版熟食冷肉拼盤。Sisters厲害之處就是使用捷克全國最好的食材，因為其創始人之一也是布拉格農夫市集的創辦人，食材獲取管道就是不一樣！

第③站 Naše Maso

說到熟食冷肉拼盤，下一站就會前往布拉格的人氣精品肉舖Naše Maso。這家店來頭不簡單，因為它使用的是傳統的屠宰方式，也帶回了因共產主義時代的集體農場而幾乎絕種的傳統動物品種，對整個國家的肉類品質產生了很大的影響。

第④站 Café Louvre

這一站來到了布拉格代表性咖啡館之一的Café Louvre，品嚐傳統料理Svičkova——淋上肉汁的小牛里脊肉搭配麵團子(knedlíky)、鮮奶油與蔓越莓醬。一邊用餐一邊了解後共產主義時期的捷克，當時的Café Louvre扮演了重要的角色，知識份子因時常在這裡聚會而遭摧毀。經整修後已恢復以前的樣貌，如今是個可以體驗和品嚐過去的好地方。

第⑤站 Crème de la Crème

行程的尾聲來到Crème de la Crème，這裡被譽為布拉格最好吃的冰淇淋店！除了傳統的義式冰淇淋(gelato)，還有雪酪(sorbet)、純素冰淇淋、無糖冰淇淋以及每週更換的特殊口味冰淇淋。他們家的配方都是由創辦人「冰淇淋先生」Honza Hochsteiger親自研發，他曾在義大利和世界各地最好的義式冰淇淋製造商工作多年，現在來到布拉格開設自己的品牌。

Eating Prague精心策劃的每一站都在介紹捷克文化和歷史的各種面向，透過美食發現捷克的民俗文化、宗教、音樂、文學、建築、政治鬥爭……窺探捷克人的日常生活，是吃貨和歷史控絕不能錯過的行程！

Where to Explore in Praha/Prague
賞遊布拉格

舊城區Staré Město

MAP ▶ P.68D4

舊城廣場

MOOK Choice

Staroměstské náměstí/ Old Town Square

窺探世紀建築的人氣景點

掃地圖

搭地鐵A線於Staroměstská站下，步行約3~5分鐘可達。

來到布拉格，絕對不能錯過這個生氣蓬勃又饒富古意的舊城廣場。站在廣場中央，目光所及範圍有如一套完整的建築教材：巴洛克、洛可可、羅馬式、哥德式建築等，與周圍各種粉色系房屋相互輝映，布拉格的美讓人不敢逼視！廣場中央則是商鋪、攤位林立，販售著餐飲小吃和紀念品，活像個園遊會，只是因為位於整個市區最繁華的地方，價錢可都不便宜。

胡斯銅像Pomník mistra Jana Husa/Jan Hus Memorial

廣場中央一座大型的青銅雕像，是為了紀念15世紀宗教改革家胡斯(Jan Hus)對抗墮落羅馬教廷的英勇精神而建，胡斯出身於波西米亞貧窮農家，憑著豐富的學養及過人的口才擔任布拉格查理大學校長一職，虔信基督教的胡斯因不滿天主教權勢者的貪污奢華，舉辦多場演講，招攬了許多信奉者，後來的人稱他們為胡斯派。

胡斯派大力抨擊天主教會的奢侈腐敗，形成一股清流，改革的呼籲更受到許多捷克貴族與農民的支持，但終究不容於羅馬天主教會，終於在1415年以異教徒的罪名被焚而死，成為捷克人尊崇的改革烈士。這座銅像於1915年，也就是胡斯逝世後500年，由捷克雕刻家拉吉斯拉夫・夏隆所做。

葛茲金斯基宮
Palác Kinských/Kinsky Palace

Staroměstské náměstí 12　224 301 122　週二~週日10:00~18:00；週一休　票價因展覽而異　www.ngprague.cz

這一幢華麗的洛可可式建築，其基座原本是哥德式規模，後來改建成文藝復興式建築，最後幾經修飾，成為巴洛克晚期洛可可式樣的豪宅，從正面外牆上還可以看見留有色彩鮮豔的石灰粉飾。原先是18世紀葛茲伯爵的豪宅，後來被外交官金斯基購得，因而取名為葛茲金斯基宮。1948年捷克共產黨領導人在此發表演說，為之後的軍事政變埋下導火線。1949年後，葛茲金斯基宮成為布拉格國立美術館的分館，有不同展覽在此展出。

地方發展部
Ministerstvo pro místní rozvoj ČR/Ministry for Regional Development

Staroměstské náměstí 6

這棟建築是新藝術建築的代表作之一，19世紀曾是一家防災保險公司，屋頂上有一個純金鋼盔，兩邊的雕像則敘述救災的消防員及受難者掙扎呼救的景象。現在屬於政府的地方發展部辦公廳。

石聖母之屋
Štorchův dům/Storch

Staroměstské náměstí 16

這棟建築最引人注目的就是它突出的石窗台及牆面上的精緻壁畫，敘述聖瓦茨拉夫領著宗教軍團出征的情景。它建於19世紀末，是廣場上最豔麗的新文藝復興風格建築。該建築名稱來自屋角的一尊聖母雕像，聖母在波西米亞被當作避免黑死病的護身符。

一分鐘之屋
Dům U Minuty/The House at the Minute

Staroměstské náměstí 2

這棟擁有非常精細刮畫的建築，在1889~1896年之間是卡夫卡一家人的住所，他的三個姊妹都在此出生，最後都死於納粹的集中營。

一分鐘之屋的名字非常有趣，至於名稱從何而來已不得而知。牆壁上的刮畫製作於1615年左右，敘述聖經及各種古典神話的故事或傳說，雖然只有單色，但明暗深淺將人物表現得栩栩如生。牆角上有一個伸展前爪的獅像稱為白獅像(At the White Lion)，是1712年住進這棟建築的藥劑師請人加上去的，白獅藥局營業了130年才結束，屋主換成一位煙草商，然後是卡夫卡一家人住進來。

石鐘之家Dům u Kamenného zvonu/Stone Bell House

Staroměstské náměstí 605/13　224 828 245　週二~週日13:00~20:00；週一休　全票150Kč、10歲以下90Kč、65歲以上或學校團體每人20Kč、家庭票(2大人+1~4位15歲以下孩童)250Kč。持布拉格旅遊通行證免費。　www.ghmp.cz

14世紀早期哥德式的作品，推測當時是皇室建築的一部分，被稱做石鐘之家，是因為在建築1~2樓的角落有個石鐘。

該建築曾在17世紀改成巴洛克風格，直到1975~1988年重新翻修時，才被改成原來的型式。現今是布拉格市立美術館(Prague City Gallery)展示場所，經常舉辦當代藝術展或音樂活動。

舊城廣場8號House No.8

Staroměstské náměstí 8

位在舊城廣場北側的房舍，在1882年時，卡夫卡的父親赫曼卡夫卡(Hermann Kafka)所經營的第一家商店在此開幕。那年他剛與卡夫卡的母親茱莉露維(Julie Löwy)結婚，一年之後生下卡夫卡。

舊市政廳禮拜堂Kaple Staroměstské radnice/Old Town Hall Chapel

舊市政廳的二樓是聖母瑪利亞的禮拜堂，於1381年祝聖啟用，主要功能是舉行市政廳會議前的禮拜，以及為那些關押在此的犯人或處決前的死刑犯禱告。

入口的左側可以看到3幅牌匾，最左邊的牌匾可以追溯到1481年，掛在中間的紀錄了1857年的禮拜堂修繕工程，最右邊的則為19世紀的牌匾。禮拜堂中央擺放的是由Josef Mocker設計的三聯祭壇。祭壇中間畫的是耶穌與聖母瑪利亞，兩側分別為聖盧德米拉與聖瓦茨拉夫；上方還有一尊耶穌給予祝福的雕像，身旁站著聖彼得和聖普利西拉。這座祭壇曾在1945年被納粹毀損，直到2018年才完成修復，在超過73年之後才終於回到禮拜堂裡。

有沒有想過天文鐘機器人偶精巧表演背後的運作機制嗎？不妨到禮拜堂一窺天文鐘內部構造，還可以看到12門徒如何「上台表演」和「下台休息」呢！

鐘樓Věž Staroměstské radnice/Old Town Hall Tower

從市政廳旁的遊客服務中心進去，可以搭乘電梯登上鐘樓；鐘樓高69.5公尺，比火藥塔略高，是觀賞布拉格「百塔之城」的絕妙位置，花點門票錢欣賞這樣的美景，絕對值得。

©Prague City Tourism

①議會廳Obecní síň/Municipal Hall

議會廳曾是整個市政廳的中心，市議員們在這裡討論布拉格的管理政策，這裡過去也常被用作結婚禮堂。

如今看到的議會廳是重新整修後的樣子，原來的文藝復興式大廳在1945年是徹底毀損，只有兩個入口保留了下來。牆上掛有4幅17~18世紀布拉格市長的肖像畫，還有一張巨大的現代掛毯，上面畫著布拉格市的徽章。

木樓梯旁的小門通往中世紀的監獄，這裡曾經囚禁不滿哈布斯堡王朝的27位革命領袖，他們於1621年在舊城廣場上被處決，當時的行刑地點現在以27個白色十字磚來紀念被處決的人。

布拉格8塔聯票 The Towers of Prague

若你此趟布拉格之旅預計造訪以下8個景點，可以考慮購買這張聯票，一張票玩到底！

舊市政廳鐘樓、新水塔(Novomlýnská vodárenská věž)、火藥塔、舊城區橋塔、小城區橋塔、聖尼古拉教堂鐘塔、佩特任觀景塔與鏡子迷宮 全票850Kč，半票(26歲以下、65歲以上)600Kč；6歲以下、持布拉格旅遊通行證免費

©Prague City Tourism

②舊議會堂Stará radní síň/Old Council Hall

舊議會堂的室內裝潢是整個舊市政廳當中歷史最悠久的，被譽為歐洲最美的晚期哥德式大廳之一。這裡曾經被用作法院，可以從兩個地方看出：安置於天使支架上的耶穌受難像，上面寫著「公正裁判，人民之子」的拉丁銘文；以及角落壁爐旁的正義女神。巴洛克式的磁磚壁爐是全國體積最大的壁爐，為了不打擾議會的進行，這個壁爐只能從後面的房間打開。

入口處掛著的一系列徽章，是布拉格市徽的演進——15世紀的哥特式、17世紀的巴洛克式，最近期的徽章於1928年完成，比捷克斯洛伐克共和國的成立晚了10年。而四周的盾型紋章是舊城手工行會的象徵，如三條魚代表漁夫公會、黃金皇冠代表金匠、三隻鞋代表鞋匠，而陶匠的紋章採用亞當與夏娃的設計，是因為《聖經》裡亞當是神用泥土所創造。舊議會堂另一個亮點就是哥德復興式吊燈，這是捷克最早的電氣化照明設備。

③會議廳前廳Předsálí zasedacího sálu/Antechamber to the Assembly Hall

進入會議廳前廳時，必須先通過一道獨特的門。這道門於1619年完成，是布拉格少數的文藝復興式鑲嵌門之一，原屬於小城區市政廳，1854年被轉移到舊市政廳。鑲嵌門上半部畫的是正義的化身，下半部則是力量的化身。

牆上掛著兩幅半月型油畫《創立布拉格大學的查理四世》(1348年)及《在阿姆斯特丹市政廳的約翰．阿摩司．康米紐斯》(1348年)，是19世紀捷克著名畫家瓦茨拉夫．布勞吉克(Václav Brožík)的作品，上面展現了捷克歷史上的重要人物——查理四世與現代教育學之父康米紐斯(John Amos Comenius)。布勞吉克甚至把自己畫入《在阿姆斯特丹市政廳的約翰．阿摩司．康米紐斯》，畫裡最右邊、穿著白色領子黑外套的人就是他。

藍色的塞夫爾(Sèvres)陶瓷花瓶，是巴黎1901年送給布拉格的禮物，花瓶底座採用新藝術風格，上面刻有兩座城市的標誌，由Antonín Balšánek設計，他也是市民會館的設計師之一，為捷克新文藝復興、新藝術風格建築的重要代表人物。

④布勞吉克會議廳 Brožíkův zasedací sál/Brožík Assembly Hall

布勞吉克會議廳於1879年建成，與舊市政廳其他廳堂相比，其面積最大，還有兩層樓高。第二次世界大戰結束前，布拉格市政府都在這這裡舉行會議，如今作為布拉格市長主持官方活動的地點。

和會議廳前廳一樣，這裡也有兩幅布勞吉克的巨大畫作，其中《康士坦斯大公會議上的揚．胡斯》描述了中世紀宗教改革家胡斯(Jan Hus)的最後時刻，他被康士坦斯大公會議判為異教徒並處以火刑。胡斯曾是布拉格查理大學的校長，被公認為語言改革的先驅，他簡化了捷克語的拼寫及語法，正因如此捷克語成為第一個使用變音符號的斯拉夫語言。另一幅畫為波傑布拉德的喬治(George of Pod　brady)競選波希米亞國王的場景，當年進行選舉的東北翼房間已不復存在。

這兩幅巨大的畫作有5公尺長、7.3公尺寬、約600公斤重，其中《康士坦斯大公會議上的揚．胡斯》價值6千萬捷克克朗。

⑤喬治會堂Jiřikova síň/George Hall

喬治會堂以波傑布拉德的喬治命名，其半身雕像由Tomáš Seidan於1873年用卡拉拉大理石雕琢而成。牆上還殘留著一些15世紀的壁畫，入口處可以看到一部分的聖母瑪利亞和小耶穌，而16世紀的天花板則保存完整。會堂左側的油畫是Karel Liebscher的作品，描繪了1902年的布拉格皇城，新藝術風格的畫框上寫著「布拉格——波希米亞王國之頭」的拉丁銘文。窗外望出去就是著名的一分鐘之屋。

舊城區Staré Město

MAP ▶ P.68D4

提恩教堂

MOOK Choice

Kostel Matky Boží před Týnem/ Church of the Virgin Mary before Týn

舊城廣場最古老建築

掃地圖

搭地鐵A線於Staroměstská站下，步行約3~5分鐘可達，入口處在Staroměstské náměstí 14的巷子。 Staroměstské náměstí 604 222 318 186 週二~週六10:00~13:00、15:00~17:00，週日10:30~12:00；週一休 自由樂捐，建議40Kč www.tyn.cz 彌撒舉辦期間不開放遊客參觀。

舊城廣場上最醒目的建築物就是提恩教堂，也可說是布拉格的地標，前身建於1135年，其中還附設提供外國商人住宿的設施。現今所看到的建築落成於1365年，以哥德式雙塔著稱，頂端裝飾著純金圓棒，總高度約為80公尺，是舊城廣場最古老的建築。

雖然提恩教堂已經成為一般人熟悉的名稱，但實際上這座教堂的原名是提恩(國稅局)前的聖母瑪麗亞教堂。15~17世紀初期提恩教堂扮演布拉格宗教改革的重要角色，胡斯派的主要聚集場所即為此地。

1620年之後，教堂外觀與祭壇的裝飾都增添不少巴洛克色彩，包括許多著名耶穌雕塑與繪畫。提恩教堂的前方坐落著提恩學院，遠看像是連成一氣的建築。提恩學校當初承襲巴黎的學校制度，是一所非常國際化的學校，而在建築方面，1樓的拱形迴廊是典型哥德式建築，而房屋正面的裝飾、屋頂前階梯狀的山牆又充分表現波西米亞文藝復興式的特色。提恩學院現在成為面對著舊城廣場的餐廳及咖啡館，戶外的露天咖啡座總是坐滿了觀光客，是欣賞舊城廣場不錯的位置。

提恩中庭 Týnský dvůr/Tyn Courtyard

位於提恩教堂後側巷弄中的提恩中庭原屬提恩教堂所有，在13世紀左右，中庭內興建起當作外國商旅宿舍使用的房舍，或客人來訪的招待所。建築規劃成圍繞中庭的封閉形式，前後有兩個拱門通道提供進出，房舍正面面對中庭，大部分建於13世紀之後，基座看得出是哥德式拱形造型，至於2樓以上大部分為後來改建，屬於文藝復興式及巴洛克式等樣式。現今中庭周圍的建築部分改建成餐廳、咖啡館、書店和家飾品，捷克著名的有機芳療保養品菠丹妮(Botanicus)也在這裡設有分店。

關諾斯基宮殿 Granovský palac/ Granovský palác

Týnská Ulička 2

位置就在提恩中庭內，從前是修道院附設的客房之一，兩層樓的建築建於1560年，最吸引人的就是2樓圓拱形的迴廊，及牆壁上明暗對照的刻畫，畫的內容是敘述古典歐洲神話故事，現在依然清晰可見。這棟典型的文藝復興式建築是全城保存最好的。

「布拉格之春」國際音樂節Prague Spring

通常提到「布拉格之春」，一般人會聯想到1968年發生在布拉格的政治事件，在這次事件中，大量的捷克作家、藝術家、詩人、知識分子受政治牽連，不是失業就是淪落冤獄或流亡海外。後來當選捷克總統的哈維爾，就是在當時向一位抗議者自焚的地點獻花而被捕入獄，為了紀念這次政治災難，捷克人將它稱作「布拉格之春」。

然而布拉格之春國際音樂節最早開始於二次世界大戰結束後的1946年，由當時的捷克斯洛伐克總統艾德瓦·貝內許(Edvard Beneš)推動成立，為了紀念史麥塔納，整個活動從他忌日當天——5月12日展開一連串音樂表演，並以他所寫的名曲《我的祖國》(My Country)作為開場，整個音樂盛會於6月3日結束。

布拉格之春國際音樂節每年都會有不同的主題及特色，民眾可以先到網站查詢節目表。而一旦開票之後，不接受退費、換票，遺失票券也不能退費賠償。剩餘的席位將在表演開場前1小時發售。由於首場表演或一些熱門的節目常一位難求，建議可以先上網購票。

www.festival.cz/en

購票方式：

・線上購票：依官網指示以信用卡購票，可直接出示電子票券或直接到購票窗口取票。

・現場購票：如果已抵達布拉格，可直接於現場購票，布拉格之春售票窗口如下。

(1)魯道夫音樂廳Rudolfinum

nám. Jana Palacha 227 059 227 2023年5月2~31日週一~週五10:00~18:00，表演當天開演前2小時開始售票

(2)市民會館Obecní dům

Náměstí Republiky 1090/5 222 002 101 2023年5月11~6月2日週一~週日10:00~19:00，表演當天售票至20:00 只接受信用卡支付

舊城區Staré Město

MAP ▶ P.69F4

市民會館

MOOK Choice

Obecní dům/Municipal House

慕夏新藝術傑作

掃地圖

搭地鐵B線於Náměsti Republiky站下，步行約3~5分鐘可達。 Náměstí Republiky 1090/5 222 002 101 售票處10:00~19:00，導覽行程時間每日不一(請上網查詢)。 表演門票價錢依節目內容和座位不同；導覽行程全票290Kč，半票(26歲以下、60歲以上)240Kč，家庭票(2大人+1~3位18歲以下孩童)500Kč，10歲以下免費；持布拉格旅遊通行證免費 www.obecnidum.cz/en 攝影費用另收55Kč

今日市民會館所在地是14、15世紀時皇室宮廷建築匯集的地方，然而在17世紀後半葉的一場布拉格大火，將這些宮廷建築付之一炬，當地荒廢了幾百年，一直到1912年，經過建築設計競賽，興建了現在這座市民會館。

市民會館是布拉格20世紀後新藝術建築的最佳代表，大門正上方的馬賽克壁畫是史畢勒的作品，名為《向布拉格致敬》；而正門門廊上的陽

台附屬於市長廳(Lord Mayor's Salon)，其室內裝潢和中央表演廳——史麥塔納廳(Smetanova síň)一樣，都是捷克最著名的藝術家慕夏的傑作，讓這裡成為慕夏朝聖之旅的重要據點。

史麥塔納廳呈三角鑽形的結構，周圍圍繞著許多沙龍、廳堂、咖啡館等，成為現代布拉格最重要的文化活動場所；裡頭可容納1,500人，是每年「布拉格之春國際音樂節」的主要表演場地，而平時也有不同的音樂或戲劇表演，有興趣的人可以在售票處索取節目單或購票；或是參加導覽行程，由專人帶領解說裡頭精采的慕夏作品。

舊城區Staré Město

MAP ▶ P.68C4

聖尼古拉教堂

MOOK Choice

Kostel sv. Mikuláše/ Church of St. Nicholas

常舉辦音樂會的美麗教堂

掃地圖

搭地鐵A線於Staroměstská站下，步行約3~5分鐘可達。 Staromestské námestí 1101 224 190 990 週一~週六10:00~16:00(週日12:00起) 免費 www.svmikulas.cz

白色牆面與青銅色尖頂的聖尼古拉教堂原本屬於班尼迪克丁修道院(Benedictine Monastery)的一部份，在提恩教堂興建之前，這裡是舊城的信仰中心。在修道院拆除之後由著名的波西米亞建築師K.I. Dientzenhofer重建，中央正堂加上兩邊對稱的鐘塔、蔥形的塔頂、華麗的雕刻裝飾，成為波西米亞巴洛克式建築的代表之作，經過多次修建終於在18世紀初完成。第一次世界大戰時，軍隊曾駐紮在此，同時委託未上戰場的藝術家從事教堂重修工作，正面外牆上的雕像出於Antonín Braun之手筆，而莊嚴的圓頂壁畫則是Kosmas D. Asam的傑作。這裡現在屬胡斯派的教堂，在布拉格之春及秋季音樂節時常常舉辦音樂會。

舊城區Staré Město

MAP ▶ P.69F4

火藥塔

Prašná brána/Powder Gate Tower

新哥德式經典建築

掃地圖

搭地鐵B線於Náměsti Republiky站下，步行約3~5分鐘可達。 Na Příkopě / Náměsti Republiky 5 775 400 052 1~3月、10~11月10:00~18:00，4~5月、9月10:00~19:00，6~8月09:00~21:00，12月10:00~20:00 全票150Kč，半票(26歲以下、65歲以上)100Kč，5歲以下免費；家庭票(2大人＋1~4位15歲以下孩童)350Kč；早鳥票(營業第一小時)享5折優惠，網路購票享9折優惠，持布拉格旅遊通行證免費 www.prague.eu/prasnabrana 也可參考布拉格8景聯票(P.82)

火藥塔是11世紀興建舊城時所建的13座城門之一，當時從銀礦產地庫納霍拉運來的貴重銀器及錢幣，就是從這個城門進入布拉格。另外，著名的國王加冕典禮遊行，也會從火藥塔經過。

火藥塔參照舊城橋塔搭建成哥德式風格，與典型的軍事防禦城門不同，反而以豐富的雕飾取勝，但是在1483年國王將皇宮遷到布拉格城堡裡後，這項繁複浩大的工程只好停頓，只簡單地蓋上臨時屋頂就草草完工。

到了17世紀初，這裡成為存放軍火的地方，也從此得到火藥塔之名。1799年，原本華麗誇耀的哥德式裝飾漸漸剝落，整座塔顯得黯淡無光。1875~1886年之間，建築師Josef Mocker以新哥德式建築的形式重整火藥塔，現在拱門上的石雕及金屬雕像都是重建時新增的部分。

火藥塔內部有布拉格百塔建築的圖片和模型展覽，爬上186階則可登上65公尺高的塔頂，飽覽舊城與新城的房舍街道。門票除了登塔費，也包括展覽的語音導覽(含英語)。不過整體而言，這裡登高的視野不及市政廳鐘樓來得佳。

舊城區Staré Město

MAP ▶ P.69E4

采萊特納街

MOOK Choice

Celetná

通往舊城廣場重要商街

搭地鐵A線於Staroměstská站下，或搭地鐵B線於Náměsti Republiky站下，皆步行約6~10分鐘可達。

從火藥塔延伸到舊城廣場的采萊特納街，是布拉格舊城最主要、同時也是歷史最久遠的一條街道，早在布拉格建城之前，這裡就是中歐地區東西貿易往來的必經之路。11世紀之後捷克的貨幣從火藥塔入城沿著采萊特納街運往城堡，這條街的地位顯得格外重要，而國王加冕典禮的遊行更提昇了這條街的氣派。

今日，道路兩旁的建築大部分是商店兼住宅，賣的商品以捷克當地的特色商品為主，像是俄

羅斯娃娃、水晶玻璃、西洋棋、手工藝品、相機店、明信片書報店……十分商業化，是觀光客必到之處。

另外，采萊特納街有各時期經典建築形式，每棟房子也有屬於它們自己的標誌鑲嵌在轉角或大門上方，如果仔細查看，會發現這些記號十分特別，如與Ovocný trh交界口的立體派建築黑色聖母之屋(Dům u Černé Matky Boží)，就可看到一座黑色聖母雕像嵌於三角牆角，是捷克立體派藝術家Josef Gočár的作品。

舊城區Staré Město

MAP ▶ P.68C4

克拉姆・葛拉斯宮

Clam-Gallasův Palác/Clam-Gallas Palace

布拉格城市檔案館

搭地鐵A線於Staroměstská站下，步行約3~5分鐘可達。 Husova 158/20 605 488 064 週二~週日9:00~18:00；週一休 全票250Kč，半票(26歲以下、65歲以上)120Kč，6歲以下免費；家庭票(2大人+1~4位15歲以下孩童)530Kč；持布拉格旅遊通行證免費 www.muzeumprahy.cz/objekty/clam-gallasuv-palac-12

從舊城廣場往查理大橋的方向走，會經過一棟大門裝飾生動雕像的建築，這就是克拉姆・葛拉斯宮。門口兩對雕像可說是全城最精采的巴洛克式裝飾，象徵權力及威望。它曾是18世紀波西米亞勢力最大的權貴葛拉斯(Jan Gallas)的官邸，當時他特別請來維也納宮廷建築師艾荷拉(Johann Fischer von Erlach)建造這座宏偉的豪宅，門

面的雕像則是由布勞恩(M. Braun)製作，藉由他卓越的雕刻技術，希臘神話中的大力士赫克里斯(Herakles)披著戰利品獸皮，站在門前承擔整棟建築的重量。除了門面壯觀，克拉姆・葛拉斯宮裡走廊及廳堂的屋頂壁畫更是教人嘆為觀止。1900年代，這裡曾是查理大學德語學院的政治學系所，卡夫卡在專攻法律的學生時代也曾在此修過課，現在則成為布拉格城市檔案館。

舊城區Staré Město

MAP ▶ P.68B5C5

查理街

MOOK Choice

Karlova Ulice/Charles Street

可逛可看的藝術街道

搭地鐵A線於Staroměstská站下，步行約3~5分鐘可達。

掃地圖 

連接舊城廣場和查理大橋的查理街，是條狹窄蜿蜒卻聚集許多舊城精華的街道，也是當時加冕御道的一部份，許多以往文藝復興和哥德式的建築，目前都改建為商店，在逛街購物之餘，不要忘了注意一下牆上的浮雕、壁飾，可能會有意外的收穫。

例如3號金井之屋(The House at the Golden Well)建於1600年左右，是典型的文藝復興式民宅，而立面上巴洛克風格雕刻裝飾，則是在100年後約1700年時才增添的部分，主要敘述聖人及守護神對抗瘟疫的神話故事；18號金蛇之屋(The House at the Golden Snake)曾是一間咖啡館，除了一般市民常在此辯論時事、交換新聞外，許多反政府的革命分子也常出入；還有22號上方的新藝術雕塑——被玫瑰圍繞的女神。

舊城區Staré Město

MAP ▶ P.68D5

哈維爾露天市集

MOOK Choice

Havelské tržiště/Havelský Market

近舊城廣場的熱鬧市場

掃地圖 

搭地鐵A或B線於Můstek站下，步行約3~5分鐘可達。 Havelská 13 602 962 166 週一~週六7:00~19:00，週日8:00~18:30 www.prague.eu/cs/objekt/mista/843/havelsky-trh

布拉格大約有5個露天市集，每天從清晨營業到黃昏，販售新鮮蔬果與各種手工藝品，其中哈維爾斯卡最靠近舊城廣場，位置就在聖哈維爾教堂(Kostel sv. Havla)不遠處，商品價錢比一般商店來得便宜一些，可以試著殺價，露天市集兩旁也有一些工藝品商店值得逛逛。不要小看這個市集，它的歷史從1232年就開始了！幾乎與布拉格舊城同時發展起來。

舊城區Staré Město

MAP ▶ P.68E5

城邦劇院

Stavovské divadlo/Estates Theatre

當莫札特來到布拉格

掃地圖

搭地鐵A或B線於Můstek站下，步行約2~3分鐘可達。 Ovocný trh 6 224 901 448 售票處10:00~18:00 www.narodni-divadlo.cz

這間1783年由諾斯提茲伯爵所建的劇院，是布拉格建築群中第一座新古典主義式建築，正面兩對穩重的廊柱加上屋頂附近三角形的山牆，呈現古希臘的典雅氣質。

劇院落成4年後，也就是1787年時，莫札特(Mozart)的第一次來訪引起布拉格藝壇一陣騷動，他帶來歌劇《費加洛婚禮》(The Marriage of Figaro)掀起全城狂熱，當時他31歲。同年他又再度前來布拉格定居，並受布拉格市之託創作了歌劇《唐・喬凡尼》(Don Giovanni)，此劇後來也在布拉格成為家喻戶曉的作品。現在到了布拉格，你還是有機會欣賞到各種改編過的《唐・喬凡尼》木偶劇、黑光劇或傳統歌劇。

莫札特在來到布拉格之前並沒有受到維也納人特別愛戴，然而他第一次來訪布拉格引起的轟動卻讓他紅回維也納，因此他對布拉格人特別有好感，一生共來訪布拉格4次，生涯最後一次的旅行也是到布拉格，而他創作中的38號交響曲就稱做《布拉格》。城邦劇院另一項引人矚目的成就，就是成為捷克著名導演米洛斯・福曼電影《阿瑪迪斯》(Amadeus)的場景，該片敘述莫札特的生平。

舊城區Staré Město

MAP ▶ P.68D5

卡洛琳南大學

Karolinum/Carolinum

布拉格最偉大建築師之作

掃地圖

搭地鐵A或B線於Můstek站下，步行約2~3分鐘可達。 Ovocný trh 560/5 224 491 850 www.cuni.cz

作為查理大學本部的卡洛琳南大學校區，最早興建的時間約在1383年左右，當時正是布拉格大量興建高塔型哥德式建築的時期，如舊城市政廳塔、提恩教堂、火藥塔等都是一時之作，這裡也交由著名的建築師規劃興建，可惜在1711年重建時，搖身一變成為巴洛克式建築，原貌已不復見；再加上戰爭期間嚴重受損，於1949~1965年重建之後更是煥然一新，只剩南側一塊突出的窗台保存下來。

該窗台石雕精細，牆基仍保留一塊塊石磚交疊的波西米亞建築法，這座黝黑的窗台設計者，卻是設計聖維塔大教堂等建築、布拉格最偉大的建築師彼得・巴勒(Petr Parléř)之作！卡夫卡作為法律系學生時代也曾在這裡駐足。

舊城區Staré Město

MAP ▶ P.68B4

克萊門特學院

MOOK Choice

Klementinum/Clementinum

重要的圖書館兼音樂會場

掃地圖

搭地鐵A線於Staroměstská站下，步行約3~5分鐘可達。 Křižovnická 190、Karlova 1、Mariánské nám. 5 222 220 879 1月4日~4月30日、12月12日~12月21日10:00~17:00(週五~週六至18:00)，5月1日~11月12日10:00~17:30 (週五~週六至18:00)，12月22日~1月8日9:30~17:00(週五~週六至18:00) 導覽行程全票300Kč、半票200Kč、家庭票900Kč、6歲以下免費 www.klementinum.com 巴洛克圖書館大廳內部禁止攝影

位於伏爾塔瓦河畔的克萊門特學院面積廣大，包括4個中庭和5個教堂，當初為了建築這棟大型學院，不惜拆除了30棟民房及3間教堂！這龐大的建築群與對岸的布拉格城堡遙遙相望，成為17世紀布拉格兩大建築指標，常有人拿這兩座建築群相互比較，因而發現了一個共通性：它們都呈封閉式規劃，以高牆或連貫的房舍圍起，再向內發展次要建築。

就內涵來看，克萊門特學院在17、18世紀時是歐洲重要的學府，來自歐洲各國的學者在此就學或授課，以外國人居多，學院內更流通各國語言，與對岸布拉格城堡內的外來政權又互相呼應：一邊是學術權威、一邊是政治權貴，但兩者都區隔於本土的捷克文化之外，屬於強大的外來勢力，也難怪它們的建築本質與舊城其他地區的開放延展形式有點不同。

此外，優美的巴洛克圖書館大廳、天文塔、子午線廳與鏡禮拜堂是付費導覽行程的參觀重點，此行程還可以登上塔樓，居高欣賞布拉格美景，全程約50分鐘。但要先做好心理準備，全程要爬172個台階喔！

聖薩瓦特教堂
Kostel sv. Salvátora/Church of St. Salvator

克萊門特學院最重要的建築包括聖薩瓦特教堂，它是1556年時斐迪南一世將耶穌會的勢力引進布拉格，希望藉由他們打壓捷克人的新教信仰轉而信奉羅馬天主教時所建立，耶穌會在克萊門特修道院的原址建造大群建築，這就是克萊門特學院的前身，而聖薩瓦特教堂就是當時第一座耶穌會教堂。

耶穌會在捷克歷史上留下污點也是在此時期：由於宗教及權力鬥爭，耶穌會在克萊門特學院與查理大學合併之後勢力坐大，不但拆除民房擴建自己的建築，還四處燒毀捷克文書籍。18世紀後期天主教與耶穌會分裂之後，耶穌會才終於被逐出布拉格。

©Jan Kolman

巴洛克圖書館大廳
Barokní knihovna/Baroque Library

圖書館於1722年成立，為當時的耶穌會教堂大學的一部分，藏有超過2萬本神學著作，最早的書籍可追溯至17世紀，書背被塗上白漆和紅色記號的書籍代表它們自耶穌會時期就「住」在這裡了。

雖然現在克萊門特學院已褪下昔日的光環成為國家圖書館，但值得一提的是，它仍保有將近5,000冊手工訂製的中世紀書籍，這些都是它最光輝時期收集自歐洲各國的藏書。同樣引人注目的置於圖書館中央的地球儀和天球儀，當中也包括Jan Klein設計的天文鐘，這些都是耶穌會時期的文物。卡夫卡迷們更不能錯過這裡，因為在1900年代，攻讀法律的卡夫卡曾在此修讀德國文學、藝術史及哲學，當然也免不了在圖書館中K書。

天文塔
Astronomická věž/Astronomical Tower

天文塔也是建於1722年，有68公尺高。天文學一開始就是克萊門特學院的必修課之一，但天文台一直到1751~1752年在首任主任Joseph Stephling的推動下建成。塔樓上裝滿天文儀器，成為天文測量的主要場所——1775年開始記錄每日溫度、1804年開始進行降雨測量。今日所有的氣象觀測都在克萊門特學院進行，世界上最古老的測量點之一。遊客可以爬到的最高點是52公尺，這裡可以俯瞰整個布拉格舊城還有遠方的布拉格城堡。

塔頂之前還設有天文台的原始工作室，展示19世紀的小型天文學、地理物理學和氣象學的儀器，主要來自耶穌會學著和工程師的工作坊。除了天文和氣象觀測，這裡也會進行一些物理實驗。

舊城區Staré Město

MAP ▶ P.68A5

史麥塔納博物館

Muzeum Bedřicha Smetany/Smetana Museum

史麥塔納最愛居所

搭地鐵A線於Staroměstská站下，步行約4~6分鐘可達。
Novotného lávka 1　222 220 082　週三~週一10:00~17:00；週二休　全票50Kč、半票30Kč，15歲以下免費，英文導覽行程120Kč　www.nm.cz

掃地圖

史麥塔納博物館坐落於舊城塔樓旁，由早期自來水廠改建而成。史麥塔納是捷克最著名音樂家之一，他的音樂對捷克的民族復興運動有著極其深遠的影響，被視為捷克人的驕傲。

史麥塔納是個愛國主義者，其作品都與鼓舞民族愛國精神有關，最著名的作品是《我的祖國》。博物館內保存許多史麥塔納的生平遺蹟，如樂譜作品、書信、照片、鋼琴等，現場還布置了一個小型舞台，你可以站在指揮台上先點選史麥塔納的作品，待音樂播放後再拿起指揮棒指揮，非常有趣。

博物館設計風格屬新文藝復興建築，加上19世紀捷克知名畫家Mikoláš Aleš和František Ženíšek的布置設計，讓這個舊自來水工廠成為充滿藝術氣氛的博物館。這裡同時可以清楚欣賞伏爾塔瓦河、查理大橋、布拉格城堡與舊城區，無怪乎史麥塔納生前最喜歡這個居所。

舊城區Staré Město

MAP ▶ P.68B6

伯利恆禮拜堂

Betlémská Kaple/Bethlehem Chapel

紀念胡斯之所

掃地圖

搭地鐵B線於Národní třída站下，步行約5~10分鐘可達。
Betlémské náměstí 255/4　234 678 790　11~3月9:00~17:30、4~10月9:00~18:30；12月24、12月31日休　全票60Kč、半票30Kč　www.bethlehemchapel.eu

伯利恆禮拜堂的建築是在二次世界大戰後、1950~1952年之間重建，建築形式重現1391年最初的樣貌，主要是為了紀念為宗教、民族而犧牲的學者胡斯。這裡原本是胡斯演講傳播信念的場所，當時捷克在外來政權及天主教統治下，除不得使用自己的語言外，還必須放棄原有的宗教信仰，胡斯在英國宗教改革家約翰・威克里夫(John Wycliffe)的理念影響之下，倡導新的教義，並主張以捷克文代替拉丁文寫經。雖然後來胡斯逃不過殉教的命運，伯利恆禮拜堂也被迫禁止舉行胡斯派新教禮拜儀式而拆除重建，這位波西米亞宗教家的精神卻留存在人們心中，現在不但恢復禮拜堂原貌，還在內部畫上敘述胡斯傳教的壁畫。

舊城區Staré Město——猶太區Josefov

MAP ▶ P.68C2C3

巴黎大街

MOOK Choice

Pařížská

名牌時尚林蔭大道

掃地圖

搭地鐵A線於Staroměstská站下，步行約3~5分鐘可達。

這條從舊城廣場通往猶太區的道路，是布拉格最時尚、最頂級的一條購物大街，Pařížská是捷克文「巴黎」(Paris)的意思，這條街就像是巴黎的香榭里舍大道一樣，聚集了各種精品、名牌，如Cartier、Dior、Boss、Prada、Tod's、Hermes、LV、Burberry、Moschino、Salvatore Ferragamo等，絕對是讓敗家男女大傷荷包的地方。

此外，從Široká後進入猶太區的這一段，林立著許多漂亮的露天咖啡座，坐在樹蔭下喝杯飲料，看街上許多像明星、模特兒的帥哥美女經過，也是感受這條巴黎大街魅力的好方式。

猶太區Josefov

MAP ▶ P.68C4

卡夫卡之家

Kafkův dům/Kafka House

卡夫卡的出生地

掃地圖

搭地鐵A線於Staroměstská站下，步行約2~3分鐘可達。 Nám. Franze Kafky 1

1883年7月3日，卡夫卡在布拉格舊城區與猶太區交界的這棟房子2樓誕生了，一週之後，依猶太教傳統在此舉行割禮。房舍興建於1717~1730年之間，原本作為聖尼古拉教堂神職人員的辦公室，後來在1787年時因約瑟夫二世下令改善猶太區環境而改為一般住宅。

卡夫卡一家人住在這間公寓的時間並不長，而整棟房子在1887年時曾遭大火燒毀，直到1902年才依原樣改建完成。1965年雕刻家Karel Hladík製作了一個卡夫卡的頭像，鑲嵌在屋子的轉角，使得它儼然卡夫卡的朝聖中心。這裡同時也是猶太區的參觀起點，如今這幢建築前的地址已經乾脆改為卡夫卡廣場，倒是這棟建築看起來和一般的樓房沒什麼兩樣。

猶太區Josefov

MOOK Choice

MAP ▶ P.68C2

舊——新猶太教會堂

Staronová synagóga/ Old-New Synagogue

歐洲最古老的猶太教會堂

搭地鐵A線於Staroměstská站下，步行約3~5分鐘可達。 Cervená 2 224 800 812 冬季9:00~17:00、夏季9:00~18:00；週六、猶太教節日(請上網查詢)休；週五安息日提早休1小時。 全票200Kč、半票(26歲以下)140Kč、6歲以下免費；家庭票(1大人+1~4位15歲以下孩童)成人200Kč，孩童100Kč；持布拉格旅遊通行證免費 www.synagogue.cz/en

猶太區中最具代表性的教會堂就是「舊——新猶太教會堂」，它興建於13世紀中期，是歐洲最古老的猶太教會堂。當初原名為新猶太教會堂，一直到16世紀，因其他的猶太教會堂陸續建立後，才改為現名「舊——新猶太教會堂」，除了歷史上的意義外，教會堂的大廳也是唯一從中古時期留存至今的建築。

舊——新猶太教會堂並不屬於布拉格猶太博物館的一部分，目前仍是舉行猶太教禮拜式的主要場地之一。教會堂中最重要的是高掛在會堂中央的猶太旗幟，上方有著著名的大衛之星，此外會堂中央的拱形支柱，也是從中古時期保留至今的建築遺跡。

猶太區聯票

猶太城聯票Prague Jewish Town

舊猶太墓園、舊——新猶太教會堂、西班牙猶太教會堂、梅瑟猶太教會堂、平卡斯猶太教會堂、克勞森猶太教會堂、葬儀廳、Robert Guttmann美術館(限特展) 全票500Kč，半票(26歲以下)350Kč，6歲以下免費；家庭票(1大人+1~4位15歲以下孩童)成人500Kč，孩童160Kč

猶太博物館聯票Jewish Museum in Prague

梅瑟猶太教會堂、西班牙猶太教會堂、平卡斯猶太教會堂、舊猶太墓園、克勞森猶太教會堂、葬儀廳、Robert Guttmann美術館(限特展) 全票350Kč，半票(26歲以下)250Kč，6歲以下免費；家庭票(1大人+1~4位15歲以下孩童)成人350Kč，孩童100Kč；持布拉格旅遊通行證免費 www.jewishmuseum.cz/en/info/visit/admission/

猶太區Josefov

MAP ▶ P.68B2~D3

猶太博物館

MOOK Choice

Židovské museum/ Jewish Museum in Prague

豐富的猶太遺跡和藝術收藏

掃地圖

搭地鐵A線於Staroměstská站下，步行約2~5分鐘可達。 U Staré školy 1 222 749 211 1~3月10:00~16:30、4~10月9:00~18:00、11~12月9:00~16:30(詳情依官網為主)；週六休、猶太教節日休(請上網查詢) 見猶太區聯票(P.93) www.jewishmuseum.cz

成立於1906年的布拉格猶太博物館，是猶太區最重要的歷史和文化遺產，由歷史學家Hugo Lieben與捷克猶太復興運動代表Augustin Stein，為保存珍貴的布拉格猶太教會堂文物而設立。1939年後因納粹占領波西米亞和摩拉維亞而暫時關閉，直到1942年，在有心人士的奔走下，納粹答應成立中央猶太博物館，來收藏波西米亞和摩拉維亞的猶太相關文物。

二次大戰之後，猶太博物館在共黨的強制下轉為國有，卻也限制了它的發展，經過1989年政權的和平轉移，中央猶太博物館在1994年10月分歸布拉格的猶太區以及屬於整個捷克的猶太聯盟所有，布拉格猶太博物館自此成立。

布拉格猶太博物館是全世界猶太藝術收藏最豐富的博物館之一，包含4萬件收藏品與10萬冊書籍，分布在博物館所屬的6個猶太教會堂和墓地，每個猶太教會堂的建築和收藏物都有不同特色，可以在任一參觀點購買聯票，細細瀏覽。

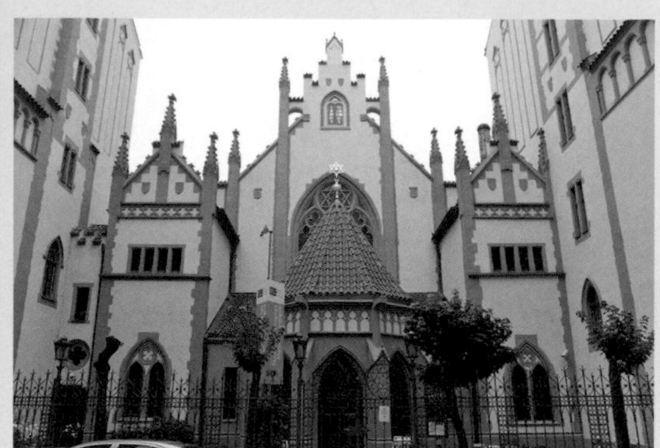

梅瑟猶太教會堂
Maiselova synagóga/Maisel Synagogue

Maiselova 10

梅瑟猶太教會堂建於1590年，並於1592年完工，以文藝復興式為主要建築設計，由猶太長老梅瑟出資興建，因此以他的名字命名。梅瑟猶太教會堂1689年毀於大火，重新改建為巴洛克式建築，最後在18世紀末、19世紀初再度修建為哥德式設計。目前是布拉格猶太博物館的主要展覽場地。

梅瑟教會堂最主要的展覽品為各種珍貴的猶太文物，從10世紀到18世紀末期的宗教聖器，如皇冠、盾飾、法杖、燭台、婚禮用品等文物。

西班牙猶太教會堂
Španělská synagóga/Spanish Synagogue

Vězeňská 1

西班牙猶太教會堂的原址是布拉格第一所猶太教會堂——舊學院(Starý škola)的所在地，於1868年時興建了現在的西班牙猶太教會堂。設計走摩爾式(Moorish)風格，室內廊廳為鐵骨結構，多樣錯綜的灰泥圖飾、風格獨具的東方主題，是最具代表性的室內設計裝飾，且多運用於牆上，其他如色彩豐富的玻璃窗、欄杆設計與門的裝飾等，都是建築師A. Baum和B. Munzberg在1893年完成的作品，捷克國歌作曲者Frantisek Skroup，曾在1836至1845年間於此擔任演奏管風琴的工作。

平卡斯猶太教會堂
Pinkasova synagóga/Pinkas Synagogue

Široká 3

一走進平卡斯猶太教會堂，最引人注目的就是牆上密密麻麻的花紋，可不要誤以為那是教會堂特有的壁飾，仔細一看，其實這些都是在1942至1944年間，於特雷津(Terezín)集中營中遭納粹屠殺的猶太人姓名，約有8萬人之多。

平卡斯猶太教會堂由平卡斯興建於1479年，後來由他後人Aaron Meshullam Horowitz改建，第二次世界大戰後，成為紀念大戰期間死於納粹人手下的猶太人紀念館，並在牆上刻滿這些受害者的姓名和生平等個人資料。1968年平卡斯猶太教會堂因地下水滲透而暫時關閉，卻在工程整修期間意外發現地下古牆，以及猶太人儀式所用之浴池。

平卡斯猶太教會堂2樓還有紀念特雷津集中營的展覽，收集了4千餘幅生活於特雷津集中營中的兒童繪畫，當時有超過1萬名15歲以下的兒童受困於集中營，其中的8千名後來被遞解出境送往東方，僅有242名兒童得以倖存。

葬儀廳Obřadní síň/Ceremonial Hall

U starého hřbitova 3a

屬於猶太博物館一部分的葬儀廳，建於1911~1912年，當時是作為停放死者的太平間，現在則是展示猶太人傳統文化和習俗的地方，尤其偏重與疾病、死亡和葬儀有關的文物。

克勞森猶太教會堂Klausová synagóga/ Klausen Synagogue

U Starého hřbitova 3a

克勞森猶太教會堂原文「Klaus」在德文中是「小建築物」之意，Klausov是Klaus 的複數形，代表克勞森猶太教會堂原本是由3座小建築物組成，分別作為教育、祈禱以及猶太儀式所用，但是在1689年大火時付之一炬，1694年克勞森猶太教會堂在原址上重建，呈現現今的巴洛克式外貌。

掃地圖

克勞森教會堂是現今保存猶太教文物最重要的地方之一，許多宗教儀式上的寶物和文件，在此都有詳細的收藏和說明，如果想對猶太教的生活方式有更進一步的認識，從出生、婚禮、家居的種種習俗和儀式，都可在這裡的展出中一探端倪。一旁的紀念館是猶太喪葬協會(Obradni síň)，提供喪葬的宗教儀式與各種慈善工作。

舊猶太墓園Starý židovský hřbitov/Old Jewish Cemetery

Široká 3

全歐洲最大、保存最好的猶太墓園，就是這個位於布拉格猶太區的舊猶太墓園。舊猶太墓園大約出現在15世紀初期，至今共有12,000個墓碑同葬於這塊面積狹小的墓園中，因此所有的墓碑都前後左右緊挨在一起且層層相疊，最多疊到12層之高。參觀者僅能依循路線繞墓園一圈參觀。

舊猶太墓園內雖有1萬多個墓碑，但實際埋葬人數估計多達10萬人。其中最有名的幾個墓碑包括猶太教長老Rabbi Low和Rabbi David Oppenheim，最華麗的巴賽維之墓，是布拉格第1位猶太貴族為妻子所建的墳墓。

掃地圖

猶太墓碑上可看到許多符號，象徵家族的職業或代表榮譽的家徽(通常以動物表示，這些動物的發音與姓氏發音類似)，例如「雙手」為祈福之手(Blessing hands)，通常象徵猶太教士或神職人員的家族、「獅子」象徵先知(Jehuda)、「剪刀」象徵裁縫師，其他還有「雞」、「葡萄」、「鹿」等等。

猶太區Josefov

MAP ▶ P.68B3

魯道夫音樂廳

MOOK Choice

Rudolfinum/Rudolfinum

重要音樂會主場地

掃地圖

搭地鐵A線於Staroměstská站下，步行約1~3分鐘可達。 Alšovo nábřeží 12 227 059 227 售票處10:00~18:00 (7~8月至15:00)；藝術館、禮品店週二~週日10:00~18:00(週四至20:00) 表演門票價格依節目內容和座位而不同 www.ceskafilharmonie.cz；www.rudolfinum.cz

魯道夫音樂廳是布拉格最著名的音樂廳之一，也是布拉格之春音樂會的主要表演場地。其中最有名的是豪華的德弗札克演奏廳，新文藝復興風格展露無遺，是19世紀捷克建築的代表，現在則是捷克愛樂交響樂團(Czech Philharmonic)常駐的地方，想看表演可以透過網路、電話或前往現場售票口購票。

猶太區Josefov

MAP ▶ P.68B2

裝飾藝術博物館

Uměleckoprůmyslové muzeum/ Museum of Decorative Arts

實用的生活性藝術品

掃地圖

搭地鐵A線於Staroměstská站下，步行約1~2分鐘可達。 17 listopadu 2 778 543 900 週三~週日10:00~18:00(週二至20:00)；週一休 全票150 Kč、半票80 Kč、特展價格不一視官網而定；持布拉格旅遊通行證免費 www.upm.cz

離魯道夫音樂廳不遠處，有一座布拉格裝飾藝術博物館，展出的藝術作品極為廣泛，除了當代藝術，從中世紀到20世紀前歐洲的家具、珠寶、陶瓷、書籍、紡織、鐘錶和波西米亞玻璃，都在展覽之列。博物館的成立主要是對近代工業革命的一種省思，希望大家仍能隨時將藝術與美感，應用在生活中。

博物館本身也就是一項藝術品，這棟以法國新文藝復興風格打造的2層樓建築建於1897~1899年，從一進門，其華麗的樓梯、穹頂和天花板就讓人深深著迷，其他如走廊玄關、牆面壁畫、展示廳，也都點綴著精緻的裝飾與擺設，加上各種充滿巧思與工藝的展覽物，讓人一時看得目眩神迷。博物館內有號稱全捷克最美的圖書館；逛累了則可以到咖啡廳坐坐，在咖啡香中沾染濃郁的藝術氣息；紀念品店販售不少具設計感的飾品，如項鍊、耳環、胸針，實用又好看。

查理大橋Karlův most

MAP ▶ P.68A4

查理大橋

MOOK Choice

Karlův most/Charles Bridge

看盡伏爾塔瓦河美景

掃地圖

搭地鐵A線於Staroměstská站下，步行約3~5分鐘可達。

查理大橋是聖維塔大教堂建築師彼得・巴勒(Petr Parléř)的另一件傑作，從1357年7月9日奠基，直到15世紀初完成，共長達505公尺、寬10公尺，是中歐地區最長的橋，其建築技術亦是一項偉大的工程。

查理大橋原址是一座仿羅馬式的橋，稱為朱迪斯橋(Judith Bridge)，現在靠近小城區的橋塔就是朱迪斯橋的遺跡，由於朱迪斯橋已經無法承擔增加的流量，而且被洪水沖毀得很嚴重，於是，1357年查理四世宣佈建築另一條大橋來取代朱迪斯橋。

建築設計由當時最知名的建築師彼得・巴勒負責，他展現了偉大建築師的企圖心，將查理大橋設計得比朱迪斯橋高出約4~5公尺，並用16個巨大的砂岩橋墩鞏固橋體，使查理大橋6個世紀以來依然不動如山。為配合左右岸高塔聳立的城市景觀，這座水平延伸的橋樑兩端不但高聳著橋塔，兩側也加上許多高大的聖像，讓垂直向上的概念在此展現。

多年來，查理大橋與布拉格共同經歷許多歷史事件，包括1393年瓦茨拉夫四世把當時的總主教臬玻穆的聖若望(St. John of Nepomuk)丟下橋去、1621年白山戰役之後10位新教徒的人頭被展示在舊橋塔、1648年瑞典利用查理大橋進攻布拉格並摧毀西側的舊橋塔、1723年橋上裝上油燈後又在100多年之後換上煤氣燈……這些來來去去的事件都不曾減損查理大橋的風華。

現在，布拉格市府非常重視查理大橋的維修與保存工作，同時禁止車輛進入，所以，查理大橋是單純的人行步道，而遊客除了可以行走於查理大橋上，也可以登上兩端位於舊城區和小城區的橋塔，欣賞綺麗風光。

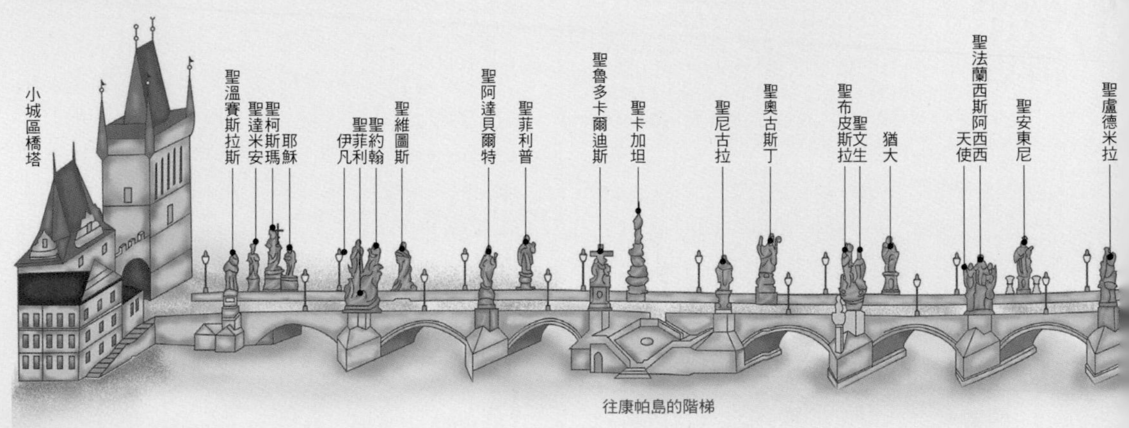

舊城區橋塔Staroměstská mostecká věz/Old Town Bridge Tower

☎775 400 052 ⏰1~3月、10~11月10:00~18:00，4~5月、9月10:00~19:00、6~8月09:00~21:00、12月10:00~20:00 $全票150Kč，半票(26歲以下、65歲以上)100Kč，5歲以下免費；家庭票(2大人＋1~4位15歲以下孩童)350Kč；早鳥票(營業第一小時)享5折優惠，網路購票享9折優惠，持布拉格旅遊通行證免費。 🌐www.prague.eu/staromestskamosteckavez ❗也可參考布拉格8景聯票(P.82)；舊城區＋小城區橋塔聯票全票225Kč，半票150Kč，家庭票520Kč

建於14、15世紀之間，同樣也是彼得．巴勒的作品，橋塔內部有上下兩層廳堂，由南面的階梯可通往此兩廳並直達塔頂，現在廳內展示一些號角及管樂器。塔頂不但可以眺望查理大橋全景，同時還是捕捉舊城百塔林立景觀的最佳位置，攝影迷千萬不要錯過。橋塔東側牆面有豐富的哥德式雕刻作品，其中包括查理四世像。

聖法蘭西斯 St. Francis Xavier

法蘭西斯(1506~1552年)出生於西班牙，他在1552年前往巴黎，並在那裡遇到傳教士伊格內修斯(Ignatius Loyola)，他跟隨伊格內修斯到巴勒斯坦傳教，並於1537年被授予聖職。法蘭西斯一生行跡遍及遠東地區如印度、馬來西亞、摩勒加群島、新幾內亞，並使數千人受洗為基督教徒，1552年在他前往中國傳教前過世，1622年被封為聖徒，並成為所有駐外傳教士的守護神。所以，聖法蘭西斯的雕像周圍環繞著許多外國人，其中包括3名摩爾人、2名東方人，這也是在中東歐唯一可見的東方人雕像。

露天藝術市集

查理大橋除了建築本身迷人，橋上各式各樣的藝術攤販也是吸引遊客的焦點之一，不但有各種攝影作品、水彩畫、油畫、現場人像素描、兒童插畫還有各式金屬、寶石、木製手工飾品，布拉格的創意在這裡展露無遺。如果你起得夠早，趁人潮還沒湧入查理大橋前，更可以看到有人在橋上拍照、寫生，甚至吸收靈氣練功等各種活動。

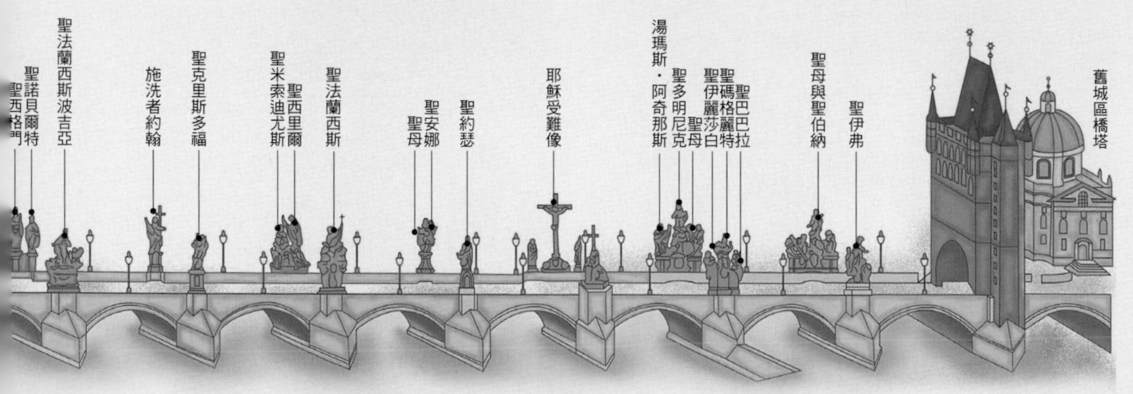

臬玻穆的聖若望像
St. John of Nepomuk

查理大橋上一尊尊宗教聖徒的雕塑，許多是在1683~1714年之間完成，其中最吸引人的是這尊從舊城方向數來右邊第8尊的臬玻穆的聖若望像。

臬玻穆的聖若望1354年出生於波西米亞，他在布拉格大學接受教育，1387年時成為布拉格教區的總主教。當時神聖羅馬帝國的瓦茨拉夫四世經常喜歡利用神職職位當做政治酬庸，平常聖若望跟瓦茨拉夫四世相處就不算和樂，因為聖若望不只一次拒絕成為大主教，他認為還有更具威望的人得以勝任。

最嚴重的衝突發生在1393年的一次修道院院長選舉，聖若望得知瓦茨拉夫要推舉一個不夠資格的人擔任院長，所以，他提早集合該修道院的修士選出新院長，此舉當然大大地觸怒了瓦茨拉夫四世，於是聖若望被判處死刑，他被焚燒後丟入河中，比較傳奇的是，當晚有5顆星星出現在他沉沒之處。聖若望在1729年被耶穌會封為聖徒。這座雕塑完成於1683年，是相當受歡迎的作品，據說觸摸聖像右下角的浮雕會帶來好運，因此這塊區域被遊客摸得晶亮。

街頭表演者

查理大橋上是表演者最好的舞台，例如有趣的傳統木偶表演、演唱歌劇的美聲歌手，以及演奏波西米亞民族樂曲的小型樂隊等等，旺季時猶如一場小型的露天嘉年華。

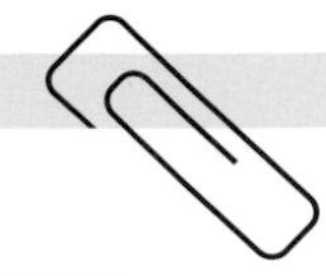

伏爾塔瓦河遊船

橋下的伏爾塔瓦河(Vltava)是流經布拉格市區的重要河流，搭船遊覽伏爾塔瓦河風光則是一項非常熱門的活動，卡夫卡就曾在寫給女友米蓮娜的一封信中說：「我最喜歡划著我的小船沿伏爾塔瓦河逆流而上，然後仰臥在船中順流而下，欣賞不同形式的橋……」。

在查理大橋上兩側有許多販賣遊船行程或發傳單的人，船資通常依船種、季節、時間和內容有所差異，你可以依喜好和預算來選擇。

遊船公司：

Pražská paroplavební společnost/Prague Steamboat Company

724 202 505 www.praguesteamboats.com

小城區橋塔Malostranské mostecké věže/ Lesser Town Bridge Towers

775 400 052 1~3月、10~11月10:00~18:00，4~5月、9月10:00~19:00、6~8月09:00~21:00、12月10:00~20:00 全票150Kč，半票(26歲以下、65歲以上)100Kč，5歲以下免費；家庭票(2大人＋1~4位15歲以下孩童)350Kč；早鳥票(營業第一小時)享5折優惠，網路購票享9折優惠，持布拉格旅遊通行證免費 www.prague.eu/malostranskamosteckavez 只有最高的塔開放參觀；也可參考布拉格8景聯票(P.82)；舊城區＋小城區橋塔聯票全票225Kč，半票150Kč，家庭票520Kč

南北兩側各有一塔，中央夾著一道拱門，南邊仿羅馬式的橋塔較低，建於12世紀，是查理大橋前身朱迪斯橋的附屬橋塔，而北邊較高的哥德式橋塔則是出自彼得．巴勒之手，樣式與舊城橋塔相同，兩岸互為呼應。

城堡區Hradčany

MAP ▶ P.66B2

布拉格城堡

MOOK Choice

Pražský hrad/Prague Castle

政治中心&觀光重點

掃地圖

Prazský hrad 遊客服務中心224 372 419 城堡6:00~22:00，歷史建築、遊客服務中心4~10月9:00~17:00、11~3月9:00~16:00 巡堡參觀票(含舊皇宮、聖喬治教堂、黃金巷、聖維特大教堂、查理大橋博物館)全票250Kč、半票(26歲以下、65歲以上)125Kč、家庭票(最多2大人+5位16歲以下孩童)500Kč，6歲以下、殘疾人士、持布拉格旅遊通行證免費；城堡故事文物展、大教堂景觀塔全票150Kč、半票80Kč、家庭票300Kč，持布拉格旅遊通行證享5折優惠(大教堂景觀塔)；語音導覽3小時350Kč，押金每台500Kč；專人導覽每人每小時100Kč；室內拍攝50Kč(不可使用腳架、閃光燈) www.hrad.cz/en/prague-castle-for-visitors

布拉格城堡區位於伏爾塔瓦河(Vltava)西岸，幅員囊括由查理大橋往北綿延的城堡山，始建於9世紀，長久以來就是王室所在地，具有重要的政經地位，中間也曾歷經許多的重建與整修工作，其中布拉格城堡就位於山丘上，面積占地45公頃，涵蓋了1所宮殿、3座教堂、1間修道院，分處於3個中庭內。

這裡一直就是布拉格的政治中心，直到現在，仍然是總統與公家機關所在地；這樣重要的地方，也自然是遊客必定朝拜的觀光點，包括許多精緻雄偉的建築物，內部有多處景點採聯票制，都值得一一駐足流連。

要注意的是，布拉格城堡只有5座歷史建築(Historical buildings)──舊皇宮、聖喬治教堂、黃金巷、聖維特大教堂──以及大教堂景觀塔需要購票才能入內參觀，其他範圍可以免費自由參觀。

布拉格城堡怎麼去？有5種方式～

	交通工具／下車站名	時長	路徑
方式1：最簡單	電車22號／Pražský hrad	約5分鐘	下車後往左轉，直走到底就是第二中庭。
方式2：下坡路	電車22號／Pohořelec	約10分鐘	下車後沿著下坡路一直走到城堡廣場，從第四中庭進入。
方式3：新城堡階梯	電車22號／Malostranské náměstí	15~20分鐘	往Zámecká街前進，15公尺後往左轉到Thunovská街，沿著新城堡階梯走到城堡廣場，從第四4中庭進入。
方式4：舊城堡階梯	地鐵A線／Malostranská	10~15分鐘	沿著電車22號行駛方向走，100公尺後左轉來到舊城堡階梯，盡頭就是Na Opyši城門。
方式5：夏季限定	電車22號／Královský letohrádek	15~20分鐘	下車後行經皇家夏宮，穿越皇家花園後就會到騎馬學校。

布拉格城堡

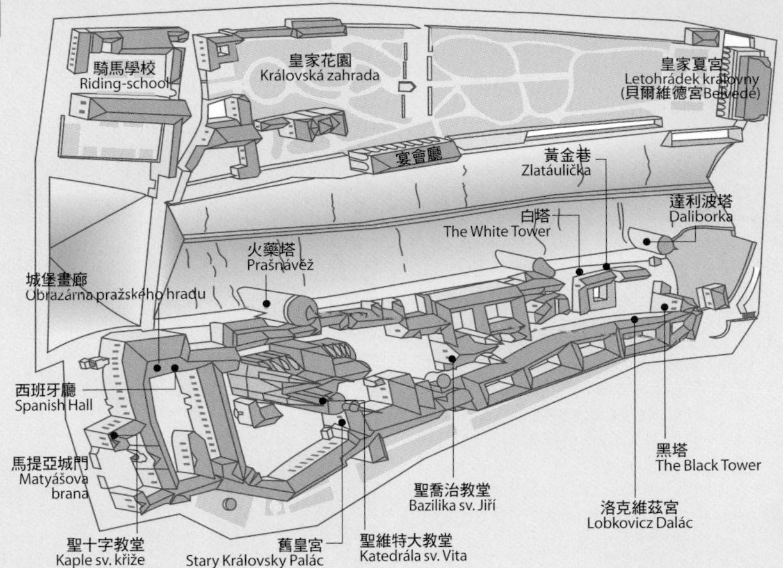

馬提亞城門Matyášova brána/Matthias Gate

建於1614年，連結第一中庭與第二中庭，是布拉格最早的巴洛克式建築，雖然名稱是以哈布斯堡王朝的馬提亞大帝為名，不過，實際上的建立時間是魯道夫二世在位時，這位哈布斯堡王朝的皇帝對布拉格的建築與文化建樹極多，後來卻因沉溺於占星之術，而遭其兄弟馬提亞篡位。

聖十字教堂 Kaple sv. kříže/Chapel of the Holy Cross

於哈布斯堡王朝的瑪麗亞特瑞莎在位時期完成整修(1758~1763年)，這個教堂非常富麗堂皇，屬於洛可可風格，尤其是祭壇前的十字架與天花板的壁畫，相當瑰麗。

城堡畫廊 Obrazárna pražského hradu/Picture Gallery

內部收藏了許多古典繪畫，最早從16世紀開始，並以16到18世紀繪畫為主，範圍囊括義大利、德國、荷蘭等各國藝術家作品，共有4,000餘幅，主要的蒐藏者是魯道夫二世，在新教徒與天主教徒對抗的「三十年戰爭」期間，雖多數遭到洗劫，不過仍然保留很多珍品。

布拉格城堡畫廊的原址是城堡馬廄，在改建為城堡畫廊的過程中，發掘出布拉格城堡最早的教堂——聖女教堂，部份遺跡存放於城堡畫廊中。

舊皇宮
Starý královský palác/The Old Royal Palace

Ⓢ已包含在巡堡參觀票內；6歲以下、持布拉格旅遊通行證免費

直到16世紀以前，舊皇宮一直是波西米亞國王的住所，歷任在位者對不同部份進行修繕。整個皇宮建築大致分為3層：入口一進去是挑高的維拉迪斯拉夫大廳(Vladislavský Hall)，這個華麗的哥德式肋形穹窿建於1486~1502年，是整個皇宮的重心，此大廳大到足以讓騎士騎馬入內進行箭擊表演；位於上層的國事紀錄廳有許多早期國事記錄以及各貴族家徽圖像；下層有哥德式的查理四世宮殿，和仿羅馬式宮殿大廳，大多數的房間在西元1541年的大火中遭到焚毀，部份是後來重建的遺跡。在入口左側的小空間稱做「綠色房間」，現在當作販賣紀念品的商店，在這裡你可以買到許多別處買不到的布拉格精品，如印有布拉格的棉布購物袋、T恤、馬克杯等，還有許多關於布拉格的書籍。另外，城堡故事文物展(The Story of Prague Castle)則是這裡的永久展覽。

聖喬治教堂Bazilika sv. Jiří/St. George's Basilica

Ⓢ已包含在巡堡參觀票內；6歲以下、持布拉格旅遊通行證免費

聖維特大教堂後方，有座擁有雙塔的紅色教堂就是聖喬治教堂。聖喬治教堂是捷克保存最好的仿羅馬式建築，同時也是布拉格建築中年齡排名第二老的教堂，西元920年依照古羅馬會堂的形式完成中央的主要結構，之後又重新整修了許多次。1142年之後興建了南、北塔(仔細看會發現兩座塔的寬度並不一致)，中廳的後部空間升高，並以兩道階梯通往擁有半圓形屋頂及拱柱的唱詩堂，在這裡你可以看到精美的壁畫。屋頂架高並設置了木製的天花板，兩旁的翼廳也擴建，達到今日所見的規模。

14世紀時增建了聖路得米拉廳(St. Ludmila)，而在1671年時，重建了正面的裝飾牆面，到現在仍可在南側入口的大門上方看到一尊石刻的浮雕像，敍述聖喬治降服龍的傳說。最近一次修建是在19世紀末20世紀初，將教堂內南邊的翼廳作為展覽館。

布拉格之春國際音樂節期間，聖喬治教堂也是表演場地之一，它的音響效果據說是城中所有教堂之冠。

火藥塔
Prašná věž/Powder Tower

這裡的火藥塔與舊城廣場的火藥塔一樣，原本都是作為守城護衛的要塞，後來則移為存放火藥之用。16世紀時，國王讓術士居住於此研究煉鉛成金之術，18世紀後改為儲藏聖維特大教堂聖器的地方，現在則是展出中古藝術、天文學和煉金術文物的博物館。

黃金巷
Zlatá ulička/Golden Lane

已包含在巡堡參觀票內；6歲以下、持布拉格旅遊通行證免費

黃金巷是布拉格古堡最著名的景點之一，觀光客的擁擠程度與查理大橋不相上下，卡夫卡曾居住過的22號，目前是一家小巧可愛的書店，當然也販售卡夫卡的作品集。

黃金巷在聖喬治教堂與玩具博物館之間，拐進一條小巷後到了這個小屋林立的黃金巷，宛如童話故事內的小巧房舍，是布拉格最詩情畫意的街道。黃金巷原本是僕人工匠居住之處，後來因為聚集不少為國王煉金的術士，因而有此名稱，然而在19世紀之後，逐漸變成貧民窟。

20世紀中期重新規劃，將原本的房舍改為小店家，現在每家商店內可看到不同種類的紀念品和手工藝品，例如16號的木製玩具、20號的錫製布拉格小士兵、21號的手繪衣服，19號的外觀最有看頭，是花木扶疏的可愛花園小屋。

達利波塔Daliborka

走到黃金巷巷底，會看到一個砲塔稱做「達利波塔」，從15世紀末開始，這裡是布拉格城堡北邊的防禦要塞，不過也曾經被當成監獄一直到1781年，「達利波」就是第一個被關進來的犯人。

皇家花園Královská zahrada/Royal Garden

4~10月10:00~18:00，其餘月份不開放 免費

建於16世紀的皇家花園，曾因戰爭損毀，後來經過多次翻修，至20世紀初成為現今花園的形式；園內大片的草原綠地，帶給遊客另一番有別於城堡的溫柔視野。

雖然遭遇兵戎，但幸運的是，園內有些以文藝復興型式設計的建築，仍幸運地保存下來，包括由知名建築師Bonifaz Wohlmut於1568年興建的球館(Ball Game Hall)。

在花園的東端還有一座安妮女王皇家夏宮(Letohrádek královny Anny)——貝爾維德宮(Belvedér)，這座做為國王夏天的離宮，由義大利建築師始建，並同樣由Wohlmut於1560年左右完工，被喻為北阿爾卑斯山間現存最美麗的文藝復興建築之一。

聖維特大教堂

Katedrála sv. Vita/St Vitus's Cathedral

⏲4~10月9:00~17:00(週日12:00起)、11~3月9:00~16:00(週日12:00起) Ⓢ已包含在巡堡參觀票內，6歲以下、持布拉格旅遊通行證免費；大教堂景觀塔全票150Kč、半票80Kč、家庭票300Kč，持布拉格旅遊通行證享5折優惠

這座地標性的教堂蓋了將近700年，中間歷經了多位建築師，整座教堂基本上就是歷代建築特色的展示廳。第一任的法蘭西哥德式建築師，先完成東側的建築，但因中途遭遇胡斯戰爭而中斷，西側的建築直到19~20世紀才又開始陸續動工，最後，於1929年正式完成，對於當初決定興建聖維特大教堂的皇帝查理四世而言，這座布拉格最大的教堂確實讓他名留青史。

主要塑造聖維特大教堂形貌的兩位建築師，分別是阿拉斯的馬修(Matthias of Arras)與繼任的彼得・巴勒(Petr Parléř)，馬修讓聖維特大教堂成為長方形式的Basilica教堂風格(最大特色是中庭有兩排石柱以支撐屋頂的重量)，在馬修建造的8年中，他蓋了8座禮拜堂，但是第9座，也就是最重要的祭壇，是由彼得・巴勒完成的。整座教堂的基本模樣在14世紀中已經大體確定。

查理四世在1356年時將彼得・巴勒召喚到布拉格接續聖維特的建築工程，他的傑作集中在金色大門，你可以仔細觀看，彼得・巴勒在結構上細膩的處理方式，他把哥德式建築的長處發揮到爐火純青的境界。

另一項值得細細品味的是教堂內的雕塑作品，這些都是捷克的宗教或政治聖人，總共有21尊砂岩雕塑，這些作品都完成於14世紀，其中一尊瓦茨拉夫(St. Wenceslas)的雕塑尤為特出，由彼得・巴勒的侄子所創作。

彼得・巴勒逝世於1399年，由他的兒子繼續接替20年，雖然最高的鐘塔始終未完成，不過其驚人的高度(接近40公尺)已足以傲視當代。

聖維特教堂10景

❶金色大門

19世紀以前這裡是聖維特大教堂的主要進出大門，現在只在重要活動期間才開啟，門上有馬賽克鑲嵌的「最後的審判」。走進門內可以看到支撐3座拱門的扇型肋拱，這是彼得·巴勒最精采的部分。相較於歐洲其他的哥德式建築，聖維特大教堂不凡之處在於飛扶臂的設計非常豐富多樣，彼得·巴勒以這些肋形的支柱及飛扶臂支撐高達30公尺的鐘塔，而他先前設計舊城橋塔時，已經操作過這些技藝了，所以，聖維特大教堂是彼得·巴勒驗收成果之作。

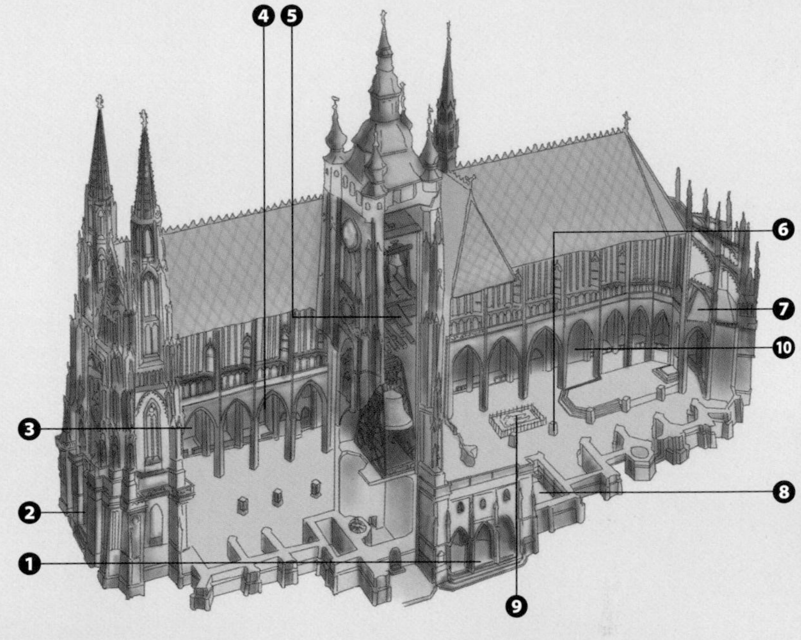

❷入口

走進布拉格古堡的第三中庭，首先映入眼簾的是聖維特大教堂哥德式的雙塔與大門，這是一扇非常精緻的門面，玫瑰窗是哥德式建築的特色之一，此玫瑰窗完成於1925~1927年，描繪關於聖經《創世紀》的故事。

在門上的細部有許多聖人及怪獸的砂岩浮雕，它們從1553年開始雕刻，一直到1996年才大功告成。

❸慕夏之窗

教堂內的玻璃花窗都是20世紀的最新作品，這幅玻璃花窗最受歡迎的理由是，由布拉格的著名畫家慕夏所繪製。

❹三位一體的玻璃花窗

自從1290年威尼斯人發明玻璃之後，這項新產品馬上被使用在當時最流行的哥德式建築上，甚至成為特色之一。祭壇上方這3幅玻璃花窗是描繪聖父、聖子、聖靈三位一體的圖像，不過，該玫瑰窗於第二次世界大戰才開始製作，並於1948年完成。

❺金色之窗

增建於魯道夫二世在位時。

❻杲玻穆的聖若望之墓

這座墳墓完全由純銀打造。聖約翰是捷克守護聖人中最有名的一位，他是歷史上的宗教改革者，投河殉教。

❼祭壇

祭壇前這條長廊長124公尺、高33公尺，由彼得．巴勒興建於1372年，哥德式的肋形穹窿交錯地盤旋在天花板上，與兩側的玻璃花窗相互輝映，展現哥德式教堂富麗堂皇、莊嚴偉大的特色。

❽溫塞斯禮拜堂

牆壁由寶石及黃金拼成，地板則是大理石拼花，裝飾品也多以貼金處理，顯得格外華麗。

❾皇帝陵墓

這裡是斐迪南一世、其妻、其子馬克米連二世的陵墓。

❿拱形迴廊

拱形迴廊是哥德式建築的特色之一，比圓柱節省空間。

城堡區Hradčany

MAP ▶ P.66B2

史瓦森堡宮

MOOK Choice

Schwarzenberský palác/ Schwarzenberg Palace

搶眼的佛羅倫斯風格建築

掃地圖

搭地鐵A線於Malostranská站下，再搭電車22號於Pražský hrad站下，步行約6~10分鐘可達；或從查理大橋散步緩行，經過聖尼可拉斯教堂，轉向涅魯達瓦街，再從一旁的階梯拾級而上，約20分鐘可達。 Hradčanské námestí 2 224 301 122、220 397 311 10:00~18:00(週三至20:00)；週一休 門票價格依展覽而定 www.ngprague.cz

位在城堡廣場(Hradčanské náměstí)的南邊，史瓦森堡宮最特別的地方在它的建築外觀，是義大利建築師在16世紀中所建，因此與周圍其他建築大不相同，充滿佛羅倫斯風格。從外觀看起來，史瓦森堡宮的外牆似乎是中央突起的立體石塊，但事實上那是利用石膏塗刮造成的視覺效果，牆面本身非常平坦。

史瓦森堡宮後來經過翻修成為國家藝廊(National Gallery)，3層樓的空間主要展示上百件16~18世紀有關波西米亞的晚期文藝復興和巴洛克藝術作品，可以欣賞到許多精采的雕塑與繪畫。

城堡區Hradčany

MAP ▶ P.66B2

史坦伯格宮

MOOK Choice

Šternberský palác/Sternberg Palace

古典至巴洛克時期作品藝廊

掃地圖

見史瓦森堡宮。 Hradčanské náměstí 15 224 301 122、220 397 311 10:00~18:00(週三至20:00)；週一休 門票不一依展覽而定 www.ngprague.cz

城堡廣場的北側則是史坦伯格宮，這是一座具有巴洛克風格的代表性建築，約於1697年後由史坦伯格伯爵Václav Vojtěch下令建造，後來數度易主，最後收歸國有。

1946年，這裡進行翻修，並和史瓦森堡宮一樣成為國家藝廊的分部。這裡主要展示歐洲從古典時期至巴洛克時期的藝術作品，像是古希臘和羅馬時代、14~16世紀義大利傑作。其中有關16~18世紀德國和奧地利的繪畫在1樓，同時也有一些素描和工藝品展示；2樓是參觀重點，在這裡可以看到不少16~18世紀的大師級作品，如哥雅(Goya)、魯本斯(Rubens)、梵迪克(Van Dyck)、林布蘭(Rembrandt)、丁托列托(Tintoretto)、提也波洛(Tiepolo)、埃爾葛雷柯(El Greco)等。

這裡不僅是欣賞繪畫之美的好去處，建築本身也值得一看。

城堡區Hradčany

MAP ▶ P.66B2

馬丁尼茲宮

Martinický palác/The Martinitz Palace

文藝復興式刮畫裝飾

掃地圖 

見史瓦森堡宮。 Hradčanské náměstí 67/8 603 458 601 www.martinickypalac.cz

這座位於城堡廣場北邊角落的建築，展現精緻的文藝復興式刮畫裝飾，不但外牆有神話人物花鳥刮畫，內部面對花園中庭的牆壁也布滿了這種典雅的裝飾。此外，正門入口的牆壁上有亞當與夏娃畫像，而進入室內大廳更有精緻的壁畫，可惜平常並不開放參觀。

馬丁尼茲宮的規模約為布拉格城堡內舊皇宮的一半大，比較特別的是它的建築在轉角處設計成圓弧式，屋頂及山牆顯得很奇特。

城堡區Hradčany

MAP ▶ P.66A2

蘿瑞塔教堂

Loreta/Loreto Church

精緻的天主教建築

掃地圖 

搭地鐵A線於Malostranská站下，再搭電車22號於Pohořelec站下，步行約4~6分鐘可達。 Loretánské náměstí 7 220 516 740 10:00~17:00 全票180Kč、敬老票(70歲以上)140Kč、學生票120Kč、兒童票(6~15歲)90Kč、家庭票(2大人+15歲以下小孩)370Kč；6歲以下、殘疾人士、持布拉格旅遊通行證免費。 www.loreta.cz

蘿瑞塔教堂是布拉格所有天主教建築中，最精巧細緻的一個。它起建於1626年，直到1750年才全部完工。正面鐘塔上的27個鐘，每到整點時刻，就會響起「瑪麗亞之歌」，音調高低不同的鐘聲互相交織出美麗的旋律傳遍城堡區。進入正門，佇立在中庭的就是神聖之家，它的建築雕刻完全仿造義大利的神聖之家，不但外牆上的雕刻令人讚嘆，內部巴洛克式的壁畫裝飾更達到繁複華麗的極致。

周圍建築的2樓是宗教寶物陳列室，有各種鑲滿寶石的頭冠、手杖、披風等，其中最令人讚嘆的莫過於一個鑲了6,222顆鑽石的耶穌聖像。

小城區Malá Strana

MAP ▶ P.66B4

佩特任山

MOOK Choice

Petřín/Petrin Hill

布拉格最大度假綠地

纜車站：搭地鐵A線於Malostranská站下，步行約15~20分鐘可達；或搭電車9、12、20、22號於Újezd站下，步行約2分鐘可達。

・纜車Lanová dráha na Petřín/Petřín Funicular

296 191 817 8:00~23:00，每10~15分鐘一班 單程票60Kč，15歲以下、65歲以上、持布拉格旅遊通行證免費 www.dpp.cz

・鏡迷宮Zrcadlové bludiště na Petříně/Mirror Maze

775 400 052 10~3月10:00~18:00、4~5月9:00~19:00、6~8月9:00~20:00、9月9:00~19:00 全票100Kč，半票(26歲以下、65歲以上)80Kč，5歲以下、持布拉格旅遊通行證免費；鏡迷宮＋觀景塔全票210Kč、半票140Kč；鏡迷宮＋觀景塔＋天文台全票250Kč、半票175Kč www.prague.eu 也可參考布拉格8景聯票(P.82)

掃地圖

Petřín來自拉丁語，是「岩石」的意思。在過去，這裡扮演提供布拉格城內眾多哥德和文藝復興式建築石材原料的重要角色，現在則是老少咸宜的度假勝地。

你可以用走路的方式緩緩爬上山丘，也可以搭纜車上山，纜車班次多，沿途可欣賞蓊鬱的森林風光，中途會先在Nebozízek餐廳下車，第二站才是目的地。來到山上，你可以騎馬遊園，也可以到以修剪整齊的樹木建成的鏡迷宮玩玩，這是個讓大人和小孩都充滿歡笑的地方。

斯特凡尼克天文台Štefánikova hvězdárna/Štefánik Observatory

Strahovská 205 257 320 540 開放時間不一，請至官網確認；10~7月每週一休 全票90Kč，半票(3~15歲、70歲以上)70Kč，3歲以下、持布拉格旅遊通行證免費；鏡迷宮＋觀景塔＋天文台全票250Kč、半票175Kč www.planetum.cz/stefanik_observatory

自1928年以來，斯特凡尼克天文台就已經佇立在佩特任山上了，這也是布拉格歷史最悠久的天文台，目前看到的外觀設計可以追溯到1970年代進行的大規模整修。這裡除了可以觀看白天和夜晚的天空，還有天文學相關的常設展覽以及天文台設備的導覽行程。

佩特任觀景塔 Petřínská rozhledna/Petřín Lookout Tower

Petřínské sady 775 400 052 1~3月10:00~18:00、4~5月9:00~20:00、6~9月9:00~21:00、10~12月10:00~20:00 全票150Kč，半票(26歲以下、65歲以上)100Kč，5歲以下、持布拉格旅遊通行證免費；鏡迷宮＋觀景塔全票210Kč、半票140Kč；鏡迷宮＋觀景塔＋天文台全票250Kč、半票175Kč；電梯全票150Kč，持布拉格8景聯票、65歲以上、5歲以下兒童陪同者50Kč，5歲以下免費 www.prague.eu

佩特任觀景塔是於1891年仿巴黎艾菲爾鐵塔的形式所建，雖然高度僅約60公尺，比真正艾菲爾鐵塔規模小得多，但加上了佩特任山的高度，居高臨下所能看到的美景，也不遑多讓。

不過，要爬上299個台階的觀景塔，是要有點體力才行，加上它是以堅固的鋼骨製成，爬愈高風就愈大，怕高的人可能走一下就腳軟了。你也可以選擇付費搭電梯喔！電梯可帶你直達觀景平台，輕鬆登高。塔頂的美景絕對讓人大呼值得，可以輕易將小城區、城堡區、甚至舊城區的美景一網打盡，如果攝影鏡頭夠廣，甚至可以將聖維特大教堂和查理大橋同時納入鏡頭。

舊城區Staré Město——新城區Nové Město

MAP ▶ P.67F3

護城河街

Na Příkopě

平價時尚品牌商街

掃地圖

搭地鐵A或B線於Můstek站下，或搭地鐵B線於Náměsti Republiky站下，皆步行約1~5分鐘可達。

護城河街上有家黑玫瑰商場(Černá růže)，還有Mexx、H & M、Mango、Zara、ecco、Adidas、Puma、Swatch……等歐美的平價時尚品牌都集中在這條街上，比較特別的是一家斑尼頓(Benetton)專賣店，倒不是因為衣服款式特別多或價錢比較便宜，而是它的建築外觀相當吸引人，在商店內外都有金色的美麗雕飾，挑高賣場中的金色華麗旋梯，一進門就是視覺的最大焦點。這裡各式餐廳、咖啡館也很多，稱得上是一條好逛好買的購物商街。

新城區Nové Město

MAP ▶ P.67F4

瓦茨拉夫廣場

Václavské náměstí/Wenceslas Square

時髦的商業大道

掃地圖

搭地鐵A或B線於Můstek站下，或搭地鐵A或C線於Muzeum站下，出站即達。

大約在1344年時，舊城人口超過負荷，住宅擁擠衛生條件降低，因此查理四世決定於1348年3月26日修築新城。新城是在舊城圍牆之外重新規畫出來的一片扇形土地，面積約為舊城的3倍大，道路規畫以通往舊城3大城門的通道為主軸做放射及環狀交叉，以新城原來作為牛市、馬市、乾貨市場的三大廣場——瓦茨拉夫廣場、查理廣場(Karlovo náměstí)、塞諾瓦日廣場(Senovážné náměstí)為中心建設房舍，其中瓦茨拉夫廣場成為時髦的商業中心。

瓦茨拉夫廣場宛如巴黎香榭大道的寬廣道路，兩側有許多商店和餐廳，中央有適合漫步憩息的綠地和座椅，還有販賣便宜簡餐飲料的攤子，若想節省開銷，適合在此解決三餐。

新城區Nové Město

MAP ▶ P.67G4

聖瓦茨拉夫雕像

Pomník sv. Václava/Statue of St. Wenceslas

向英雄致敬

掃地圖

搭地鐵A或C線於Muzeum站下，步行約2~3分鐘可達。

在瓦茨拉夫廣場上最醒目的就是這座青銅色的聖瓦茨拉夫騎馬雕像，它完成於1912年，用來紀念波西米亞第一位國王聖瓦茨拉夫(St. Wenceslas)。傳說當波西米亞面臨國破家亡之際，他隻身前往中部山區一個隱蔽的洞窟中，將沉睡多年騎士大軍喚醒與他並肩作戰，最後擊退敵人，登上波西米亞王位。

1968年在「布拉格之春」倡導的人性化社會主義被蘇聯軍隊鎮壓擊潰後，興起許多遊行及抗議，隔年1月16日，一位名叫Jan Palach的大學生在聖瓦茨拉夫雕像前自焚以示捍衛國家主權的決心，事件發生後反對政府的聲浪更高，而相對鎮壓手段也越激烈，後來當選捷克總統的哈維爾，就是在當時向自焚者獻花而被捕入獄。

新城區Nové Město

MAP ▶ P.67G4

國家博物館

Národní muzeum/National Museum

宏偉的新文藝復興建築

掃地圖 

搭地鐵A或C線於Muzeum站下，出站即達。 Václavské námestí 68 224 497 111 10:00~18:00 全票250Kč，半票(18歲以下、65歲以上)150Kč；15歲以下免費 www.nm.cz/en/visit-us/buildings/museum-complex-of-the-national-museum

位於瓦茨拉夫廣場南端的國家博物館是新城區的地標，建於1890年，以新文藝復興式宏偉姿態傲視整個廣場。國家博物館最主要的收藏是捷克古代歷史文物，其中又以標本、礦石、化石的收藏最豐富，分類標示非常清楚，但是一般觀光客比較有興趣的是寶石類收藏，從紅寶石、藍寶石到一個516.5克拉的鑽石都令人目不暇給。但整體說來，這裡的收藏還不如它的建築及大廳設計來得吸引人。

新城區Nové Město

MAP ▶ P.66D4

國家劇院

Národní divadlo/National Theatre

捷克人的舞台

掃地圖 

搭地鐵B線於Národní třída站下，步行約6~8分鐘可達。 Národní 2 224 901 448 售票處10:00~18:00；導覽行程時間每日不一(請上網查詢)，全程約50分鐘 表演門票價錢依節目內容和座位不同；導覽行程全票260Kč、半票(26歲以下、65歲以上)160Kč www.narodni-divadlo.cz/en/national-theatre

國家劇院是捷克人國家民族的精神象徵。19世紀時在德國人統治下，捷克全國幾乎以德語替代了捷克語，在民族同化、文化斷根的危機意識下，捷克的藝術家發起推行捷克語的運動，1849年成立了國家劇院建設委員會，向全國募款興建以捷克語上演戲劇的劇院。雖然當時遭到德國人的不屑，但「說捷克語、捷克人的舞台」這個號召真的起了作用，國家劇院終於在1881年完成，然而落成典禮還沒舉行，一場大火就將它燒成平地。但民族團結的力量，讓國家劇院在2年後又重新登場，這個文藝復興風格的建築成為19世紀布拉格最傑出的經典之作，建築師與製作雕刻壁畫的藝術家們都是捷克人，在捷克藝術史上他們被尊稱為「國家劇院的一代」。

新城區Nové Město

MAP ▶ P.67G4

國家歌劇院

Státní opera/The State Opera

重要藝文表演殿堂

搭地鐵A或C線於Muzeum站下，步行約2~5分鐘可達。 Wilsonova 4 224 901 448 售票處10:00~18:00；導覽行程時間每日不一(請上網查詢)，全程約50分鐘 表演門票價錢依節目內容和座位不同；導覽行程全票260Kč、半票(26歲以下、65歲以上)160Kč www.narodni-divadlo.cz/en/state-opera

國家歌劇院當初建立的原意是要與國家劇院抗衡，既然國家劇院被視為是捷克人的舞台，國家歌劇院則是為當時在這裡的德國人所興建的劇場。

1888年，由維也納著名的建築師Fellner & Helmer 親自操刀的這座德國劇院風光建立，當時以其漂亮的新洛可可風格和寬敞華麗的舞台，被譽為是歐洲最漂亮的劇院之一，理查史特勞斯(R. Strauss)、馬勒(Mahler)和義大利男高音卡羅素(Caruso)都曾在此表演過。

到了1949~1989年，這裡曾一度改稱史麥塔納劇院(Smetana Theatre)，現今則稱之國家歌劇院，是在布拉格欣賞芭蕾舞、歌劇、舞台劇等各種正式的藝文表演最重要的殿堂。

新城區Nové Město

MAP ▶ P.67F3

慕夏博物館

Muzeum Alfonse Muchy/The Mucha Museum

深入新藝術大師世界

搭地鐵A或B線於Můtesk站下，步行約3~5分鐘可達。 Panská 7/890 224 216 415 10:00~18:00 全票280Kč、半票190Kč、家庭票(2大人+2小孩) 700Kč；專業導覽另收800Kč www.mucha.cz/en

©Mucha Trust 2016

©Mucha Trust 2016

慕夏(Alfons Mucha)是捷克最著名的藝術家之一，他對於新藝術的影響相當深遠，不僅是一位傑出的畫家，也是一位裝飾藝術家，他懂雕塑、珠寶和室內設計，現在仍可在布拉格買到出自他手筆的名信片與月曆。他最大的成就在於對布拉格新藝術畫風的貢獻，也是新藝術派風格的重要代表畫家。

慕夏作品中最大的特色在於女性描繪，其次是十二宮月曆的設計。慕夏豐沛的創造力形成「慕夏風格」，這種特殊的風格對於當時的布拉格藝術圈造成相當的影響。他一貫使用長髮美女，四周以樹葉、水果、埃及圖騰裝飾，這種風格幾乎與新藝術(Art Nouveau)同義。

慕夏博物館收藏的慕夏作品包括繪畫創作、在巴黎與捷克設計的海報作品、設計草圖等。裝飾氣息濃厚的新藝術繪畫，如美麗的女體、裝飾性的花朵、流水般的長髮，以及顏色鮮豔又不失和諧的色彩運用，都是慕夏繪畫的特色。

新城區Nové Město

MAP ▶ P.67E5

新城市政廳

Novoměstská radnice/New Town Hall

政治史上重要一頁

掃地圖 

搭地鐵B線於Karlovo náměstí或Národní třída站下，皆步行約6~10分鐘可達。 Karlovo náměstí 1/23 224 947 190 鐘塔4~10月10:00~12:00、13:00~18:00；冬季和週一休 鐘塔全票60Kč、半票(16歲以下、65歲以上)40Kč；6歲以下、持布拉格旅遊通行證免費 www.novomestskaradnice.cz

位於查理廣場(Karlovo náměstí)旁的新城市政廳起建於1367年，接下來花了很長的時間才完成現在的樣子，由於建築經歷不同時期，整個建築物的風格也不統一，現存最古老的部分位於東側的哥德式房舍，深灰色的石磚基座上還有明亮的新樓層；接下來是面對廣場、南邊的建築，其中包括哥德式晚期風格的鐘塔，約在1452~1456年間建成。但現在除了鐘塔保持哥德樣式，一旁的房舍在16世紀時又改建成文藝復興式風格，立面上方連接屋頂的3面三角形山牆是最具特色的表現。

新城市政廳也曾歷經多次的政治事件，包括1419年胡斯派教徒硬闖，將迫害胡斯派的13個議員從窗口丟出。後來，新城市政廳因為長期當作監獄使用而顯得黯淡陰森。現在的新城市政廳依舊訪客不多，但它的建築形式在布拉格這本建築戶外教科書中占有重要的一頁。建議登上高42公尺的鐘塔一覽布拉格新城全貌，感受14世紀城市建設的宏偉氣勢。

新城區Nové Město

MAP ▶ P.67F5

德弗札克博物館

Muzeum Antonína Dvořák/Antonin Dvorak Museum

聽見斯拉夫舞曲

掃地圖 

搭地鐵C線於I.P. Pavlova站下，步行約3~5分鐘可達。 Ke Karlovu 20 774 845 823；導覽行程預約724 412 276 10:00~17:00；週一休 全票50Kč，半票(18歲以下、65歲以上)30Kč，15歲以下免費；導覽行程每人另收70Kč(最多30人，需事先預約) www.nm.cz/en/visit-us/buildings/antonin-dvorak-museum

隱身於精緻的雕花鐵鑄大門後，這座建於18世紀的漂亮巴洛克建築，現為德弗札克博物館，德弗札克是捷克最著名的作曲家之一，在這座紀念他的博物館中有許多關於他生平和作品的展覽，其中包括一些未曾發表的曲目。

1樓主要展覽他的圖片和大事紀，2樓則有更多與德弗札克生平相關的文物，像是手稿、海報、私人用品等；這裡同時設有一個小小演奏廳，定期有音樂會表演。博物館後方有漂亮的小花園，不用花錢就可以欣賞美景。

Where to Eat in Prague
吃在布拉格

舊城區Staré Město

MAP ▶ P.68D5 Havelská Koruna

掃地圖

搭地鐵A或B線於Můstek站下，步行約3~5分鐘可達。 Havelská 21 a 23 224 239 331 10:00~18:00 www.havelska-koruna.cz

位於哈維爾露天市集附近，Havelská Koruna是家不太一樣的傳統捷克餐廳。它採用如學生餐廳、IKEA般的開放式廚房，在挑選餐點的同時也可以看到廚師們準備料理。Havelská Koruna每天提供約40道傳統捷克料理，其中25道是每週固定菜色，其餘的則是當天或當週的特色菜，每週不一；價格也平易近人，每道料理價格平均在135Kč上下。啤酒與捷克料理可說是絕配，這裡提供的生啤為10° Gambrinus和12° Pilsen Prazdroj。

因來這裡用餐的大多為當地常客，已經非常熟悉吃飯的SOP，首次到訪可能會感到迷惘，建議先在餐廳門口外的手寫菜單看看想吃什麼，進去後就照著人流前進。你會先拿到一張單子，上面會記錄你所選的餐點，用餐完畢後再拿著單子到櫃檯結帳即可。

舊城區Staré Město

MAP ▶ P.68D4 舊城廣場攤販小吃

掃地圖

搭地鐵A線於Staroměstská站下，步行約3~5分鐘可達。

舊城廣場上有許多販賣當地美食、小吃的攤販，賣的東西不外乎是熱騰騰的捷克香腸(Klobása)、起司麵疙瘩(Halušky)、老布拉格火腿(Old-Prague Ham)和肉桂捲(Trdelník)等，由於香氣四溢，又很方便，許多人就在路邊吃了起來。不過除了香腸和肉桂捲外，另外兩道都是秤重計價，點多了價格其實並不便宜，甚至比坐在餐廳享用還貴，因此強烈建議先跟老闆表明預算或份量。

©U Medvídků

舊城區Staré Město

MAP ▶ P.68C6 U Medvídků餐廳與迷你釀酒廠

掃地圖

搭地鐵A或B線於Můstek站下，步行約3~5分鐘可達。 Na Perštýně 7 736 662 900 週一~週六11:30~23:00(週日至22:00) umedvidku.cz/en/restaurant

U Medvídků的起源可以追溯到1466年，一開始是啤酒釀酒廠，後來是布拉格第一家歌舞廳的原址，到了19世紀則被改造成布拉格最大的餐酒館之一。深受當地人和遊客喜愛的原因，除了傳統的捷克美食和百威啤酒，還有就是歷史感十足的室內裝潢。用餐空間非常寬廣，可以容納約600位客人。

2005年4月再度整修後開張，新增了布拉格規模最小的迷你釀酒廠、啤酒紀念品商店以及45間客房的飯店。有興趣的話也可以參與他們的迷你釀酒廠付費導覽行程，體驗親自倒生啤和裝瓶，並附送一瓶貼有個人客製化標籤的啤酒以及啤酒SPA的9折優惠。

舊城區Staré Město

MAP ▶ P.68C5 U Zlatého tygra

掃地圖

搭地鐵A線於Staroměstská站下，步行約3~5分鐘可達。 Husova 17 222 221 111 15:00~23:00 www.uzlatehotygra.cz/en

U Zlatého tygra是一家專賣捷克新鮮啤酒的酒吧，店名是捷克語「金虎」的意思。據文獻記載，這間屋子早在1816年就是釀酒廠，後來改建成附有閱覽室的咖啡館；到了20世紀，這裡改成啤酒餐廳，深沈的酒窖珍藏了無數好酒，還吸引了當時的法國總理Herriot匿名造訪。U Zlatého tygra受歡迎的程度在戰後依然不減，不少演員、藝術家和作家都喜歡來此小酌，特別是捷克大文豪Bohumil Hrabal，將這裡視為畢生最愛的啤酒餐廳，許多著作甚至是在酒吧內完成。

時至今日，U Zlatého tygra仍提供正宗的皮爾森啤酒，餐廳雖然不大，但木製的桌椅間總擠滿了人，想體驗捷克傳統酒吧的原汁原味，來這裡就對了。

舊城區Staré Město

MAP ▶ P.68C5 Ebel Coffee

掃地圖

搭地鐵A線於Staroměstská站下，步行約3~5分鐘可達。 Kaprova 15/11 604 265 125 週一~週五8:30~17:00(週~週日10:00起) www.ebelcoffee.cz

Ebel曾經被布拉格人票選為舊城中品質最高的咖啡，它在布拉格共有兩間咖啡館，位於Retezová街上的這間是享受早餐的好地點，想喝黑咖啡的人，可以直接點「Long Black Coffee」，而Jumbo Latte則是超大杯的拿鐵，對有咖啡癮的人來說，絕對提神！

舊城區Staré Město

MAP ▶ P.68A5 Mlýnec

掃地圖

搭地鐵A線於Staroměstská站下，步行約6~10分鐘可達。 Novotného lávka 9 277 000 777 週二17:00~22:00、週三~週五11:30~14:00、17:30~22:00、週六~週日11:30~15:00、17:30~22:00；週一休 www.mlynec.cz

位於史麥塔納博物館旁，Mlýnec餐廳外觀看來並不出色，但推門而進，便會對眼前華麗的裝潢感到目眩神迷，具設計感的水晶燈搭配中式圓桌，神秘且浪漫；然而，這不是Mlýnec最迷人的風景，推開通往陽台的大門，便可直接眺望到查理大橋和伏爾塔瓦河的美景，毫無疑問，夏日時分，這裡的戶外雅座是最受歡迎的位置。

主廚Marek Šáda將他對美食的熱情，全然展現在眼前的菜單上，他喜歡運用當地新鮮食材，提供季節菜色，並以現代、時尚的料理方式和擺盤詮譯波西米亞菜式，因此能吃到截然不同於其他餐廳的捷克傳統料理。

舊城區Staré Město

MAP ▶ P.68B4 U Rudolfina

掃地圖

搭地鐵A線於Staroměstská站下，步行約2~3分鐘可達。 Křížovnická 10 222 328 758 週一~週五 11:00~23:00、週六和週日12.00~23:00 www.urudolfina.cz

位於魯道夫音樂廳的斜對面，店面看起來很小，但一直不斷有人進進出出，因為這是一家很受當地人歡迎的啤酒屋兼餐廳，擁有寬敞的地下室空間，又因為就在克萊門特學院附近，所以大學生特別多。只是對外國人來說，服務人員聽不太懂英語，店內又不提供英文菜單，溝通起來困難度頗高。如果只是想要喝杯啤酒、感受一下當地人喝酒的熱鬧氣氛，就問題不大；如果很想在這裡用餐，那麼門口貼有一張英語菜單，不妨先用手機拍下來比較方便點菜。

酒後不開車，安全有保障。

猶太區Josefov

MAP ▶ P.68C3 King Solomon

搭地鐵A線於Staroměstská站下，步行約2~3分鐘可達。 Široká 8 224 818 752 週日~週四12:00~22:00，週五晚餐和週六午餐採預約制。 www.kosher.cz/en

掃地圖

位於猶太博物館旁，是當地非常知名的猶太菜餐廳，據説光建築就有500年歷史，跟美食一樣有話題。用餐環境如教堂般典雅靜謐，牆上掛著昔日布拉格猶太區的老照片，幾張餐桌後面是漂亮的長形中庭花園，空間幽靜優美極了。這裡提供典型中歐猶太菜系，特別講究食材的新鮮和乾淨；這裡也供應猶太美食文化中不可或缺的酒，有來自捷克、以色列和法國、匈牙利的佳釀佐餐。當然，在此用餐的價格並不便宜。

小城區Malá Strana

MAP ▶ P.66C3 三隻鴕鳥U Tří Pštrosů

搭地鐵A線於Malostranská站下，步行約6~8分鐘可達。 Dražického náměsti 12 257 288 888 11:00~23:00 www.utripstrosu.cz/en

掃地圖

從查理大橋前往布拉格城堡，在橋的盡頭右側有一家相當有名的餐廳——三隻鴕鳥，這是布拉格最昂貴的餐廳之一。

三隻鴕鳥的壁畫繪於1606年，説明了布拉格16、17世紀蓬勃發展的貿易業。這家餐廳的原主是16世紀末期經營鴕鳥毛生意的貿易商，由於當時布拉格城堡的王公貴臣喜歡用鴕鳥毛作為主要裝飾品，老闆藉此獲取了不少財富，於是聘請許多藝術家為他重新設計裝修房舍，在牆上留下了這著名的三隻鴕鳥作為家徽。1714年經營者將這裡改為咖啡店重新開幕，成為布拉格第一家咖啡店，目前的三隻鴕鳥是餐廳也是旅館，雖然價格並不便宜，但仍經常一位難求。

新城區Nové Město

MAP ▶ P.67F4 Jáma

搭地鐵A或B線於Můtesk站下，或搭地鐵B線於Národní třída站下，皆步行約6~8分鐘可達。 V Jámě 7 733 605 408 週一~週五 11:00~23:00、週六 15:00~23:00；週日休 www.jamapub.cz

掃地圖

這家有美式酒館風情的餐廳，氣氛很悠閒，中午會有很多捷克上班族來這裡用餐，到了夜晚，則搖身變成和三五好友來這裡喝啤酒、瞌牙聊天的好地方。老板是美國人，除了供應漢堡、雞翅、牛排，也供應墨西哥風味食物。每日有精選特餐，但僅供應到下午5點。

新城區Nové Město

MAP ▶ P.66E4 U Fleků

搭地鐵B線於Karlovo Náméstí或Národní třída站下，皆步行約2~5分鐘可達。 Křemencova 11 224 934 019、602 660 290 10:00~23:00，12／24休息；啤酒博物館(限預約) 週一~週六10:00~16:00 en.ufleku.cz

掃地圖

儘管非位於鬧區，整座啤酒館也談不上有多豪華，但説到捷克啤酒，當地人一定會推薦你來這裡一探究竟，因為這家創立於1499年的U Fleků，是布拉格老字號啤酒館之一，目前仍堅持以祖傳釀法，釀造著名的U Fleků 13度黑啤酒，來此一定要多喝幾杯才痛快。

除了啤酒，這裡也提供捷克傳統美食為主，現場並有精采的手風琴演奏或歌舞表演，更添歡樂氣氛。想多了解捷克啤酒文化，還可以參觀它的啤酒博物館，或是參加釀酒導覽行程，唯需另外收費與預約。

Where to Buy in Prague
買在布拉格

舊城區Staré Město

MAP▶P.68D3 菠丹妮Botanicus

搭地鐵A線於Staroměstská站下，步行約4~6分鐘可達。 Týn 3 702 207 096 10:00~19:00 www.botanicus.cz

掃地圖

菠丹妮以各式各樣的天然植物、水果製造的香皂、按摩油、洗髮精、香料、健康茶等商品為主，是布拉格最大的天然植物製品連鎖店，在台灣也有菠丹妮的分店，但同樣產品在捷克買，有的可能1/3的價格就可以買到，超級划算！

位在提恩中庭的菠丹妮分店商品種類最為齊全。由於在菠丹妮退稅是跟Premier Tax Free配合，這裡甚至就設有這家退稅公司的櫃台，任何你在店內或是別家商店(同樣使用Premier Tax Free)購物買到2,000 Kč，就可以直接在櫃台拿到捷克幣退稅現金，之後至機場再辦退稅手續即可，非常方便。

舊城區Staré Město

MAP▶P.68C5 MANUFAKTURA

搭地鐵A線於Staroměstská站下，步行約3~5分鐘可達。 Karlova 26 601 310 605 10:00~20:00 www.manufaktura.cz

掃地圖

這是捷克另一家販售個人保養產品、芳療用品的商店，雖然名氣沒有菠丹妮來得大，但同樣強調是本土品牌、原料來自天然植物，這幾年來也深受歡迎，尤其受到日本人的喜愛。

一進店面，撲面迎來的芳香氣息就令人身心舒暢，1樓陳列各式芳療保養品，如護手霜、香皂、精油、洗髮精……每款採自不同的花草配方，可以直接使用現場提供的試用品，精挑細選出自己喜歡的產品；2樓則有不少手工藝品，如木製玩具、復活節彩蛋、鍛壓玻璃、草編飾品等。

MANUFAKTURA在捷克分店很多，光在布拉格就有十多家店面，連機場都設有專櫃。對遊客來說，除了在這條查理街上，舊城廣場附近也有一家分店，而且店面更大，也是方便的採購點。

舊城區Staré Město

MAP ▶P.68D4 摩瑟水晶玻璃Moser

搭地鐵A線於Staroměstská站下，步行約3~5分鐘可達。 Staroměstské náměstí 603/15 221 890 891 10:00~19:00 www.moser-glass.com

掃地圖

皇家級的水晶玻璃店，是捷克最高級的波西米亞玻璃品牌，總店和工廠在卡羅維瓦利，在全球許多地方都設有分店。

Moser在布拉格有2間專賣店，這間以藝廊的方式呈現，購物之餘，還能欣賞水晶藝品展覽。摩瑟水晶質地好、手工精細，送禮自用都很得體，唯玻璃易碎，最好要求店員包裝仔細，以方便運送。

舊城區Staré Město

MAP ▶P.68D4 erpet

搭地鐵A線於Staroměstská站下，步行約3~5分鐘可達。 Staroměstské náměstí 27 224 229 755 10:00~23:00 www.erpetcrystal.cz

掃地圖

開業已20年的erpet是買捷克特產水晶必逛的名店，它是捷克最大的水晶店，而且就位於舊市政廳前。捷克知名的水晶品牌在這裡都看得到，另外還有部分玻璃和珠寶飾品，其中捷克最知名的水晶——摩瑟(Moser)在2樓就有專屬的櫃位；另外，比Moser價位更高的Ševčík水晶，以其家族傳承的手法所製作的水晶，雕花精美細緻，也受到不少收藏家的注意。Šafránek水晶同樣強調手工製作，在erpet可以買到該品牌獨一無二的設計師商品，並附有保證書。不過千萬別以為erpet高檔到讓人難以親近，1樓店面也有不少物美價廉的水晶或玻璃餐具、燈飾、飾品……還有會說中文的工作人員提供服務。

舊城區Staré Město

MAP ▶P.69E4 Pohádka（for Kids Toys & Wooden Toys）

搭地鐵A線於Staroměstská站下，或搭地鐵B線於Náměsti Republiky站下，皆步行約6~10分鐘可達。 Celetná 32 224 239 469 09:00~21:00 www.ceskehracky.com

掃地圖

Pohádka在街上有兩間相鄰的店鋪，店名是捷克文「童話」的意思，其中一間就是專為小朋友打造的玩具店，2層樓有種各種娃娃玩偶、木製玩具，而且全是純手工製作，尚稱精緻。另一間店面則販售琳瑯滿目的木製俄羅斯娃娃、西洋棋、魔術方塊……強調以手工製成，品質也不錯。

舊城區Staré Město

MAP ▶P.68D3 TATIANA

搭地鐵A線於Staroměstská站下，步行約3~6分鐘可達。 Dušní 1 605 257 191 週一至五10:00~19:00、週六11:00~17:00；週日休。 www.tatiana.cz/en

掃地圖

由捷克設計師開的精品服裝店，訴求成熟的時尚風格，以女性上班族服飾為主，如洋裝、套裝，也有可參加正式宴會的小禮服，因為是獨立設計師品牌，所以不易撞衫。店內空間明亮清新，還有漂亮的試衣間，是間讓人感到舒服的服飾精品店。

舊城區Staré Město

MAP ▶ P.68D2 Qubus Design Studio

搭地鐵A線於Staroměstská站下，或搭地鐵B線於Náměsti Republiky站下，皆步行約6~10分鐘可達。 Rámová 3 775 708 090 週一~週五11:00~19:00 www.qubus.cz/en

掃地圖

很漂亮的一家個性商品店，陳列捷克本土設計師作品，種類以瓷器和玻璃水晶為主，每樣都充滿著創意，像是做成長靴型的瓷花瓶、嬰兒頭像燭台⋯質感細膩，令人愛不釋手。這家店的商品在台灣的清庭亦有販售，當然，在這裡買價格便宜許多，店家並提供國際貨運服務。

舊城區Staré Město

MAP ▶ P.69E3 KOTVA百貨公司

搭地鐵B線於Náměsti Republiky站下，步行約2~5分鐘可達。 Náměstí Republiky 8 224 801 691 百貨9:00~20:00、超市7:00~22:00 www.od-kotva.cz/en

掃地圖

位於舊城區，6層樓的空間可以買得到化妝品、服飾、鞋子、家具、文具、運動用品、寢具⋯⋯基本上就是一座小型百貨公司的規模，1樓有超市，可以購買民生用品，6樓有露台餐廳，在這裡可以俯瞰布拉格優美城景。

新城區Nové Město

MAP ▶ P.69E5 黑玫瑰商場Černá růže

搭地鐵A或B線於Můstek站下，步行約3~5分鐘可達。 Na Příkopě 12 221 014 111 週一~週五10:00~20:00、週六10:00~19:00、週日11:00~19:00 www.cernaruze.cz/en

掃地圖

不想在那普希科普耶街(Na Příkopě)壓馬路的人，可以直接鑽入黑玫瑰商場享受購物樂趣。呈矩形設計的商場，包括流行服飾、鞋、家具、電器、玩具、美容沙龍等專櫃，也有不少咖啡店和餐廳可以選擇，不過台灣人熟悉的品牌不多，大概只有Adidas、Jean Paul、Quiksilver、Moser、Pierre Cardin等稍具知名度。

新城區Nové Město

MAP ▶ P.68E5 The Globe書店和咖啡館

搭地鐵B線於Karlovo Náměstí或Národnítřída或站下，皆步行約2~5分鐘可達。 Pštrossova 6 222 934 203 書店週一至週五10:00~21:00(週六~週日9:30起)；咖啡廳週一~週五10:00~23:00、週六9:30~23:00、週日9:30~22:00 www.globebookstore.cz

掃地圖

創立於1993年，這間結合書店、咖啡館和藝廊的The Globe，一直以來都是作家、藝術家、學生和遊客喜歡消磨時光的角落。該書店為英文書專賣店，書籍偏向文學藝術類，另外還有卡夫卡書籍專區。店內放著Lounge Music，附設的咖啡館提供飲料、點心和簡餐服務。

Where to Stay in Prague
住在布拉格

舊城區Staré Město

MAP ▶ P.68D4 Hotel U Prince

搭地鐵A或B線於Můstek站下，步行約3~5分鐘可達。 Staroměstské náměstí 29 224 213 807 hoteluprince.com

掃地圖

Hotel U Prince是體驗布拉格的最佳選擇——座落於舊城廣場天文鐘的對面，查理大橋、國家劇院、魯道夫音樂廳都在步行可達的範圍內。Hotel U Prince共有24間獨特的房間與套房，所在的建築可以追溯至12世紀，房間裡的裝潢都保留了原來的歷史設計——木製地板、藝術品和石磚裝飾的木梁天花板、奢華風傢俱，營造出皇家住宅的氛圍。這棟建築15～16世紀曾是藥房，到了19世紀中期變身為書店，一直到20世界才成為如今看到的飯店。

Hotel U Prince最大的特色，是打卡舊城廣場的最佳角度，飯店的頂樓餐廳Terasa U Prince可以俯瞰舊城廣場最浪漫的景色，被許多旅遊雜誌票選為世界最美的頂樓餐廳之一。

舊城區Staré Město

MAP ▶ P.68C5 Iron Gates Hotel and Suites

搭地鐵A或B線於Můstek站下，步行約3~5分鐘可達。 Michalská 19 225 777 777 www.irongatehotel.com

掃地圖

Iron Gates Hotel and Suites與Hotel U Prince同樣隸屬於Bauer飯店集團，距離舊城廣場只有5分鐘的路程。飯店位於一棟受聯合國教科文組織保護的600年歷史建築內，共有71件豪華客房與套房，每間房間都有自己獨特的格局以及配有200×200公分的超大雙人床，室內裝潢也都保留了14~18世紀的原始壁畫與木質彩繪天花板。

其中最獨特的房型分別為塔樓套房(Tower Suite)和歌利亞套房(Goliath Suite)。塔樓套房位於一座3層樓高的塔樓中，包括螺旋樓梯、私人陽台和屋頂，可以說是世界上獨一無二的飯店格局，房間外就可以看到布拉格城堡與舊城區的景色。而歌利亞套房是Iron Gates最大的房型，為2房2衛1廳的格局，奢華的實木傢俱和裝潢，還有超大張的四柱床，在這裡住一晚，宛如體驗一日中世紀貴族的生活。

舊城區Staré Město

MAP ▶ P.68C6 Hotel U Medvídků

掃地圖

搭地鐵A或B線於Můstek站下，步行約3~5分鐘可達。 Na Perštýně 7 224 211 916 umedvidku.cz/en/

U Medvídků同時也是餐廳與迷你釀酒廠，在餐廳重建期間新添了45間客房，均配備現代化設備以及上網服務，房間裝潢也保留了哥德式木梁與文藝復興式彩繪天花板。所有房型中人氣最高的是豪華雙人啤酒房(Superior Beer room)，雖然空間不大，但裡面設置的浴缸非常有特色——浴缸附有3個水龍頭，分別是熱水、冷水以及啤酒，讓住戶可以一邊泡澡一邊享有新鮮啤酒。

除了住宿，U Medvídků也提供啤酒Spa服務，在橡木浴缸中享受含有啤酒提取物、酵母、啤酒花的啤酒浴，75分鐘的療程包括泡澡、啤酒、浴巾、拖鞋，有興趣的話可直接和飯店預約。

舊城區Staré Město

MAP ▶ P.68D5 Pension Corto (Residence Corto old Town)

掃地圖

搭地鐵A或B線於Můstek站下，步行約3~5分鐘可達。 Havelska 15 775 414 035 residencecorto.cz

這棟民宿型的小巧旅館，坐落於串連起新舊城和查理大橋的黃金旅遊道路Havelska上，正前方就是熱鬧的哈維爾斯卡露天市集，距離地鐵站Můstek步行不過幾分鐘，四周圍繞著劇院、商店和餐廳，可謂置身於布拉格的心臟地帶。這間旅館曾於幾年前整修翻新，只有10間客房，所有房間均配備現代化設備以及上網服務，客房從1~3人不等，另可加床。

新城區Nové Město

MAP ▶ P.69F6 Art Nouveau Palace Hotel Prague

掃地圖

搭地鐵A或B線於Můstek站下，步行約3~5分鐘可達。 Panská 12 224 093 111 www.palacehotel.cz/en/

與慕夏博物館對街而立的Art Nouveau Palace Hotel Prague，所在位置差不多是新、舊城的交界處，從14世紀到19世紀，都是王公貴族們的豪宅居所，直到20世紀初新藝術(Art Nouveau)風潮興起，當時的主人決定請建築師蓋了這幢洋溢著維也納新藝術風格的飯店。

1909年完工的Art Nouveau Palace Hotel Prague，1989年經過細心整修後，相當程度地保持當年的風貌，共有127間客房，房內設備齊全，浴室採用義大利卡拉拉大理石裝潢，氣氛豪華中不失典雅，頗受政商名流、國際影視明星的青睞，包括美國國務卿季辛吉、賈桂琳甘迺迪歐娜西斯、亞蘭德倫、史蒂芬史匹柏、滾石合唱團等都曾經是入住嘉賓。

新城區Nové Město

MAP ▶ P.69G5 Hotel Zlatá Váha

掃地圖

搭地鐵C線於Hlavní nádraží站下，步行約7~10分鐘可達；或搭地鐵A或B線於Můstek站下，步行約8~10分鐘。 Senovážné náměstí 981/21 245 001 540 www.zlatavaha.cz/eng/zlatavaha.html

Zlatá Váha在捷克語裡是「黃金秤」的意思，名稱來源和它所面對的塞納尼祖尼廣場(Senovážné náměstí)曾經是市集有關。Hotel Zlatá Váha是一棟1868年所建的四層樓房，共有90間客房，裝潢雖然簡單，但堪稱寬敞舒適，房裡也可免費無線上網；而且價格非常經濟實惠，對預算有限的旅客來説是物有所值的選擇。

Hotel Zlatá Váha雖然不在舊城之中，但是距離火車站頗近，而且步行就可以抵達市民會館、火藥塔、慕夏博物館、瓦次拉夫廣場等重要景點，對利用火車進出這個城市的旅客而言是頗方便的據點。

皮爾森
Plzeň/Pilsen

皮爾森是西波西米亞的首府，也是4條河流交會的地方，從中世紀開始，就是工業重鎮。過去，皮爾森最著名的產品有兩項，即汽車工業與啤酒。

19世紀開始，皮爾森的鋼鐵業即非常興盛，Emil Škoda來到這裡發展高科技工業，創立了「Skoda」 品牌，但是在二次大戰中遭到嚴重的毀損，現在只生產一些機械零件。

因此，這裡最吸引人的還是皮爾森啤酒(Pilsner Urquell)，皮爾森的啤酒歷史已經超過600年了，是著名啤酒「Pilsner」的原創地，來到這裡，千萬別錯過啤酒博物館與啤酒工廠，皮爾森啤酒工廠(Pilsner Urquell Brewery)內的附設餐廳供應道地啤酒與傳統菜餚，非常值得嘗試。除此之外，皮爾森還有另一種享受啤酒的方式，那就是啤酒SPA！在Purkmistr啤酒飯店一邊用啤酒花泡澡，一邊啤酒無限暢飲，愛酒人士可千萬別錯過。

INFO

基本資訊

人口：約17萬。
面積：137.65平方公里。

如何到達──火車

從布拉格中央車站前往皮爾森中央車站(Plzeň Hlavní Nádraží)的火車班次頻繁，每天正常通勤時間幾乎每30分鐘就有一班直達車，車程約1.5小時；從布傑約維采(České Budějovice)到皮爾森，車程約2小時。從火車站到共和廣場步行12~15分鐘可達。

正確班次、詳細時刻表及票價可上網或至火車站查詢，購票可以到火車站櫃台或先於台灣向飛達旅遊購買。

◎捷克國鐵
www.cd.cz
◎歐洲鐵路
www.eurail.com
◎飛達旅遊
www.gobytrain.com.tw

皮爾森

梅茲河 Mze
市政廳Radnice
地下博物館 Plzeňské historické podzemí
啤酒博物館Pivovarské muzeum
Na Parkánu
水塔Vodárenská Věž
Courtyard Marriott Pilsen hotel
皮爾森啤酒釀造所 Plzeňský Prazdroj
Na Spilce
Hotel Central
U Salzmannů
聖巴特羅米天主堂Chrám Sv. Bartoloměje
瘟疫紀念柱與皮爾森馬當那 Morový Sloup a Plzeňská Madonna
共和廣場 náměsti Republiky
Hotel U Zvonu
Hotel Rocus
猶太教大會堂 Velká synagoga
聖安娜教堂
西波希米亞博物館 Západočeské muzeum
Hotel Slovan
Angelo Hotel Pilsen
拉布薩河
路面電車站
皮爾森中央車站 Plzeň Hlavni Nádraž
←往Hotel Plzeň
←往皮爾森巴士站
往Purkmistr啤酒飯店
Sady pětatřicátníků, Sedláčkova, Veleslavinova, Roosevelto, Perlová, Sólni, Prazská, Pallova, Dřevená, Préovská, U zvonu, Pražská, Radbuza, U Prazdroje, Bezručova, Františkánská, Šafaříkovy sady, Anglické nábř, Smetanovy sady, Kopeckého sady, Nádrazní, Sumavská, Americk

圖例 景點 博物館 教堂 廣場 飯店 餐廳 火車站 遊客服務中心

如何到達——長途巴士

從布拉格Praha, Zličín巴士站到皮爾森Plzeň, CAN巴士站每天有多班直達車往返，車程約1小時。從Plzeň, CAN巴士站到共和廣場步行約15~20分鐘可達，亦可搭乘2號電車前往(於Náměstí Republiky站下車)。

正確班次、詳細時刻表及票價可上網或至巴士總站查詢。

www.idos.cz

市區交通

可以步行遊覽大部份景點。

旅遊諮詢

◎遊客服務中心

Náměstí Republiky 41(位於市政廳內)

378 035 330

週一~週六 9:00~18:00、週日9:00~15:00

www.visitpilsen.eu

MOOK Choice

MAP ▶ P.129D3

Purkmistr啤酒飯店

Purkmistr Pivovarský dvůr Plzeň/ Purkmistr Brewery Hotel

啤酒餐廳、飯店還有啤酒SPA

掃地圖

從中央車站步行約10分鐘至U Radbuzy站，搭乘13號無軌電車至Generála Lišky站再步行約5分鐘。 Selská náves 21/2 377 994 311 釀酒廠導覽行程週一~週五11:00~15:00 釀酒廠導覽行程 1~5人每人150Kč、6~10人每人100Kč、10人以上每人70Kč，啤酒試飲50Kč www.purkmistr.cz

位於皮爾森郊外20分鐘車程的的Purkmistr啤酒飯店，別看它名字寫著「飯店」二字，它也是一家餐廳、微型釀酒廠以及SPA！飯店設有32間

SPA

377 994 366 週一~週日10:00~21:00 啤酒浴單人900Kč、雙人1780Kč；水療+身體按摩組合1470~1670Kč不等 建議事先預約www.purkmistr.cz/en/spa/reservations

Purkmistr提供水療、身體按摩、全身裹敷、三溫暖等療程，看似和一般的SPA沒什麼不同，它們的選項才是最大的亮點！

啤酒應該喝不少了，那有泡過啤酒浴嗎？這裡的啤酒浴(beer bath)是由皮爾森啤酒和其他天然原料所組成，浴缸旁還設有自助式「吧台」，可以一邊泡澡一邊享受新鮮的Purkmistr生啤。啤酒含豐富的維他命B及礦物質有助於皮膚再生，而酵母與啤酒花萃取物清潔、鎮靜和軟化皮膚。34~38℃的水溫加上全天然原料，讓你放鬆身心的同時還有美容養顏的效果。除了啤酒浴，水療的選項還包含啤酒花浴、泥炭浴、薰衣草浴、大麻CBD浴。

此外，Purkmistr也提供水療與身體按摩的組合療程，時長約80~90分鐘，有啤酒(Beer Ritual)、杏桃核仁油(Apricot Delight)、椰子油(Coconut Caress)、可可油(Chocolate Temptation)、啤酒花(Hop Fantasy)、泥炭(Peat as Medicine)、玫瑰精油(Rose Velvet)、薰衣草精油(Lavender Dreams)以及大麻CBD油(Cannabis Relaxation)。

鄉村風客房，均配備現代化設備和上網服務，房型分為2~4人房。其釀酒廠規格雖不如皮爾森啤酒釀造所大，但也擁有正統的銅製釀酒系統。在捷克的觀光區逛累了，不妨到這個安靜的市郊度過悠哉的一兩晚。入住後，先來一頓道地的捷克料理和啤酒，隔天安排啤酒浴與按摩療程，身心都充飽電，再繼續趴趴走！

餐廳

377 994 312 週一~週四11:00~23:00、週五~週六11:00~24:00、週日11:00~22:00

餐廳一共有兩層，一樓可容納80人，二樓則可坐滿90人，還設有獨立的包廂可以接待團體客人。這裡提供許多傳統的捷克料理，除了奶油牛里脊佐麵團子(Svíčková na smetaně)，不妨試試另一道道地美食——Smažený sýr，第一眼可能會誤以為是炸魚排或炸豬排，那可是厚厚的一片起司，切開時會拉絲的那種！起司沾滿麵包粉後炸成金黃色，搭配塔塔醬，再來一杯啤酒，這就是捷克人的午餐日常。

除了吃食，當然也少不了啤酒，各種度數、酒精濃度的生啤、特殊口味的啤酒，還有無酒精啤酒和各式烈酒。有選擇困難症？那可以來一份試飲組合，一次喝到6種不同口味的啤酒，每杯100毫升，可以自己指定口味，或是直接請店員推薦搭配。

酒後不開車，安全有保障。

捷克啤酒文化小知識

◎捷克才有的啤酒倒法？！

你知道嗎，若你在捷克酒吧點一杯不要泡沫的啤酒(Čochtan)，可能會引來當地人和生啤侍酒師(tapster)奇怪的目光，因為捷克人覺得沒有泡沫的啤酒不是啤酒！皮爾森這類啤酒有泡沫會更好喝，主要原因是這層泡沫就像一層保鮮膜，讓啤酒裡的氣泡可以停留更久。只要泡沫層還在，啤酒無論放了多久口感都不會改變。

捷克的啤酒可分為3種倒法：

Hladinka：黃金比例，20~25%泡沫。

這是標準的皮爾森啤酒倒法——金黃色的啤酒上有 約三指厚的綿密泡沫。這層厚厚的泡沫讓啤酒有完美的苦甜比例，也保留啤酒的新鮮口感。

Šnyt：「小杯啤酒」，3份泡沫：2份啤酒：1份空氣。

想喝啤酒但又不想點那麼大一杯時該怎麼辦？那就來一杯Šnyt！生啤侍酒師也會在營業前用這種倒法，確認啤酒的當日品質，因此也被稱為「聞香杯」。

Mlíko：捷克語中的「牛奶」，90%泡沫。

這時捷克獨有的啤酒喝法，滿滿的白色泡沫加上薄薄一層金黃色啤酒，遠看像是一杯牛奶，喝起來也如牛奶般非常順滑香甜，所以也深受酒量不大的女生歡迎。而飲用Mlíko的最佳方式，就是一口乾！這樣你就可以在泡沫沉澱為苦澀啤酒之前，享受啤酒花的香甜口感。當地人大多會以一杯Mlíko來結束當晚的酒局。

◎啤酒度數VS酒精濃度

捷克菜單上的啤酒大多以度數列出，如Purkmistr 10° 或Purkmistr 12°，但這並不代表10%或12%的酒精濃度。度數越高，即含糖量越高，從而導致更高的酒精濃度及更強烈的味道。常見的啤酒度數為10°~12°，也就是約4~5%的酒精濃度。

◎乾杯還有SOP要遵守？！

捷克語中的「乾杯」為Na Zdraví，大意為「為你的健康而喝」，但並不是碰杯這麼簡單喔！舉起酒杯後，一定要看著所有同行人的眼睛說Na Zdraví，且注意啤酒不可灑出杯子、手也不能和他人交錯，最後酒杯輕碰桌面才能送到嘴邊；不遵守的話，據說會遭遇7年的霉運或房事不順。

MAP ▶ P.129B3

西波西米亞博物館

Západočeské muzeum/ West Bohemian Museum

歐洲最大軍事展示室

掃地圖

從中央車站步行約10~12分鐘可達；從共和廣場步行約5~8分鐘可達。 Kopeckého sady 2 378 370 111 週二~週日10:00~18:00；週一休 全票80Kč、半票40Kč www.zcm.cz

西波西米亞博物館早在20世紀初就建造完成，由地方文化藝術專家規畫設計，展覽的陳設頗具水準，最豐富的典藏是1樓的兵器展示室，它是歐洲最大的軍事武器展示區，收集了從中古世紀以來歐洲各地的武器、刑具(都是貨真價實上過戰場、實際用過的古物而不是模型)，令人毛骨悚然。然而掛在牆上的古圖顯示皮爾森在中世紀時商業發達的景觀，你可以對照現代的皮爾森城與從前的差別，非常有趣。

MAP ▶ P.129D2

皮爾森啤酒釀造所

MOOK Choice

Plzeňský Prazdroj/Pilsner Urquell

UNESCO評選最有價值體驗

掃地圖

從中央車站步行約6~8分鐘可達；從共和廣場步行約13~15分鐘可達。 U Prazdroje 7 377 062 888 09:00~17:00，導覽時間請至官網預約查詢 導覽行程全票300Kč、半票(6~15歲、70歲以上)200Kč、家庭票(2大人+3小孩) 800Kč；6歲以下免費 www.prazdrojvisit.cz/en/tours/pilsner-urquell-brewery-tour 導覽行程以捷克語進行，英語解說需另外下載APP(掃描票根上QR code即可)

一如皮爾森啤酒的廣告詞：「世界原本一片黑暗，1842年之後開始發光。」那是因為皮爾森創造了世界第一的黃金啤酒，在距離舊城約10分鐘路程的皮爾森啤酒釀造所裡，你可以透過導遊解說了解百年前的製酒古方，以及現代科技融入後的作業流程，這趟啤酒製造之旅甚至被聯合國教科文組織選為最有價值的體驗之一！

來這裡一定要參加導覽行程，雖然參觀的費用比一般博物館貴，但絕對值回票價，何況你還能在參觀後品啜工廠出品的新鮮啤酒！

Na Spilce

724 617 355 11:00~22:00 www.naspilce.com/en

就位於皮爾森啤酒釀造所內，Na Spilce是一間開業於1992年的啤酒餐廳，由於擁有獨特的傳統酒窖，很多人參觀完釀造所之後，就會直接來這裡享受美味的啤酒和料理。餐廳沒有太多矯揉的裝潢，木製桌椅、瓷磚地板搭配橘黃色調，洋溢傳統波西米亞情調；而足以容納550人的偌大空間，則證明了它受歡迎的程度。

來到這裡，自然要毫不猶豫地點上幾杯啤酒，其中除了皮爾森(Pilsner)是招牌選項外，其它同屬皮爾森啤酒如Gambrinus、山羊啤酒(Velkopopovický Kozel)、Birell……不同系列的酒項，也值得一嘗。這裡也提供傳統捷克美食，舉凡豬腳、烤鴨、燉牛肉等當地熱門佳餚，搭配啤酒都對味。

酒 後 不 開 車 ， 安 全 有 保 障 。

MAP ▶ P.129B1B2

共和廣場&市政廳

Námestí Republiky & Radnice/ Republic Square & City Hall

富商房舍圍繞精緻華麗各具特色

掃地圖 從火車站步行約12~15分鐘可達。 市政廳Námestí Republiky 1 市政廳378 032 550 市政廳8:00~18:00 免費 www.visitpilsen.eu/location/pilsen-city-hall

長、寬分別為193和139公尺的共和廣場是皮爾森最主要的觀光文化中心，中央有聖巴特羅米天主堂，登上教堂鐘塔可以展望廣場全景。圍繞廣場的建築幾乎都是當地富商的房舍，高度雖幾乎統一，但建築的形式以及外牆顏色卻各顯特色。最吸引人的是位於北邊的市政廳，於1554~1559年之間由魯道夫二世國王下令修築，由義大利建築師Giovanni de Statia設計完成這棟優美的文藝復興式經典建築，17世紀時，又新增屋頂上的小塔裝飾，而到了1907~1912年之間，更大肆裝飾正面牆上的雕刻細節，完成今日這般華麗的樣式。1樓設有遊客中心，關於交通、景點介紹、明信片、書籍等資訊都可在此取得，也經常舉辦藝文展覽，另外還提供上網服務，非常方便。

廣場東邊的建築群大部分都是建於17世紀，呈現波西米亞巴洛克的建築風格，有許多咖啡館面對廣場，可以在這坐下欣賞廣場風景，廣場南北兩邊有路面電車經過，交通繁忙，南邊有巴士站可通往火車站。

2010年在廣場3個角落新增3個金色噴泉，噴泉分別以市徽上的3個圖案——天使、駱駝和灰狗為塑像，格外吸引人。

MAP ▶ P.129B2

瘟疫紀念柱與皮爾森馬當那

Morový Sloup a Plzeňská Madonna/ The Plague Column & The Pilsen Madonna

聖母顯靈消滅瘟疫的神蹟見證

掃地圖 從火車站步行約12~15分鐘可達。 Námestí Republiky(位於共和廣場)

瘟疫紀念柱落成於1681年，為了感謝聖母瑪麗亞保護皮爾森全鎮的健康，讓猖獗一時的瘟疫即時消滅且沒有擴大死亡的人數。立於紀念柱頂端、造型特別的石雕像稱為「皮爾森馬當那」，這座高134公分、哥德式雕像完成的時間，比紀念柱建造的時間還要早上300年，推測是1390年時的作品，後來才被拿來當作紀念柱頂端的裝飾。但目前看到的這座雕像是仿品，真品放置於聖巴特羅米天主堂內。

至於為什麼用皮爾森馬當那當作主要雕像呢？據說鎮上有一個瞎子，從來沒接觸任何與藝術相關的工作，直到有一天，聖母瑪麗亞顯現在他面前，要他雕刻馬當那像，給了他基本的雕刻工具並指揮他的手開始雕刻，最後完成了這件傑作，聖母瑪麗亞覺得很滿意，便賜給他視力讓他得以重見光明並欣賞到自己的作品。

MAP ▶ P.129B2

聖巴特羅米天主堂

Chrám Sv. Bartoloměje/St. Bartholomew's Cathedral

旋轉木梯登上鐘塔眺望市容

掃地圖

從火車站步行約12~15分鐘可達。 Námestí Republiky(位於共和廣場) 377 236 753 天主堂週一~週五10:00~18:00、週六~週日13:00~18:00，鐘塔週一~週日10:00~18:30(售票至18:00) 鐘塔全票90Kč、半票60Kč www.visitpilsen.eu/location/st-bartholomews-cathedral

聖巴特羅米天主堂是皮爾森建城後第一個開始修築的大型建築，推測早在1295年左右就已動工。而真正的歷史記載則是從14世紀初開始，1507年的一場大火將教堂燒成平地，之後的30年又再重建。

整座教堂最引人注目的是高約103公尺的鐘塔，它是目前捷克的第一高塔，然而它在1835年前比現在的規模更大更高，只可惜當年一場大火造成鐘塔全毀。

事實上教堂不但經歷了幾次災難性的重建工程，而且這些工程一直都沒有結束過。最近一次(即19世紀)的重建工程是一直持續到1994年才算完工！1993年5月31日，若望保祿二世宣布新的皮爾森主教轄區成立，聖巴特羅米才正式成為天主教教堂。

登上高16公尺的塔頂是一項大挑戰，301階的木製階梯在狹窄的空間繞著中柱往上盤繞，其間沒有照明設備，因此有一段距離伸手不見五指，必須靠感覺慢慢摸索。遇上對面來的遊客一定得靠邊貼著壁才能通過，然而登上塔頂之後豁然開朗，可以眺望全城景觀。

聖巴特羅米天主教堂外東南側的金屬柵門上，依序嵌了數個天使頭像，其中有一個竟然被摸得光亮，原來這個天使被稱做「Pilsen Angel」，摸了據說會帶來好運；所以無論何時，都會有人在此排隊尋求好運；而這裡也被視為最佳的約聚點。

MAP ▶ P.129A2

猶太教大會堂

Velká Synagoga/The Great Synagogue

歷史建築中遇見紅蔥雙塔

掃地圖

從共和廣場步行約4~6分鐘可達。 Sady pětatřicátníků 11 377 223 348 10:00~17:00，週六休 全票120Kč、半票80Kč、家庭票(2大人+1小孩)350Kč；10歲以下免費 www.zoplzen.cz/#VS

位於皮爾森的猶太教大會堂出人意表地竟是世界第三大猶太教會堂。它建於1890~1893年之間，建築風格融合仿羅馬式結構，加上摩爾式(Moorish)的細節裝飾，龐大而壯觀，從很遠處就能看到大會堂兩個紅色蔥型的塔頂。然而真正令人咋舌的並不是外觀，而是內部屋頂、牆壁上的裝飾，充分顯示了當地猶太人雄厚的財力。可惜的是，在二次世界大戰期間猶太教大會堂被納粹蹂躪幾乎全毀，於1990年代才重新整修恢復它的光彩。

MAP ▶ P.129B1

地下博物館

MOOK Choice

Plzeňské historické podzemí/ Pilsen Historical Underground

兼具避難所與儲藏室的獨特建築

掃地圖

從共和廣場步行約3~5分鐘可達。 Veleslavínova 6 377 062 888 10:00~18:00，導覽行程約進行60分鐘，導覽時間請至官網預約查詢 導覽行程全票150Kč、半票(6~15歲、70歲以上)100Kč、家庭票(2大人+3小孩) 330Kč；6歲以下免費，3歲以下不得進入 www.prazdrojvisit.cz/en/tours/historical-plzen-underground-tour 導覽行程時間經常變動，請事先上網確認；地下溫度約6℃，建議攜帶保暖衣物。

在波西米亞有許多城鎮都有地下通道、水井及暗室，但很少像皮爾森擁有這麼規模浩大的地下結構，根據目前的調查結果顯示，皮爾森的舊城地下通道總長達17公里，深入地下約2層樓至3層樓的高度，幾乎每一戶人家都有通往地下的通道，而這些統計並不包含大量尚未發掘出來的結構。平時，這些地下建築用來當作儲藏食物、酒的儲藏室，而在戰亂時期則是最好的藏身避難場所。坊間有許多關於這些地下結構的傳說，最膾炙人口的就是關於3座黃金天使像的故事，據說位於布拉斯(Plasy)的一個天主教修道院在胡斯派暴動期間，將修道院的財產都帶到皮爾森藏在許多地下暗室中，除了金幣之外，還有3尊黃金天使像一直都沒有再現身過，後人也抱著希望不斷尋找。

地下博物館只是皮爾森眾多地下結構中的一小部份，來到這裡，一定得參加導覽行程方能進入，在經由導遊的解說，可以更清楚整個地下構造的功用。

MAP ▶ P.129B1

啤酒博物館

MOOK Choice

Pivovarské muzeum/ Brewery Museum

捷克銷售NO.1啤酒品牌

掃地圖

從共和廣場步行約3~5分鐘可達。 Veleslavínova 6 377 062 888 10:00~18:00 全票100Kč、半票(6~15歲、70歲以上)80Kč、家庭票(2大人+3小孩) 220Kč，6歲以下免費；導覽行程(15人以上)全票150Kč、半票100Kč，約60分鐘 www.prazdrojvisit.cz/en/tours/brewery-museum-tour

皮爾森啤酒是目前捷克銷售第一的啤酒品牌，它的發源地就在皮爾森，來到這兒一定不能錯過品啜道地的皮爾森啤酒，同時也可以順道參觀啤酒工廠及博物館，認識捷克第一啤酒的製造過程。

位於舊城北邊的啤酒博物館與地下博物館位於同一處，其建於1959年，是世界上第一家啤酒博物館。它原是15世紀時的一家酒吧，建築形式被保存了下來，內部則改裝成博物館，在這裡你不但可以看到分解、發酵、裝瓶等過程展示，還有各種古老的工具。另外，地下室有運送冰塊的出入口，常年保持低溫以儲存啤酒，參觀的行程有導遊帶領，並附上一張說明書，以便讓遊客更清楚整個製造啤酒的歷史。

MAP ▶ P.129C1

Na Parkánu

豬腳搭啤酒超完美組合

掃地圖 

從共和廣場步行約3~5分鐘可達。 Veleslavínova 59/4 724 618 037 週一~週三11:00~23:00、週四11:00~24:00、週五~週六11:00~1:00、週日11:00~22:00 www.naparkanu.com/en

位於歷史區城牆旁、緊臨啤酒博物館的Na Parkánu，餐廳布置充滿昔日皮爾森小酒館的風情，在這裡可以喝到最新鮮純正的皮爾森啤酒，有些甚至是平常難以品嘗到，像是未經過濾或是酵母啤酒。

來這裡喝啤酒時可以搭配店內招牌美食──「烤豬腳」(Roasted Pork Knee in Pilsner beer with Chod's cabbage, mustard, horseradish)，捷克豬腳看起來和德國豬腳有點兒類似，也搭配酸白菜，但這裡有用皮爾森啤酒下去料理，皮吃起來則比較硬；重點是同樣美味份量也很大塊，兩個人吃綽綽有餘。夏天時，餐廳還會開放戶外花園，在這裡用餐、喝酒氣氛更好。

MAP ▶ P.129B2

U Salzmannů

痛快吃肉喝酒的平價餐廳

掃地圖 

從共和廣場步行約2~5分鐘可達。 Pražská 8 702 298 850 週一~週四11:00~23:00、週五~週六11:00~24:00、週日11:00~22:00 www.usalzmannu.com

U Salzmannů是皮爾森啤酒在舊城區直營的餐廳，幾乎天天爆滿，必須在門口排隊等候入座。餐廳創業於1637年，建築屬於傳統的波西米亞式房舍，一進入大門後，穿傳統服裝的服務生就會前來熱情地招待你，在這裡你可以大口喝酒大口吃肉，因為價格便宜，而以肉類為主的波西米亞餐點配上冰涼啤酒更是過癮！

酒後不開車，安全有保障。

庫倫洛夫
Český Krumlov/Cesky Krumlov

庫倫洛夫(Český Krumlov)字面的意義是「河灣中的淺灘」，非常簡潔且逼真地描述了這個小鎮的環境特色。小城鎮被U形的河套區隔成兩個部分：位於北邊山丘上的城堡區，以及河套中央被河流包圍成圓形的舊城區。

根據歷史記載，從13世紀南波西米亞的貴族維提克家族(Vitek)開始建城，14世紀時讓渡給最強大的貴族羅森堡(Rožmberk)家族，此後在該家族的豐富藝術涵養薰陶下，這裡逐漸發展成一座精緻的小鎮。18世紀後，出身德國的史瓦森堡(Schwarzenberg)家族買下城堡主權，直到二次世界大戰後，德裔居民被驅逐出境，才結束城堡神秘的身分。

末代史瓦森堡貴族對當地的貢獻不只是城堡宮廷建築，城堡下的拉特朗區、河對岸的舊城區，都在他們獨到的藝術眼光下修建得精緻耀眼，讓這個位於捷克南方的小鎮，1992年被登錄為世界遺產，成為眾人千里迢迢也必定造訪的地方。

INFO

基本資訊

人口：約1萬4千人。
面積：22.16平方公里。

如何到達——火車

從布拉格搭火車前往庫倫洛夫需先在布傑約維采(České Budějovice)轉乘，布拉格的中央車站到布傑約維采每天約有19班直達車，車程約2小時；從布傑約維采到庫倫洛夫每天約有10班直達車，車程約50分鐘。從火車站到協和廣場步行約20~30分鐘可達。

正確班次、詳細時刻表及票價可上網或至火車站查詢，購票可以到火車站櫃台或先於台灣向飛達旅遊購買。

◎捷克國鐵
www.cd.cz
◎歐洲鐵路
www.eurail.com
◎飛達旅遊
www.gobytrain.com.tw

如何到達——長途巴士

從布拉格Praha, ÚAN Florenc巴士總站到庫倫洛夫巴士站(Cesky Krumlov, aut. nádr.)每天約有6班直達車，車程約4小時。另外也可從布拉格Praha, ÚAN Florenc巴士總站先行搭車到布傑約維采巴士站(České Budějovice, aut. nádr)，再轉車到庫倫洛夫巴士站。布傑約維采與庫倫洛夫之間每天幾乎每20~45分鐘就有一班直達車，車程約30~45分鐘。從長途巴士站到協和廣場步行約10~15分鐘可達。

正確班次、詳細時刻表及票價可上網或至巴士總站查詢。

www.idos.cz

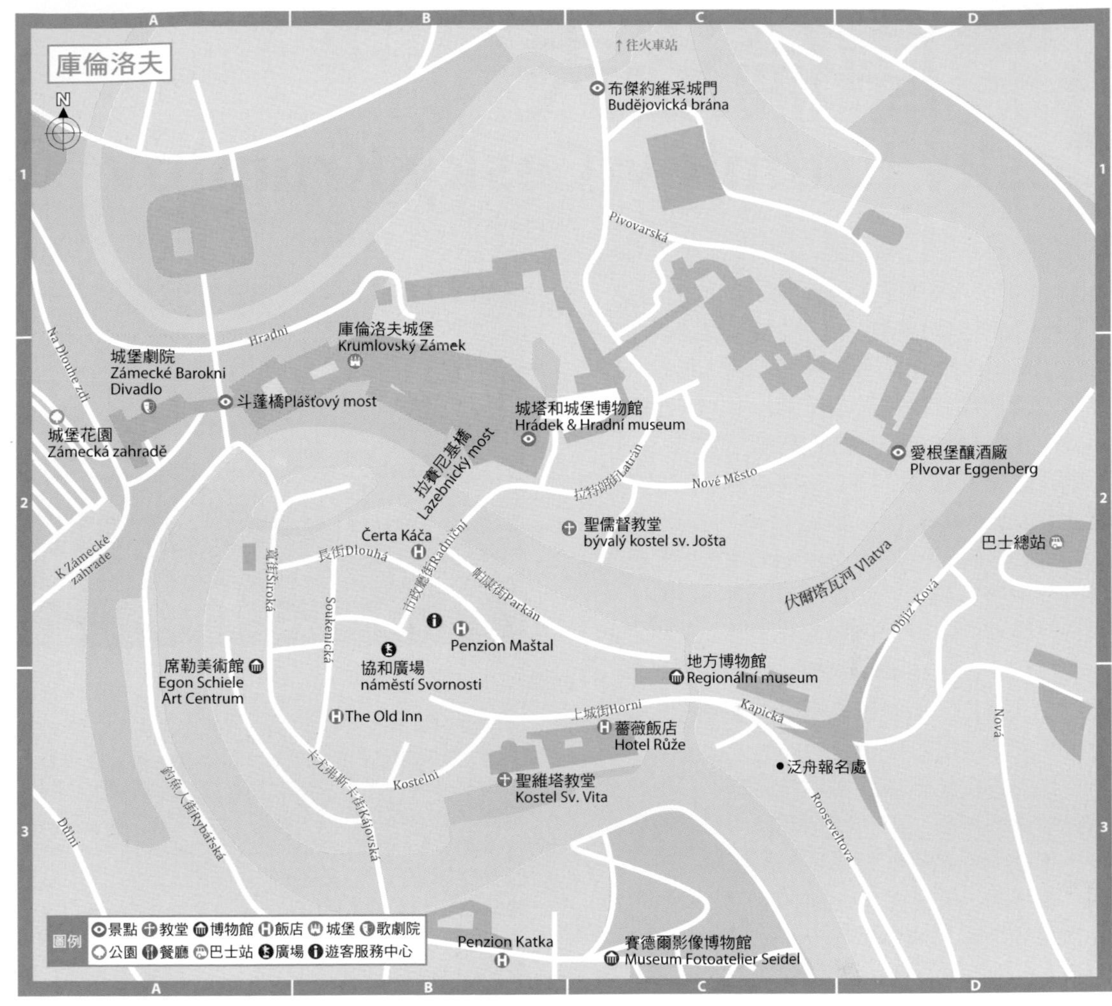

市區交通

可以步行遊覽大部份景點。

優惠票券

◎庫倫洛夫卡Cesky Krumlov Card

持「庫倫洛夫卡」可以免費參觀庫倫洛夫城堡內的城塔(Castle Tower)和城堡博物館(Castle Museum)、席勒美術館(Egon Schiele Center)、地方博物館(Regional Museum)、賽德爾影像博物館(Museum Fotoatelier Seidel)和方濟各會修道院博物館(Monastery Museum)共5個景點。此卡可在遊客服務中心或上述景點購買。

全票400Kč、半票200Kč、家庭票(2大人＋3小孩)800Kč

www.ckrumlov.cz/card

旅遊諮詢

◎遊客服務中心

Náměstí Svornosti 2

380 704 622

週一～週六9:00～17:00(週日至16:00)；12:00~13:00午休

www.ckrumlov.info/php

城堡區Hradčany

MAP ▶ P.138C1

布傑約維采城門

Budějovická brána/Budweiser Gate

進入城堡區起點

掃地圖

從火車站步行約12~15分鐘可達。

庫倫洛夫城堡的起點便是位於拉特朗街的布傑約維采城門，19世紀以前市鎮周圍本有座城牆，後來因交通及工業發展的因素而拆除。布傑約維采城門是9個城門之一，也是與外界流通最主要的出入口，建於1598~1602年之間，門上刻有本鎮的標誌。

城堡區Hradčany

MAP ▶ P.138C2

聖儒督教堂

bývalý kostel sv. Jošta/St. Jošt Church

14世紀地方教堂

掃地圖

從火車站步行約12~20分鐘可達。

14世紀時羅森堡家的彼得下令興建喬斯塔教堂，旁邊附設有醫院，原本周圍有許多貧民的住家，1790年，由教會及醫院出錢將這些雜亂建築買下並拆除整建，才有了今天煥然一新的面貌。

城堡區Hradčany

MAP ▶ P.138B2C2

拉特朗街

MOOK Choice

Latrán ulice/The Latrán Street

在熱鬧街道發現特色建築

掃地圖

從火車站步行約12~20分鐘可達。

城堡下的拉特朗街是庫倫洛夫最古老的兩個平民市街之一，它主要通往城堡與舊市街，許多應貴族邀請來的藝術家、工匠、煉金術士等都居住在此，現在也是庫倫洛夫最熱鬧的街道之一，許多商店、餐廳都分布在這條路上。

連通橋廊 Spojovací Chodba

橋廊建築有兩種功能：對於上層來說是橋，對於下層則是屋廊，中央的拱形結構還可供垂直的道路通過。橋廊建築在庫倫洛夫處處可見，這座兼作兩建築間走廊通道與一般路面拱廊的橋廊，是14世紀時由羅森堡家族的威廉(Vilém)所建，橋廊上的繪畫裝飾是他贈送給第三任妻子安娜．瑪麗．巴登斯卡的禮物。

15號畫家之屋

在羅森堡家族時代，這棟房屋是畫家Gabriel de Blonde的住所，不但正面牆上有豐富的文藝復興式格子紋飾，內部還有許多哥德式壁畫，內容都是關於聖人的行跡等。由於16世紀時，這棟房舍成為貴族的宅邸，特地用石頭作為建築的材料，而1樓仍保持拱形落地門，20世紀時這裡改為咖啡屋，著名畫家席勒常常在此喝咖啡！

拉特朗街1號

位於聖儒督教堂對面的拉特朗街1號，位在通往城堡的階梯旁，1樓保留了14世紀哥德式建築的拱形樣式，這裡曾是貴族理髮師的住所。

39號騎士之屋

牆上除了有常見的文藝復興式方格狀紋飾之外，還有非常生動有趣的騎士繪畫。

46號新藥局

53號對面是46號「新藥局」，由於城堡內有一棟藥局設立年代較早，因此稱拉特朗街上的這棟為新藥局，原本是羅森堡家族親戚的宅邸，後來轉賣給醫生世家，牆上有文藝復興式的裝飾花紋，西側通往修道院的通道上還築有拱形橋廊。

拉賽尼基橋 Lazebnický most/Lazebnický Bridge

這座木造橋是連接拉特朗街與舊城區的主要通道，是遊客取景的熱門地點。

城堡區Hradčany

MAP ▶ P.138B2

庫倫洛夫城堡

MOOK Choice

Krumlovský Zámek/Krumlov Castle

充滿藝術涵養的貴族城堡宮殿

掃地圖

從火車站步行約20分鐘可達。 Zámek 59 380 704 712 1號英文導覽行程4~5和9~10月週二至日9:00~16:00、6~8月週二至日9:00~17:00；2號英文導覽行程7~8月 9:00~17:00 1號英文導覽行程全票240Kč、半票(18~24歲、65歲以上)190Kč、孩童票(6~17歲)100Kč；2號英文導覽行程全票210 Kč、半票(18~24歲、65歲以上)170Kč、孩童票(6~17歲)80Kč www.zamek-ceskykrumlov.cz/en

城堡位在山頂頂端，由40棟建築組合而成，城堡的規模僅次於布拉格城堡。根據歷史記載，從13世紀南波西米亞的貴族維提克家族(Vitek)開始建城，14世紀時讓渡給捷克最強大的貴族羅森堡家族(Rožmberk)，此後300年在羅森堡家族的豐富的藝術涵養薰陶之下，庫倫洛夫逐漸成為一個精緻的貴族小鎮。

之後捷克的哈布斯堡家族與愛根堡家族(Eggenberg)相繼成為領主，最後由出身德國的史瓦森堡家族(Schwarzenberg)買下了城堡的主權，經營將近200年，直到二次世界大戰之後，德裔居民被驅逐出境，才結束了城堡的神秘身分。

想參觀城堡內部各廳堂一定要參加導覽行程，分成兩條路線：1號導覽行程包含城堡內部的聖喬治禮拜堂、愛根堡廳、化妝廳；2號導覽行程則以史瓦森堡家族歷史景點為主，行程皆約55分鐘。

第一庭院I Zámecké nádvoří/1st Courtyard

第一庭院周圍的建築原本是作為馬房、騎士房舍、釀酒場、藥房、監獄、倉庫等用途，建築風格從哥德式、文藝復興式到巴洛克式都有，現在遊客最常光顧的是拱門右側的遊客中心，可在此購票參觀城堡，並詢問城堡內導覽行程的時間，旁邊還有網咖，非常便利。

第二庭院II Zámecké nádvoří/2nd Courtyard

進入第二庭院前會經過一個深溝，溝底飼養著兩頭熊，據說這是因為羅森堡家族與義大利的Orsini家族有淵源，而Orsini的義大利語意就是熊的意思。

城塔和城堡博物館
Hrádek & Hradní muzeum/Castle Tower & Castle Museum

1~3月、11~12月週二至日9:00~15:00，4~5月、9~10月每日9:00~16:00，6~8月每日9:00~17:00 全票180Kč、半票(18~24歲、65歲以上)140Kč、孩童票(6~17歲)70Kč；持庫倫洛夫卡免費。

進入第二庭院內最著名的就是城塔(Hrádek)，它是整座城堡建築中最古老的一部分，同時也是本城的地標，不但從任何角度都可以看到，夜晚打上燈光更是顯得華麗耀眼。城塔最初以哥德式風格建造，在13世紀後修築成文藝復興式，並飾有磚紅與粉綠相間的花紋及繪畫，登上塔頂可以一覽庫倫洛夫的全景，絕對不能錯過！

2011年，在城塔還建立了一座「城堡博物館」，裡頭展示了庫倫洛夫城堡在過去幾個世紀，在不同貴族領主的統治下保留至今的珍貴文物。

第三庭院、第四庭院
III & IV Zámecké nádvoří/3rd & 4th Courtyard

圍繞第三庭院與第四庭院的建築則都是貴族宮殿，外牆上文藝復興風格的繪畫令人印象深刻！

第五庭院V Zámecké nádvoří/5th Courtyard

城堡劇院英文導覽行程5~10月週二至日10:00~15:00，時間約40分鐘，開放時間每年變動，建議事先到官網確認。 城堡劇院英文導覽行程全票280Kč、半票(18~24歲、65歲以上)220Kč、孩童票(6~17歲)110Kč

第五庭院最受矚目的就是建於17世紀巴洛克式的城堡劇院(Zámecké barokní divadlo)。劇院保存了300座繪於18世紀的舞台布景，可以多層次地展現軍營、監獄、教堂等場景，而後台變換場景的全是木造的齒輪、滑車，非常專業而壯觀，另外還收藏了600件以上手工縫製的戲服，堪稱是捷克的國寶！每到夏季8月份在劇院中舉辦國際音樂節，讓遊客能真正體驗貴族們的藝術品味及享受。

羅森堡室
Rožmbeské pokoje/Rosenberg's Room

在宮殿中有許多類似的寢室，這間稱作羅森堡室主要是因為地上鋪有熊皮地毯，推斷是威廉羅森堡與第三任妻子的寢室。由於羅森堡家族特別喜愛熊，凡是鋪有熊皮毛的地方，推斷都是羅森堡家族時期的裝飾。牆上的壁毯及繪畫可看出豐富的藝術涵養。

黃金馬車
Zlatý kočár/The Golden Carriage

導覽行程進入華麗的客廳及用餐室，此處大部分的家具飾品都是黃金打造，這是愛根堡家族時期的特色，其中這部黃金打造的馬車最令人讚嘆，製於1638年，當時斐迪南三世榮登羅馬皇帝，教宗前來祝賀時就是搭乘這輛黃金馬車，在任務完成之後被送到此處收藏。

起居室Baldachýnový salón

裝潢完成於1616年前後，昔日前來拜訪的貴客在用餐完畢之後就會轉移到這間起居室閒話家常，享用葡萄酒或咖啡、下棋、聽音樂等等，房間以鮮紅色做主色調，搭配黃金飾品，顯得氣派十足。

修道院博物館
Klášterní muzeum/Monastery Museum

☎725 554 705 ◷博物館9~6月每日10:00~18:00，7~8月每日10:00~17:00；遊客中心9~6月每日10:00~18:00，7~8月每日09:30~19:00 $全票150Kč、半票(26歲以下、65歲以上)140Kč、孩童票(6~17歲)70Kč；持庫倫洛夫卡免費；導覽行程每人240Kč 🌐www.klasteryck.cz/en/monasteries-cesky-krumlov/

修道院博物館的前身是14世紀中期由羅森堡家族計畫建設的方濟各會修道院(Minorite Monastery)，整體融合哥德式及巴洛克式建築風格，廣大的中庭內有兩座教堂，各顯示不同的特色，其中聖沃夫岡教堂建於1491年，呈現典雅的哥德式風格，內部還有關於聖沃夫岡的傳說壁畫。

城堡美術館
Zámecká Obrazárna/Castle Gallery

主要是展示愛根堡家族與近代的史瓦森堡家族的美術收藏品，有出自法國、奧地利、荷蘭、德國、義大利等國畫家的作品。

聖喬治禮拜堂
Kaple sv. Jiří/Chapel of St. George

聖喬治禮拜堂最早完成於1334年，後來在1576年時重建。貴族們定時會在此聚會，裝飾風格由最早的文藝復興式演變成巴洛克式，牆面是淡彩色大理石，而牆上、天花板都有精緻的洛可可式繪畫。

斗篷橋
Plášťový most/Cloaked Bridge

這座3層結構的橋廊全長約1公里，連接第四庭院、第五庭院直通到城堡花園。從羅森堡家族時代起就開始在城中興建大大小小的橋廊，直到史瓦森堡家族時代才全部完工，呈現今日樣貌，成為庫倫洛夫著名的地景之一。

第三文藝復興室
Renaissance Chamber III

全宮殿共有4間文藝復興室，以它裝潢的風格來稱呼，這間最令人印象深刻的原因，在於它天花板上的紋飾，五瓣薔薇標誌顯示這是羅森堡家族時期的建築，牆壁上色彩豐富的繪畫讓人流連忘返。

城堡花園
Zámecká zahrada/Castle Gardens

◷4月、10月每日8:00~17:00，5~9月每日8:00~19:00 $免費。

城堡花園興建於愛根堡家族時期，20世紀之後按原來繁複的設計重新整建，其中最美的是中央的「瀑布噴泉」，有捷克第一美泉之稱。

MAP ▶ P.138A2

席勒美術館

Egon Schiele Art Centrum/Egon Schiele Center

觀賞裸女素描的典藏空間

掃地圖

從協和廣場步行前往約1~2分鐘可達。 Široká 71 380 704 011 週二~週日10:00~18:00；週一休 全票200Kč、學生和殘疾人士100Kč、65歲以上150Kč；6歲以下、持庫倫洛夫卡免費。 www.esac.cz/en/egon_schiele_art_centrum_gallery_cesky_krumlov/

在這座南波西米亞的小鎮上竟然有著奧地利傑出畫家席勒(Egon Schiele, 1890~1918)的美術館，確實令人有些意外，但事實上，庫倫洛夫正是席勒母親的家鄉！雖然席勒與母親的關係不好，但在舅舅的監護下，他也曾造訪過這裡。美術館建築原本是座釀酒場，改建後收藏了80多件席勒的原稿作品，大部分是裸女素描，可以看出畫家功力進展過程。至於一般展覽室，定期更換不同主題的特展。

席勒Egon Schiele

席勒的父親在奧地利國家鐵路局工作，為了讓席勒能接受良好的教育，在他11歲時，就把他送到維也納北方就學。在席勒14歲時，父親因精神錯亂很快便去世了，父親之死對他產生很大的打擊；相反地，席勒卻極度討厭他的母親；而他與妹妹吉緹(Gerti)之間有亂倫的嫌疑，由於成長中對女人抱持複雜的情愫，影響了他日後的畫風。

年輕的席勒將他的作品送給克林姆(Gustav Klimt,1862~1918)過目，克林姆大為激賞並對他照顧有加。1909年，席勒自己創建工作室，開始對年輕少女產生極大的興趣，他繪製一系列的少女作品。這些作品極為煽情，同時期，自戀的席勒也畫了大量的自畫像。

1911年，席勒遇到17歲的華莉(Wally Neuzil)(她也曾經跟克林姆有特殊關係)，兩人為了避開沉悶的維也納，搬到距離維也納半小時火車車程的小城Neulengbach，很快地，席勒的工作室又變成那些翹家青少年的聚集之處，後來席勒因為誘拐少女被捕，並因為繪製色情圖片而被監禁。

席勒的自戀、表現狂與被迫害情結在他的繪畫中發揮得淋漓盡致，攀登聲譽顛峰的席勒運氣異常順遂，即使在戰時，他的名聲依舊搏扶搖直上，被視為奧地利年輕一輩藝術家的翹楚。不過，席勒的好運並未持續下去，1918年10月，他有孕在身的妻子伊蒂絲因感染流行感冒病逝，他也在被感染3天後隨即去世。

舊城區Staré Městо

MOOK Choice

MAP ▶ P.138B2

協和廣場及周邊街道

Náměstí Svornosti/The Square of Concord

遊賞石造建築與古老壁畫紋飾

掃地圖

從火車站步行約20~30分鐘可達；從長途巴士站步行約10~15分鐘可達。

協和廣場從13世紀就開始規劃，以此地為中心，所有道路都呈放射或環狀分散。廣場周圍的建築仍有許多保留哥德式風格，1樓設有石造拱廊，而原本有許多木造房舍現今大多改建成石造屋，建築形式與色彩充分表現波西米亞式的浪漫。廣場是一般居民最常聚集聊天的場所，東南側有噴泉與紀念瘟疫的聖像石柱，旁邊白色建築是市政廳，牆上繪有文藝復興紋飾，另外還有捷克國徽、庫倫洛夫城徽、愛根堡家徽、史瓦森堡家徽等，地下1樓現在作為酷刑博物館。遊客中心在市政廳旁邊，內設有銀行、上網服務、紀念品店等。

帕康街

Parkán ulice/Parkán Street

過橋之後左轉就是帕康街，這裡原本有座城牆，後來為了便利交通而拆除。帕康街是沿著城牆的老街，原本有許多手工藝品店，現在被餐廳、民宿取代，隔著河眺望城堡，景色非常美麗。

市政廳街與長街

Radnični ulice & Dlouhá ulice/Town Hall Street & Long Street

在市政廳街和長街轉角有棟建築，內部有14世紀以來的哥德式壁畫，是全城最古老的壁畫。長街上有很多可愛的個性小店，進去逛逛很有尋寶的樂趣。

寬街
Široká ulice/Broad Street

建於16~17世紀之間，是舊城最寬廣的街道，街道中央原本是市集，現在全部遷移了。值得注意的是77號建築有美麗的壁畫，曾是有名的煉金術士之屋，席勒美術館也在這條街上。

卡尤弗斯卡街Kájovská ulice/Kájovská Street

卡尤弗斯卡街是舊城中最熱鬧的一條街，許多道地的捷克料理餐廳都分布在此。

另外還有兩戶建築值得造訪，一間是54號，其文藝復興式格子紋飾的建築外觀上，繪滿了聖人的畫像、神秘的記號，甚至還有猴子的圖像，據說這些畫都出自當時城堡宮廷壁畫畫家之手，現在則為一間餐廳；還有一間是位於廣場轉角的卡尤弗斯卡街12號建築，以它獨特的街梯形山牆，及轉角突出的哥德式窗台為特色。

上城街
Horní ulice/Horni Street

地勢較高，是觀賞夜景的絕佳去處，出了上城門，可通往長途巴士總站。

釣魚人街
Rybářská ulice/Fishing street

面對河岸的釣魚人街色彩非常鮮豔，天氣好時從水面可以看到對應的倒影。

伏爾塔瓦河泛舟Vltava River Boats

庫倫洛夫最熱門的活動就是在伏爾塔瓦河上泛舟，可以選擇最短的行程——繞舊城一周，看似簡單，但途中的激流往往讓船身翻落水中，讓人大呼過癮。如果這樣還不能滿足你的冒險精神，可以參加遠距離的泛舟行程，從附近的城鎮Větřni、Zátoň、Rožmberk……等地出發順流而下回到庫倫洛夫。泛舟公司提供船、船槳、救生衣、防水袋，並提供前往出發點的交通。炎炎夏日，除了漫步小鎮參觀之外，可以考慮這趟伏爾塔瓦河之旅，從水面上看到的世界遺產小城別有一番風貌！

$分成1日和多日行程，1日行程依距離分8種路線，最短的是2公里約1小時，1人500Kč、2人共乘每人400Kč、3~6人共乘每人300Kč(含船隻設備、接送費)；如需教練每小時300Kč、1日2,000Kč。 ☎380 711 988 www.ckvltava.cz/en

舊城區Staré Město

MAP ▶ P.138C3

地方博物館

Regionální muzeum/Regional Museum

認識波西米亞文化主要途徑

從協和廣場步行約5分鐘可達。 Horní 152 380 711 674 週二~週日9:00~12:00、12:30~17:00；週一休。 全票60Kč、半票30Kč；持庫倫洛夫卡免費。 www.muzeumck.cz

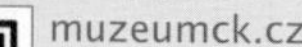

掃地圖

展示南波西米亞及庫倫洛夫當地的民俗工藝品、傳統生活用品、藝術、歷史文物、考古資料等，收藏的品質非常高，是認識波西米亞文化的主要途徑之一。

舊城區Staré Město

MAP ▶ P.138B3

聖維特教堂

Kostel sv. Vita/Church of St. Vitus

洋溢貴族色彩的哥德式建築

掃地圖

從協和廣場步行前往約3分鐘可達。 Horní 156 380 711 336 週一、週三~週五9:00~16:30，週二、週六9:00~17:00，週日11:00~17:00 www.farnostck.bcb.cz

建於1407年，是全鎮最典型的哥德式建築，16世紀羅森堡家族最具影響力的人物威廉和他的愛妻之墓就位在教堂中。當時的貴族們就耗資為它添加許多精緻的壁畫，而建築外觀及祭壇裝飾也數度請來外國的工藝師傅改造，因此可以看到橫跨哥德式到巴洛克式的各種風格。值得注意的是2樓有座製於1716年巴洛克式的管風琴，至今仍是彌撒時演奏的主角。

舊城區Staré Město

MAP ▶ P.138C3

賽德爾影像博物館

Museum Fotoateliér Seidel

攝影名家的經典收藏

掃地圖

從協和廣場步行約5分鐘可達。 Linecká 272 736 503 871 週二~週日 9:00~12:00、13:00~17:00(16:00最後入場) 語音導覽全票170Kč、半票(26歲以下、60歲以上)120Kč、孩童票(6~15歲)100Kč；攝影費30Kč；6歲以下、持庫倫洛夫卡免費 www.seidel.cz

賽德爾影像博物館原先是德籍攝影師賽德爾(Frantisek Seidel)的住家別墅和工作室，19世紀末到20世紀初，他在這裡從事攝影創作；在他死後，這裡改裝成為影像博物館，但仍盡量維持原先工作室的樣貌，包括當時的相機、明信片、玻璃板底片、暗房設備都完整的保留下來，閣樓內，仍收藏他幾十年的攝影作品和檔案；而頂樓的工作室仍然可以運作，你甚至可以坐在1世紀前相同的位置上，拍張老照片。

舊城區Staré Město

MAP ▶ P.138C3

薔薇飯店

Hotel Růže

當地最佳五星級飯店

掃地圖

從協和廣場步行約5分鐘可達。 Horní 154 380 772 100 www.hotelruze.cz/en

Růže在捷克文是薔薇或玫瑰的意思，正是羅森堡家的家徽。這家當地最好的五星級飯店，1586~1590年由威廉羅森堡下令興建，開始是做為耶穌會教士們的宿舍，是捷克境內最古老的耶穌會宿舍建築；原本1樓當作德語學校的學生宿舍，2樓以上則是耶穌會的訪客宿舍。到了2000年，這裡改建成今日所見的薔薇飯店，曾接待許多重要的人士，包括前捷克總統哈維爾(Václav Havel)、名導演Miloš Forman和瑞典國王Carl XVI Gustaf等。

進入薔薇飯店，你就可以感受到它的與眾不同，從蠟像、銅器、壁畫、騎士像等裝飾物，到拱門、迴廊、樓梯、天花板等建築型式，在在構築出中世紀情調；這裡共有71間客房，從精緻骨董、瑰麗地毯到木質家具……不論家飾或擺設，皆以典雅浪漫的風情打造，就像是入住城堡般令人感到尊貴舒適；加上飯店位於半山坡，打開窗戶，就有機會眺望整個城鎮的綺麗風光，隨時間流動的山光水影盡入眼簾、美不勝收。

飯店內還有泳池、桑拿、渦浪池(Whirlpool)、按摩等水療或Spa設施，等於是以度假飯店的規格，提供舒適的服務；遊客還有機會在餐廳提供的「中世紀晚宴」中，穿著中世紀的宮廷服飾，享受一頓精緻佳餚。

舊城區Staré Město

MAP ▶ P.138B3

The OLDINN

心臟地帶的溫馨住宿

掃地圖

從協和廣場步行約1分鐘可達。 Nám stí Svornosti 12 388 288 888 www.hoteloldinn.cz/default-en.html

這間四星級飯店的位置實在太好了，由於正面對著協和廣場，從房間窗邊望出去，就能直接感受到這個城鎮無比的活力。飯店提供52間客房和套房，空間看似小巧簡單，但床鋪、桌椅、電視、冰箱、衛浴……樣樣完備不缺，精緻的木質家具、花草圖案的窗廉和床被，更打造溫馨的鄉村風情。飯店全區域內，皆提供免費Wifi服務。

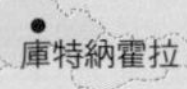

庫特納霍拉
Kutná Hora/Kunta Hora

庫特納霍拉在14世紀時因開採銀礦而獲得發展，可以想見它富裕繁榮的程度，在14~15世紀，它是全歐洲最有錢的城市！由於保存良好，到處都可以看到當年繁華的遺跡。

1995年，庫特納霍拉被列為世界遺產保護區之一，至今仍散發迷人而美麗的中世紀城市魅力。它最吸引人的景點首推位於東北郊外的人骨教堂，原只是座默默無名的修道院，19世紀史瓦森堡家族聘請木匠以數萬人的骨頭做成各種聖物，裝飾在教堂各部，整體景象令人目瞪口呆。

城區內最壯麗的莫過於聖芭芭拉大教堂，哥德式的建築結構，與布拉格城堡中的聖維塔大教堂並列世紀之冠。這裡地勢居高臨下，可以欣賞庫特納霍拉城鎮景致。還有現為鑄幣博物館的義大利宮與捷克銀礦博物館，讓人能夠一探昔日鑄幣重鎮的繁榮風采。

庫特納霍拉距離布拉格約60~90分鐘車程，非常適合一日往返；當然也不妨留宿一晚，好好感受這個小鎮濃郁的中世紀風情。

最理想的交通建議方案

因為庫特納霍拉有兩個主要火車站，其中行程必訪的人骨教堂較靠近中央車站(Kutná Hora Hlavní nádraží)，而聖芭芭拉大教堂和帕拉茨基廣場等則較靠近城區站(Kutná Hora město)。但是從布拉格等其他城市來的火車，都只停靠在中央車站，必須再轉搭地方火車才能進入城區站。

所以建議遊客最理想的交通方式，就是先抵達中央車站後，步行或轉搭公車前往人骨教堂，之後再從人骨教堂附近的公車站搭市區公車前往城區，下車站(Kutná Hora,Palackého náměstí)就在帕拉茨基廣場。最後逛完聖芭芭拉大教堂、帕拉茨基廣場後，先從城區站搭地方火車到中央車站，再轉主幹線火車即可；也可在長途巴士站搭長途巴士離去。

INFO

基本資訊

人口：約2萬1千人。

面積：33.05平方公里。

如何到達——火車

從布拉格中央車站(Praha Hlavní nádraží)有直達班車前往庫特納霍拉中央車站(Kutná Hora Hlavní nádraží)，每天數班，車程約1小時；另外，亦可經Kolín轉往庫特納霍拉中央車站，合計平均每1~2小時皆有班車前往；但是，庫特納霍拉中央車站距市區還有約2.5公里遠，需再轉搭火車、巴士或計程車進入市區。

從庫特納霍拉中央車站轉搭地方火車至城區車站(Kutná Hora město)，車程只需7分鐘，然後再步行約10~15分鐘即可進入市區。

從中央車站前搭乘市區公車802號於Kutná Hora,Palackého náměstí站下，車程約30分鐘可達，再步行前往各大景點。

正確班次、詳細時刻表及票價可上網或至火車站查詢，購票可以到火車站櫃台或先於台灣向飛達旅遊購買。

◎捷克國鐵

www.cd.cz

◎歐洲鐵路

www.eurail.com

◎飛達旅遊

www.gobytrain.com.tw

如何到達——長途巴士

從布拉格Praha-Háje巴士站(位於地鐵C線Háje站)搭乘381號到庫特納霍拉巴士站(Kutná Hora,aut. st.)，車程約1小時40分。從長途巴士站步行至市區約10~15分鐘。

正確班次、詳細時刻表及票價可上網或至巴士總站查詢。

www.idos.cz

市區交通

可以步行遊覽大部份景點。市區公車單程車資14Kč，上車向司機購票即可。

idos.idnes.cz/en/kutnahora/spojeni/?lng=eng

旅遊諮詢

destinace.kutnahora.cz

◎遊客服務中心(帕拉茨基廣場的Sankturin House)

Kollárova 589 327 512 378

4~9月9:00~18:00，10月9:00~17:00，11~3月週一~週五9:00~17:00、週六~週日10:00~16:00；12:30~13:00午休

◎遊客服務中心(庫特納霍拉中央車站)

K Nádraží 2 605 802 874

4~10月9:00~18:00，11~3月週一~週五9:00~17:00；12:15~12:45午休

◎遊客服務中心(聖芭芭拉大教堂)

Barborská 685

327 515 796

1~2月10:00~16:00，3月、11~12月10:00~17:00，4~10月9:00~18:00

◎遊客服務中心(人骨教堂)

Zámecká 279, Sedlec

326 551 049

4~9月8:45~17:45，11~2月8:45~15:45，3月、10月8:45~16:45

MAP ▶ P.150D1

人骨教堂

MOOK Choice

Kostnice/Ossuary

以人骨拼接裝飾的墓地教會

掃地圖

從庫特納霍拉中央車站步行約15~20分鐘可達；或搭381、481、533、802號市區公車在Sedlec,kostnice站下，車程約5分鐘；亦可從帕拉茨基廣場搭802號市區公車前往，車程約15分鐘。 Zamecka 127 326 551 049 4~9月9:00~18:00，11~2月9:00~16:00，3月、10月9:00~17:00；12月24日休 人骨教堂＋聖母大教堂全票160Kč、半票(26歲以下、65歲以上)120Kč、優待票(6~15歲、殘疾人士)50Kč；人骨教堂＋聖母大教堂＋聖芭芭拉教堂全票300Kč、半票(26歲以下、65歲以上)230Kč、優待票優待票(6~15歲、殘疾人士)95Kč www.sedlec.info/en 教堂內嚴禁攝影。

原本只是一個在塞德雷茲(Sedlec)默默無聞的修道院，13世紀時，當十字軍東征的軍隊從耶路撒冷帶回泥土，並灑在修道院外的墓地，這裡便開始聲名大噪，許多中歐的貴族和有錢人，死後都想下葬於此；到了14世紀，布拉格碰上瘟疫流行，死亡人數增加(當時就約有3萬人葬於此地)，墳墓也就愈來愈多。

這樣的情形一直到1870年，出身德國貴族的史瓦森堡(Schwarzenberg)家族買了這塊地，並雇用了一位名叫František Rint的木匠師，將墓地的骨頭收撿雕刻，做成各種聖物放在教堂裡面做為裝飾。根據保守估計，他至少用了4萬人的骨頭，數字之龐大，令人訝異，大家後來也乾脆直接稱呼它「人骨教堂」(Kostnice)。

這樣的敘述如果還不夠讓人震撼，那就請你進入教堂，觸目所及，不論是窗戶、拱頂、十字架、祭壇、吊燈、史瓦森堡家族的徽章……都是用頭蓋骨、大腿骨到肋骨一一拚接或裝飾而成，František Rint甚至還用骨頭拼組出自己的名字，放在教堂右牆最後一個展台上。雖然場景有點兒怵目驚心，但是靜下心來欣賞之後，驚訝應該會大於驚嚇；只是這些已逝的人，一定想不到自己在百年後，竟然會成為觀光景點的一部份。

MAP ▶ P.150A3

聖芭芭拉大教堂

MOOK Choice

Chrám Sv. Barbory/ St. Barbara's Cathedral

守護銀礦的哥德式聖殿

掃地圖

從帕拉茨基廣場步行約10~15分鐘可達。 Barborska 685 327 515 796 1~2月10:00~16:00，3月、11~12月10:00~17:00，4~10月9:00~18:00；12月24日休 聖芭芭拉教堂＋基督聖體堂全票160Kč、半票(26歲以下、65歲以上)120Kč、優待票(6~15歲、殘疾人士)50Kč；人骨教堂＋聖母大教堂＋聖芭芭拉教堂＋基督聖體堂全票300Kč、半票(26歲以下、65歲以上)230Kč、優待票優待票(6~15歲、殘疾人士)95Kč chramsvatebarbory.cz 另有付費導覽行程

聖芭芭拉大教堂是庫特納霍拉最具看頭的景點，從帕拉茨基廣場前往一路有指標指引，在快接近教堂的Barborská路上，還有13座聖人雕塑相伴，像是導引著你前往重要的聖殿。

14世紀時，庫特納霍拉因為銀礦而成為鑄幣重鎮，當時，人民決定建造一座教堂來獻給守銀的保護神，以祈求祂能保佑採銀和鑄幣過程順利，這座教堂便是聖芭芭拉大教堂。

教堂始建於1380年，然而，中間受到胡斯戰爭和1558年銀礦開採耗盡的影響，教堂一直到19世紀末才以哥德式建築風貌，完整呈現在世人面前。

聖芭芭拉大教堂上圓頂拱門、拱窗和拱廊華麗優雅，以石頭鑲嵌的玫瑰窗雕工細膩，令人目不暇給，無數的尖塔直指天際，有著向上飛昇的感覺；教堂內部8座禮拜堂圍繞著主祭壇而立，牆上壁畫記錄著15世紀時礦工工作時的場景，隆起的肋稜拱頂樑柱像樹枝般，交錯成星星和花卉的圖案，非常精緻漂亮。聖芭芭拉大教堂可說是波西米亞地區最具價值的哥德式建築，也毋怪在1995年，被聯合國教科文組織收錄為世界遺產。

逛完教堂不妨到它的東邊走走，這裡同樣是居高臨下、欣賞庫特納霍拉城鎮景致的好地方。

MAP ▶ P.150A3

基督聖體堂

Kaple Božího těla/Corpus Christi Chapel

風光明媚的制高點

掃地圖 

從帕拉茨基廣場步行約10~15分鐘可達。 Barborská 52 327 515 796 1~2月10:00~16:00(週一休)、3月10:00~17:00、4~9月9:00~18:00、10月10:00~17:00、11~12月10:00~16:00(週一休) 10Kč，6歲以下免費；聖芭芭拉教堂+基督聖體堂全票160Kč、半票(26歲以下、65歲以上)120Kč、優待票(6~15歲、殘疾人士)50Kč；人骨教堂+聖母大教堂+聖芭芭拉教堂+基督聖體堂全票300Kč、半票(26歲以下、65歲以上)230Kč、優待票優待票(6~15歲、殘疾人士)95Kč khfarnost.cz/en/corpus-christi-chapel

在快到聖芭芭拉大教堂的路上，你一定可以看到基督聖體堂。這兩座建築興建於同一時期，然而基督聖體堂最早卻是當作納骨塔之用。

當然，今日的它不再是一個這樣令人心生畏懼的地方，反而有不少遊客喜歡站在它的屋頂陽台眺望，因為這裡是很好的制高點，恰好可以將庫特納霍拉迷人的山谷、田園風光盡收眼底。

MAP ▶ P.150C1

帕拉茨基廣場

Palackého náměstí/Palackeho Square

串連市區景點的主廣場

掃地圖 

從庫特納霍拉火車城區站(Kutná Hora město)步行約10~15分鐘可達；從長途巴士站(Kutná Hora,aut.st.)步行約10~15分鐘可達。

這是庫特納霍拉城中心最大的廣場，四周圍繞著商店和旅館，整體氣氛雖稱不上熱鬧，但庫特納霍拉所有景點主要以此為中心，不管要到哪裡，免不了經過這個廣場。因此，人來人往的各國觀光客反倒成為這裡最佳的風景；如果逛累了，坐在廣場的椅子上休憩片刻，看人也被看，倒也挺悠閒的。遊客旅遊服務中心就在廣場邊Sankturin House (Sankturinovský dům)的1樓。

MAP ▶ P.150C1

義大利宮

MOOK Choice

Vlašský dvůr/Italian Court

昔日皇家鑄幣廠

掃地圖 

從帕拉茨基廣場步行約3~5分鐘可達。 Havlickovo náméstí 552 327 512 873 1~2月10:00~16:00(週一休)、3月10:00~17:00(週一休)、4~9月9:00~18:00、10~11月10:00~17:00、12月10:00~16:00 全義大利宮導覽行程全票300Kč，半票(26歲以下、65歲以上)250Kč，6歲以下和殘疾人士免費；部分導覽行程全票60~190Kč，半票(26歲以下、65歲以上)40~150Kč pskh.cz/en/italian-court

14世紀，庫特納霍拉因生產銀礦而開始繁華，波西米亞國王瓦次拉夫也在這裡推動鑄幣的工作，義大利宮便是當時的皇家鑄幣廠，之所以稱之為義大利宮是因為鑄幣之初大部份的工匠都來自義大利。到了15世紀，這裡還短暫成為瓦次拉夫四世國王的王宮，除擴建成2層樓外還增建了禮拜堂。

現在義大利宮成了鑄幣博物館，當時的庫房是鑄幣展示廳，中庭則是過去工人工作的場所，從這裡可以看見凸出的禮拜堂窗戶上，清楚展示著1904年整修時，裝飾在建築立面的新藝術圖案；另外，在國王覲見大廳可以欣賞到兩幅19世紀的皇室壁畫。

MAP ▶ P.150B1

聖詹姆斯教堂

Kostel sv. Jakuba/Church of St. James

傲視城中心區的高聳地標

掃地圖 

從帕拉茨基廣場步行約2~3分鐘可達。 Havlíčkovo náměstí 327 515 796 6~9月10:00~12:30、13:00~17:00；其餘只有彌撒時間才對外開放 khfarnost.cz/en/st-james-church

位於義大利宮旁邊的這座聖詹姆斯教堂，86公尺的高度，讓你無論走在庫特納霍拉的哪個角落，幾乎都能看到它的身影，也稱得上是當地地標。

這座教堂始建於1330年，然而到了1380年才正式完工，整座建築以晚期哥德式風格為主，到了17世紀重建時，又以文藝復興和當時流行的巴洛克風格整修，從其高聳的弧型鐘塔便可探究一二。

白天時，整座教堂灰濛濛的外觀不見得討喜，但夜晚時，教堂打上柔和的光線，不管你有沒有宗教信仰，走在靜謐的石子路上，你都會獲得一種平和聖潔的神奇力量。

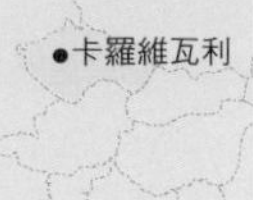

卡羅維瓦利
Karlovy Vary/Karlsbad

卡羅維瓦利是捷克最著名且歷史最悠久的溫泉鄉，至今已有600多年的歷史。14世紀中期，查理四世皇帝到這裡打獵，無意中發現這裡豐富的溫泉資源，因此以他的名字為此地命名。

自從一份醫學報告在1522年公開了該地的溫泉療效後，越來越多人對這裡的溫泉進行研究，溫泉旅館也陸續興建落成，吸引了貴族富商前來此進行療養，其中最有名的包括19世紀的貝多芬、蕭邦、馬克斯等人，當時最流行的休養方式是一邊飲用礦泉，一邊在優美的溫泉迴廊散步。

卡羅維瓦利處處可見溫泉，據估計將近百個左右，其中15個溫泉別具療效，包含40種以上的礦物質，各個溫度也不盡相同。最壯觀的是噴泉高度可達12公尺、溫度更高達73℃的一號溫泉，而其他各個溫泉的出水或噴泉口，都建造了許多美觀的溫泉迴廊，成為現在遊客參觀和品啜溫泉的最佳地點。

火車族看過來

卡羅維瓦利有兩個主要的火車站：從布拉格等其他城市前來的列車，都只停靠在卡羅維瓦利站(Karlovy Vary)，而觀光客主要拜訪的溫泉區(Lázeňská)，則比較靠近卡羅維瓦利下城車站(Karlovy Vary dolní nádraží)，所以搭乘火車來到卡羅維瓦利的遊客，通常必須先搭車抵達主火車站後，再轉地方火車(RE)抵達下城車站。主火車站到下城車站，車程約5分鐘即達。

而卡羅維瓦利下城車站與瑪麗亞溫泉鎮(Mariánské Lázně)之間，每天都有密集的班次往返，車程約1小時20分，只不過這條路線屬於G.W.私人交通公司所經營，歐洲火車通行證無法適用，想利用火車通行證的遊客需另外補票，或是先回到主火車站再搭往瑪麗亞溫泉鎮才行。

G.W.這段私鐵沿線被森林及草原包圍，景色非常和諧美麗，如果你想體驗屬於西波西米亞的閒情逸致，也可以坐上這樣的列車。幸好票價並不貴，單程全票76Kč。

INFO

基本資訊

人口：約5萬1千人。 **面積**：59.1平方公里。

如何到達——火車

從布拉格中央車站(Praha Hlavní nádraží)前往卡羅維瓦利每天約有7班直達車，車程約3.5小時；唯卡羅維瓦利的主要火車站(Karlovy Vary)距溫泉區較遠，需再轉搭地方火車前往卡羅維瓦利下城車站(Karlovy Vary dolní nádraží)，或計程車進入溫泉區。從卡羅維瓦利下城車站步行到溫泉區約15~25分鐘可達。

正確班次、詳細時刻表及票價可上網或至火車站查詢，購票可至火車站櫃台或先於台灣向飛達旅遊購買。

◎捷克國鐵

www.cd.cz

◎歐洲鐵路

www.eurail.com

◎飛達旅遊

www.gobytrain.com.tw

如何到達——長途巴士

從布拉格到卡羅維瓦利最佳的交通方式還是搭巴士。從布拉格Praha, ÚAN Florenc巴士總站到卡羅維瓦利巴士站(Karlovy Vary, Terminál)班次眾多，每天白天約30~60分鐘就有一班直達車，車程約2小時

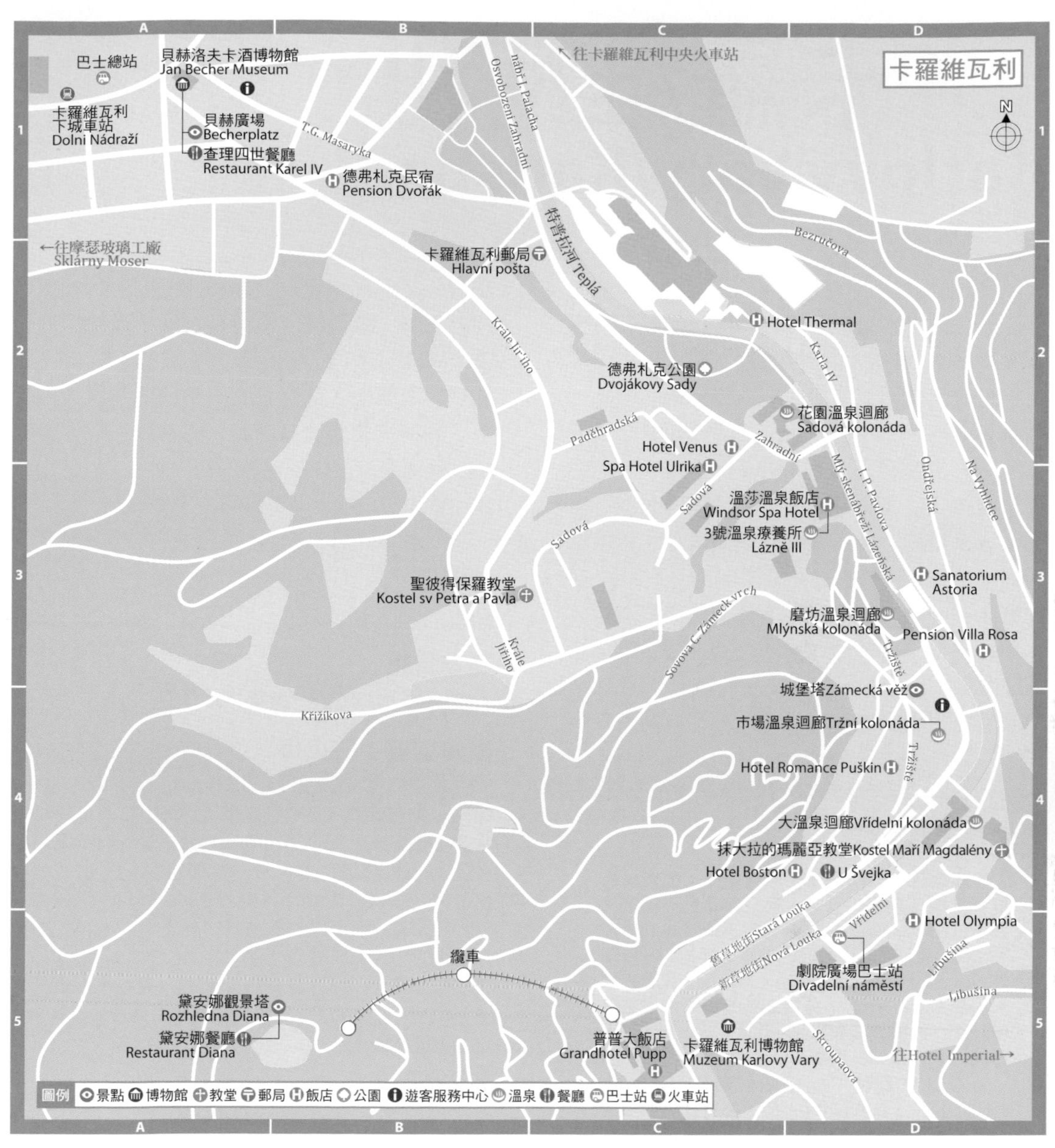

15分。長途巴士站位於下城車站旁，步行到溫泉區約15~25分鐘可達。正確班次、詳細時刻表及票價可上網或至巴士總站查詢。

www.idos.cz

市區交通

可以步行遊覽大部份景點。

旅遊諮詢

◎遊客服務中心(溫泉區)

Lázeňská 14　355 321 176　8:00~18:00，12:30~13:00午休　www.karlovyvary.cz

MAP ▶ P.156D3D4

溫泉迴廊

MOOK Choice

Kolonáda/Colonnade

飲礦泉散步賞景的休閒養生區

自從一份醫學報告在1522年公開了卡羅維瓦利的溫泉療效後，越來越多人對這裡的溫泉進行研究，溫泉旅館也陸續興建落成，吸引了許多貴族富商來此進行療養，其中最有名的包括19世紀的貝多芬、蕭邦、馬克斯等人，當時最流行的休養方式是一邊飲用礦泉、一邊在優美的溫泉迴廊散步。

卡羅維瓦利處處可見溫泉，據估計將近百個左右，其中15個溫泉別具療效，包含40種以上的礦物質，各個溫度也不盡相同。最壯觀的是噴泉高度可達12公尺、溫度更高達73℃的一號溫泉，其他各個溫泉的出水或噴泉口，都建造了許多美觀的溫泉迴廊，成為現在遊客參觀和品嘗溫泉的最佳地點。

這些溫泉迴廊裡的泉水都可以直接飲用，僅溫度高低與所含二氧化碳成份多寡略有差異。專家指出這些溫泉溫度較低的有通便的療效；溫度較高的溫泉會促進膽汁分泌及降低胃酸；喝起來的味道有的十分強烈，或具有苦味，不過遊客還是都會用溫泉杯試試這些溫泉的味道，有病治病，無病強身！

正因為具有特別療效，所以這些可飲用的溫泉都經過特別設計，以當地著名的溫泉迴廊為建築特色，寬廣長廊將溫泉出水口包含其內，以方便病人在飲用泉水的同時散步休養。

大溫泉迴廊
Vřídelni kolonáda

從下城火車站步行約25~30分鐘可達；或從市集站(Tržnice)搭巴士2號於劇院廣場站(Divadelní náměstí)下，步行約2~3分鐘可達。 Vřídelni kolonáda 週一~週五9:00~17:00，週六~週日10:00~17:00 免費 www.karlovyvary.cz/en/hot-spring

掃地圖

這裡的一號溫泉是卡羅維瓦利最著名的溫泉，以泉水噴出高度最高和溫度最高聞名，也是卡羅維瓦利最現代化設計的溫泉迴廊，總是吸引許多人駐足欣賞。

一號溫泉的溫度高達72℃，衝力強大的水柱直上12公尺，使得玻璃屋內的觀賞者有如置身於蒸汽室的感受。19世紀時溫泉迴廊上方設立了特製的防護，1971~1975年將迴廊重建為透明的玻璃帷幕，溫泉出水口也改成現代化設計。由於噴出的時間不定，而且溫度極高，因此禁止遊客往前接泉水。

由於泉水溫度太高，溫泉被引流至另外5個不同溫度的出水口(約30~50℃)，位於迴廊另一側，它們雖出自於同一個溫泉，因溫度的關係味道卻略有不同。溫泉迴廊建築中還有許多販賣溫泉杯及紀念品的小攤。

花園溫泉迴廊

Sadová kolonáda/Park Colonnade

從下城火車站步行約15分鐘可達；或從市集站(Tržnice)搭巴士1或4號於3號溫泉療養所站(Lázně III)下，步行約2~3分鐘可達。 Zabradní 24小時 免費 www.karlovyvary.cz/en/park-colonnade

掃地圖

德弗札克公園一側就是建於1881年的花園溫泉迴廊，兩個青銅圓頂涼亭連接著白色長廊，溫泉則位於迴廊後方白色建築物的地下室，有一個小通道可連接。這幢白色建築物是卡羅維瓦利第一個溫泉療養所，於1855年完成，曾有一段時間提供軍隊使用。這裡的蛇溫泉(Snake Spring)是卡羅維瓦利可直接飲用的15個溫泉之一，溫度約為28℃，每分鐘噴出1.8公升水量。

磨坊溫泉迴廊

Mlýnská kolonáda/Mill Colonnade

從下城火車站步行約20分鐘可達；或從市集站(Tržnice)搭巴士1或4號於3號溫泉療養所站(Lázně III)下，步行約2~3分鐘可達。 Mlýnské Nábřeží 24小時 免費 www.karlovyvary.cz/en/mill-colonnade

掃地圖

磨坊溫泉迴廊是卡羅維瓦利最美的溫泉迴廊，由捷克名建築師Josef Zitek設計，布拉格的國家劇院也是他設計的經典之作。磨坊溫泉迴廊花費10年的時間在1881年建造完成，原先的設計是兩層樓的迴廊建築，卻因預算不足而改變計畫，最後以新文藝復興設計定案，由中殿、側廊和124根長柱共同組成。廊柱上有12個古典雕像，分別代表12個月份，由雕塑家Wilfert和Schreiber設計完成。

磨坊溫泉迴廊因附近原有磨坊而得名，共包含了5個溫泉，牆壁上的大理石板刻有一首拉丁詩歌，是一位經常造訪卡羅維瓦利的人所作，旁邊有捷克文翻譯。

市場溫泉迴廊

Tržní kolonáda/Market Colonnade

從下城火車站步行約25分鐘可達；或從市集站(Tržnice)搭巴士2號於劇院廣場站(Divadelní náměstí)下，步行約3~5分鐘可達。 Tržiště 24小時 免費 www.karlovyvary.cz/en/market-colonnade

掃地圖

市場溫泉位於一座白色精細巧的溫泉迴廊內，此迴廊是卡羅維瓦利少見的瑞士建築設計，晚上在燈光照射下更顯格外動人，雖然沒有磨坊迴廊的雕琢壯觀，但也呈現溫泉迴廊提供人們休養生息的悠閒面貌。市場溫泉迴廊內有兩個溫泉，一個是市場溫泉，另一個是查理四世溫泉，就是傳說中查理四世首度發現卡羅維瓦利溫泉的地方，並且他也曾在此治療腳痛隱疾。在查理溫泉上方有一個銅製版畫，正是描繪當時傳說的情景。

MAP ▶ P.156B2

卡羅維瓦利郵局

Hlavní pošta/Main Post Office

最有看頭的國家級建築

掃地圖

從下城火車站步行約10分鐘可達。 T. G. Masaryka 559/1

14世紀以來，卡羅維瓦利曾經歷經幾次祝融之災和洪水氾濫，每次的修繕重建都會為卡羅維瓦利注入不少新意。如今卡羅維瓦利仍保留19世紀末的復古和新藝術建築風格，特普拉河(Teplá River)旁的卡羅維瓦利郵局就是經典的代表。

從T.G. Masaryka路往特普拉河方向，以卡羅維瓦利郵局為分界，聚集了許多商店和餐廳，是卡羅維瓦利主要的商業區；郵局的另一方向即為溫泉風景區。

卡羅維瓦利這個外型古典優雅的郵局，是20世紀初奧匈帝國最現代化設計的郵局，建於1791年，被列為捷克國家級的建築保護資產，4層樓的建築在白、橙色的鮮明顏色搭配下，更顯華麗雄偉。郵局的欣賞重點是面對特普拉河4樓的4個雕像，分別象徵郵政、電信、鐵路運輸和海上運輸等4大業務項目。隨著時代變遷，郵局建築漸漸成為當地的文化中心。

MOOK Choice

MAP ▶ P.156A1

貝赫洛夫卡酒博物館

Jan Becher Museum

認識藥草酒的神奇療效

掃地圖

從下城火車站步行約2~5分鐘可達。 T.G. Masaryka 282/57 359 578 142 週二~週日9:00~12:00、12:30~17:00；週一休 基本導覽行程全票210Kč、學生票150Kč、孩童票(6~18歲)60Kč、家庭 (2大人+2小孩)420Kč www.becherovka.com/en/museum 5歲以下禁止入場，孩童票禁止試飲。

墨綠色酒瓶的貝赫洛夫卡酒(Becherovka)是捷克卡羅維瓦利最具代表意義的紀念品，為紀念大衛貝赫而命名。大衛貝赫是18世紀對卡羅維瓦利最有貢獻的醫生，他首先提出倡導飲用溫泉水輔以散步來治療疾病的觀念，並加以科學分析，使得卡羅維瓦利成為東歐名盛一時的溫泉鄉。

貝赫洛夫卡酒是大衛貝赫的英國醫生朋友Frobrig特別調配而成的祕方，因此1807年推出時被稱為「英式苦酒」(English Bitter)，宣稱含有20種以上的特殊配方，對於消化和神經系統方面的疾病具有療效。20世紀初，一個貝赫洛夫卡的奧地利愛好者，更是每個月不辭辛勞的從卡羅維瓦利運送酒過去，一解酒癮。

參觀貝赫洛夫卡酒博物館必須加入導覽行程，在導遊的帶領下得以一探儲存藥草酒的歷史酒窖面貌，以及許多與貝赫洛夫酒相關的骨董和珍貴的老照片等獨特展覽品，並透過影片介紹了解這款獨特的草藥酒如何跨越兩個世紀而名聲不衰，當然你也有機會嘗嘗它獨特甜中帶苦的滋味。

MAP ▶ P.156A1

貝赫廣場

MOOK Choice

Becherplatz

酒廠變身休閒廣場

掃地圖

從下城火車站步行約2~5分鐘可達。 T.G. Masaryka 57 becherplatz.cz/en

貝赫洛夫卡酒博物館的旁邊，本來是它的老酒廠，有170多年的歷史，目前酒廠已經遷走，改建為頗新潮的貝赫廣場，廣場裡齊集咖啡廳、商店、甚至可提供旅客住宿的套房入口，遼闊的地下室則是餐廳和啤酒的釀酒廠；挑高的建築透過大量玻璃的天然採光，讓整個空間氣氛明亮、悠閒，是旅人逛街逛累了暫時休憩的好地方。

查理四世餐廳
Restaurant Karel IV

T.G. Masaryka 57 353 599 999 餐廳11:00~22:00，咖啡廳9:00~19:00 becherplatz.cz/en/charles-iv-restaurant

順著階梯步下餐廳，彷彿進入一處古老的酒窖，滿滿的橡木桶和各式各樣的釀酒裝備，其實還蠻像博物館的；光線雖然昏暗，但連桌椅都是利用舊橡木桶的原木製成，輝映出溫暖的光，整體氣氛相當溫馨。

這裡以提供捷克傳統家常菜為主，大致分為兩類：一類已經大致都烹調好，點餐後只要加熱即可端上桌；另一類則點餐後還需要時間耐心等待。後者的價位當然多半比較高些，然而無論哪一類，都是自家廚房精心調製的手作料理，相當美味，價格也頗公道，值得品味。

餐廳擁有自己的釀酒廠，歷史可追溯到1370年。目前查理四世釀酒廠的品項繁多，包括麥汁濃度11度的皮爾森啤酒，12度琥珀色、帶點堅果味的半黑啤酒，12度帶點香蕉香的小麥啤酒，用4種麥芽釀製、13度帶點咖啡香的黑啤酒，15度帶點苦味的濃烈啤酒等，口味各具不同的性格，但都新鮮爽口，累了一整天乾一杯分外過癮。

溫泉伴手禮

在卡羅維瓦利有幾樣東西是遊客經常購買的伴手禮，包括專門用來接飲當地溫泉的溫泉杯、溫泉薄餅(lázeňské oplatky)和貝赫洛夫卡溫泉酒。雖然這些都有可能在布拉格或其他大城看得到，但這裡才是真正的產地，也不用辛苦找尋幾乎隨處可見，有興趣的人切莫錯過。

MAP ▶ P.156C2

德弗札克公園

Dvořák Park

向捷克最知名音樂家致敬

掃地圖

從下城火車站步行約15~20分鐘可達；或從市集站(Tržnice)搭巴士1或4號於3號溫泉療養所站(Lázně III)下，步行約1~2分鐘可達。 24小時 免費

德弗札克曾多次造訪卡羅維瓦利，並在此地獲得許多創作靈感，因此卡羅維瓦利有許多以他命名的景物、店家，以紀念這位偉大的音樂家。

從繁華的T.G. Masaryka街往溫泉區走，特普拉河右岸一直延伸到花園溫泉迴廊這一大片花園綠地，就是德弗札克公園，園區裡花木扶疏，景色隨著四季變換，相當賞心悅目，可說是遊客的必經之地，經過的人也應該不會忽略它。在公園中央，矗立著德弗札克的銅像，以為紀念。

MAP ▶ P.156D3

3號溫泉療養所

Lázně III/Spa III

以溫泉為主題的多功能休養地

掃地圖

從下城火車站步行約15~20分鐘可達；或從市集站(Tržnice)搭巴士1或4號於3號溫泉療養所站(Lázně III)下，步行約1~2分鐘可達。 Mlýnské nábřeží 507/5 353 242 500 依Spa療程、時間而定 windsor-carlsbad.cz/en

經過花園溫泉迴廊，沿著特普拉河約100公尺長的新哥德式建築，是卡羅維瓦利第2古老的3號溫泉療養所，提供溫泉泡浴、按摩、水療等多種服務。除了溫泉之外，這裡還是卡羅維瓦利重要的文化據點，1樓的德弗札克音樂廳經常有各種音樂演奏和文化活動在此舉行。目前由Windsor Spa Hotel經營。

在卡羅維瓦利溫泉區中，有3個溫泉療養所最有名，分別是位於史麥塔納公園內的5號溫泉療養所(Lázně V)、位於半山腰的6號溫泉療養所(Lázně VI)及位於磨坊溫泉迴廊旁的3號溫泉療養所。3號溫泉療養所的溫泉並不叫3號溫泉，而是自由溫泉，可飲用的出水口位於3號溫泉療養所前的涼亭內。自由溫泉雖然歷史悠久，但一直作為泡浴之用，1872年才開始用來飲用，溫度大約60℃左右。

MAP ▶ P.156D4

城堡塔

Zámecká věž/Castle Tower

殘破高塔舊瓶新裝

掃地圖 

從下城火車站步行約25分鐘可達；或從市集站(Tržnice)搭巴士2號於劇院廣場站(Divadelní náměstí)下，步行約3~5分鐘可達。 Zámecký vrch 6a

這座位於市場溫泉迴廊後方山丘上的高塔，最早建於1358年，原屬於查理四世城堡的一部份，造型是強調高聳的哥德式建築，每逢有貴賓前來溫泉地療養，就會從塔上吹號角表示歡迎，成為此地特殊的儀式。只可惜城堡在一場大火中隨著其他建築化為灰燼，只留下殘破的高塔，1608和1766年曾經歷重建，1911年，建築師Friedrich Ohmann又在塔下的岩坡外建造了巨大的電梯和巴洛克式的迴廊。目前塔內有一間藝廊和一間餐廳。

MAP ▶ P.156D4

抹大拉的瑪麗亞教堂

Kostel Maří Magdalény/Church of Saint Mary Magdalene

白牆藍屋頂的絕美巴洛克

掃地圖 

從下城火車站步行約25~30分鐘可達；或從市集站(Tržnice)搭巴士2號於劇院廣場站(Divadelní náměstí)下，步行約2~3分鐘可達。 Náměstí Svobody 217/2 728 893 447 9:00~18:00 www.karlovyvary.cz/en/church-saint-mary-magdalene

抹大拉的瑪麗亞教堂位於溫泉迴廊後方，此區在14世紀時是最熱鬧的市場，而早在1485年時，此地就有一座哥德式的小教堂，許多商店都集中在這附近。

藍色屋頂白色牆壁的教堂建於1733~1736年，是當地最美的巴洛克式教堂建築，裡面供奉兩尊聖母瑪麗亞的聖像。

MAP ▶ P.156C5D5

舊草地街與新草地街

Stará Louka & Nová Louka/Old & New Meadow Street

深具人文歷史的美麗街道

掃地圖 

從下城火車站步行約30分鐘可達；或從市集站(Tržnice)搭巴士2號於劇院廣場站(Divadelní náměstí)下。

經過溫泉迴廊後，河兩岸的街道都叫做草地街，直走右側為舊草地街，左側為新草地街，聚集了許多商店、餐廳和旅館。

亞特蘭提克旅館(Atlantic)是舊草地街最顯著的一幢地標，就在市場溫泉迴廊旁，最明顯的新藝術建築代表就是屋頂上方的那些雕像，由建築師Bayer在1913年建造完成。其實這條街上的建築大都可追溯歷史至17世紀末期，並且都和德國詩人歌德有所淵源。

在亞特蘭提克旅館正對面，是歌德曾住過的「三個摩爾人之屋」(Dům U Tři Mouřeninů)，

他在1806至1820年間前後在此地住了9次，現在牆上還有一個銅鑄碑牌作為紀念；繼續往前進，有一幢5層樓高的嫩綠色房屋「莫札特之屋」，也是歌德在1785年停留過的居所；30號的大象咖啡館，門楣上有一隻金色大象，從歌德時代已經開始營業，之後前來卡羅維瓦利的文人藝術家也都在此聚會。

對岸的新草地街，其中最醒目的是德弗札克飯店，集合捷克和奧地利兩國資金成立，於1990年落成，紀念這位經常到卡羅維瓦利度假的捷克作曲家。旁邊的大使酒吧Embassy Wine Bar在17、18世紀時是溫泉療養客專用的馬廄，後來曾是外國使節居住之處，現在是氣氛相當古典的酒吧。

MAP ▶ P.156C5

普普大飯店

Grand Hotel Pupp

政商名流最愛的奢華排場

掃地圖 

從下城火車站步行約30分鐘可達。
Mírové náměstí 2
353 109 631
www.pupp.cz

沿著特普拉河走到底，右岸矗立著一座雄偉的白色大飯店，這就是卡羅維瓦利歷史最悠久的普普大飯店，更是號稱東歐最豪華的高級飯店。最有名的是飯店內富含新藝術和古典主義裝飾的大廳，除了進去參觀瞧瞧外，還可以在附設的咖啡廳感受這個19世紀豪華飯店的排場。

普普大飯店的歷史可追溯至1701年，原先只是一個名為波西米亞廳的小規模社交場所，1775年約翰普普(Johann Georg Pupp)到卡羅維瓦利結婚，買下這裡並經數次整修後，成為當

地最著名的高級飯店，也是目前卡羅維瓦利最貴的飯店。幾百年來到此造訪的名人不計其數，包含了全球皇室與政商貴賈，普普大飯店現在的新巴洛克式外觀，是建築師Fellner和Helmer在20世紀初的經典作品。

住不起飯店也沒關係，在飯店外翼一角的普普咖啡館(Café Pupp)，也是得以一窺普普殿堂之處，牆上還有1812年貝多芬造訪此地留下的紀念牌匾。普普咖啡廳的甜點口感不錯，泡湯之餘，值得來這裡享受個下午茶。

MAP ▶ P.156A5

黛安娜觀景塔 MOOK Choice

Rozhledna Diana/ Diana Observation Tower

居高臨下擁抱溫泉城

掃地圖

從普普大飯店西北側的纜車站，搭纜車第二站即達，車程約5分鐘。 Výšina přátelství 353 222 872 纜車5~9月9:00~19:00，4月、10月9:00~18:00，11~3月9:00~17:00；景觀塔5~9月9:15~18:45，4月、10月9:15~17:45，11~3月9:15~16:45；12月24日休 纜車單程全票100Kč、半票(6~15歲)50Kč，往返全票150、半票80Kč；6歲以下免費，持卡羅維瓦利地區卡享5折優惠 www.dianakv.cz/en

如果想要一眼把卡羅維瓦利的美景盡收眼底，那麼請來到黛安娜觀景塔。這個絕佳的俯瞰點位於溫泉區西南方海拔約560公尺的山坡上，是19世紀被當地喜歡在山區健行的人所發現的，只是在20世紀初之前都必須靠雙腳才能爬到這個山坡上來，1909年才建了登山纜車，而觀景塔和餐廳則是完成於1912到1914年間；直到1945年以後，這處山頭才被命名為黛安娜。

這座磚造的觀景塔高40公尺，可踏著150階的樓梯登上塔頂，也有一座狹小但現代化的電梯。站在塔頂，視野非常遼闊，遠及北方的礦石山脈(Krušné hory)、南邊的Doupovské山脈和東邊的Slavkovský森林。1914年開幕之後，立刻吸引觀光客蜂擁而至。

黛安娜觀景塔其實是一個綜合休閒區，除了觀景塔外，還有1間附設咖啡廳的餐廳、蝴蝶園、迷你動物園、紀念品店、多條森林浴步道等，足以徜徉大半天。

黛安娜餐廳 Restaurant Diana

5~9月11:00~19:00，4月、10月11:00~18:00，11~3月11:00~17:00；12月24日休

無須多言，黛安娜餐廳所佔的地理位置已經道出了它無可取代的特色。黛安娜餐廳沒有華麗的裝潢，也沒有拘謹的氛圍，開放式的空間提供室內和戶外座位，可以吃得到捷克傳統的家常菜或國際化口味的料理，親切的烹調和價位讓每個人都可以放膽地坐下來，在這個美麗的山坡上輕鬆地享受一頓飯。

MAP ▶ P.156B3

聖彼得保羅教堂

Pravoslavný kostel sv. Petra a Pavla/ Orthodox Church St. Peter and Paul

金碧輝煌的東正教堂

掃地圖

從下城火車站步行約15~18分鐘可達；或從市集站(Tržnice)搭巴士4號於Krále Jiřího站下。 Krále Jiřího

東正教教堂在捷克並不多見，而這座擁有金色蔥形塔頂的東正教教堂——聖彼得保羅教堂，則建得金碧輝煌，顯得十分華麗，最有趣的是，它是專門為了19世紀時來到卡羅維瓦利做溫泉療養的俄羅斯客人而建的。

建築形式為拜占庭風格，在廊柱上的雕刻非常精細，進入教堂內部，更會為它裝飾華麗的聖像畫及壁畫讚嘆不已。只可惜平時並不開放參觀，僅在做彌撒時才有幸一睹風采。

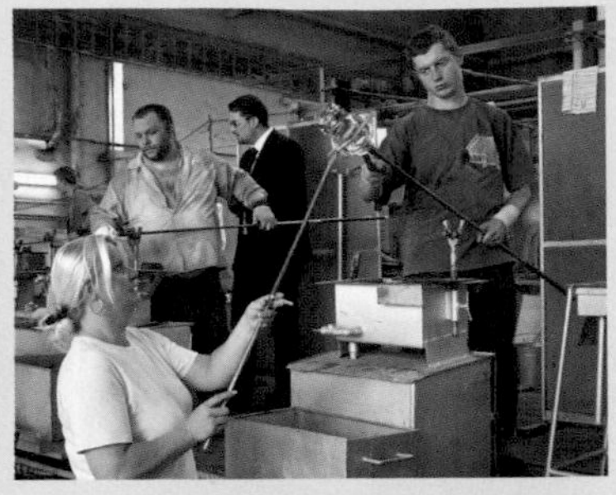

MAP ▶ P.156A2

摩瑟玻璃工廠

MOOK Choice

Sklárna Moser/Moser Factory & Museum

宛如水晶般華麗夢幻的玻璃藝術

掃地圖 

從市集站(Tržnice)搭巴士1、2、10或22號於Sklářská站下(第6站)，車程約12分鐘。 Kpt. Jaroše 46/19 353 416 132 博物館週一~週六9:00~16:00；玻璃工廠參觀行程週一~週六9:00~14:00 博物館全票130Kč、家庭票(2大人+2~3小孩)300Kč；工廠全票300Kč、家庭票(2大人+2~3小孩)650Kč，包含博物館門票；另有其他付費導覽行程 www.moser-glass.com 工廠參觀行程有人數限制，建議事先預約。

波西米亞水晶是捷克最夢幻的工藝品，但事實上它並不是「水晶」，而是質地細密的玻璃，正因為它質地細密且特別堅硬，因此可以在上面做精密的雕刻，經過設計的切割之後，可以像鑽石一樣互相折射產生柔和而耀眼的光芒，另外還可以使用化學藥劑蝕刻，產生毛玻璃的半透明質感，甚至可以和金、銀等金屬結合產生高貴華麗的設計。

最後這一項與純金融合的技術，正是Moser玻璃成為捷克之冠的主因，在工廠附設的博物館裡，你可以看到依年代產生的不同設計，其中有一系列酒杯，在杯口都鑲上金邊，順著玻璃表面的雕刻，還有金色絲線細細地順著刻痕流動，這是Moser的經典之作。從英國王室到維也納宮廷都擁有Moser的製品，最近一次受到王室青睞是2002年約旦國王購置了整套玻璃杯組作為接待貴賓用。

在距離溫泉鄉約15分鐘車程的摩瑟玻璃工廠，於1857年由路得溫・摩瑟(Ludwig Moser)設立，是摩瑟玻璃的發源地，來到這裡你不但可以在博物館裡看到各種系列的設計，還可以直接在此訂購。當然，最精采的莫過於參觀玻璃工廠，在高溫的環境中，看見三人一組的師傅們以精準的技術，將炙熱火紅的玻璃漿吹成設計圖所畫的形狀，一氣呵成。而這些吹成形的器皿冷卻後還要繼續進行切割、磨光等各種繁複的工作，但後者屬商業機密的一部份，所以不對外開放展示。捷克玻璃的魅力令人愛不釋手，尤其低價位的葡萄酒杯組(6只)讓人心動。如果覺得在當地購買攜帶不便，建議你回布拉格時再到位於舊城廣場附近的摩瑟玻璃專門店選購，亦可在工廠下單，布拉格取貨。

瑪麗亞溫泉鎮

瑪麗亞溫泉鎮
Mariánské Lázně/Marienbad

比起捷克另一個溫泉鄉——卡羅維瓦利，瑪麗亞溫泉鎮算是後起之秀，比較人工化、也更為商業化，許多豪華氣派的度假飯店建築大都在19世紀後期、20世紀初才如雨後春筍般出現，作家馬克吐溫、易普生、發明家愛迪生、音樂家蕭邦、華格納等人都曾經造訪過這裡。

瑪麗亞溫泉鎮和卡羅維瓦利相距不遠，事實上，瑪麗亞溫泉鎮屬於卡羅維瓦利州所管轄，所以兩地之間往來密切，每天都有密集的地方火車班次行駛，以利當地人通勤。沿線的小鎮多半以木材產業為主，包圍在森林及草原間，景色非常和諧美麗。

INFO

基本資訊

人口：約1萬4千人。 **面積**：51.81平方公里。

如何到達——火車

從布拉格中央車站每1~2小時就有直達車前往瑪麗亞溫泉鎮，車程約2.5小時；從皮爾森亦有班次密集的直達車，車程約1小時。

從卡羅維瓦利出發，可從卡羅維瓦利站(Karlovy Vary)搭乘捷克國鐵(ČD)抵達，歐洲火車通行證適用；若從卡羅維瓦利下城車站(Karlovy Vary dolni Nádraží)搭乘G.W.私鐵所經營的區間車，則歐洲火車通行證不適用，需另外買票。詳情可參考P.155。

瑪麗亞溫泉鎮火車站位於景點集中的鬧區南方約1.4公里處，步行需25~30分鐘，可從火車站對街搭巴士往Hlavni třída方向進入市區。

正確班次、詳細時刻表及票價可上網或至火車站查詢，購票可以到火車站櫃台或先於台灣向飛達旅遊購買。

◎捷克國鐵

www.cd.cz

◎歐洲鐵路

www.eurail.com

◎飛達旅遊

www.gobytrain.com.tw

如何到達——長途巴士

從布拉格Praha, ÚAN Florenc巴士總站到瑪麗亞溫泉鎮長途巴士站(Mariánské Lázně, aut.st.)每天有少數班次往返，需到Cheb換車，程車程約4小時。

瑪麗亞溫泉鎮長途巴士站和火車站相鄰，可從火車站對街搭巴士往Hlavni třída方向進入市區。

正確班次、詳細時刻表及票價可上網或至長途巴士總站查詢。

www.idos.cz

市區交通

可以步行遊覽大部份景點。當地巴士單程全票20Kč、半票(6~15歲)10Kč；如果有大件行李箱，每件需加付10Kč行李的車票。可上車後直接向司機購票，也可使用感應式支付全票18Kč、半票(6~15歲)9Kč、行李票9Kč。

旅遊諮詢

◎遊客服務中心

Poštovní 160/7

777 338 865

每天9:00~12:30、13:00~18:00

www.marianskelazne.cz

MAP ▶ P.168B1

溫泉迴廊

MOOK Choice

Kolonáda Maxima Gorkého/Colonnade

規模最大天然湧泉

掃地圖

從遊客服務中心步行約5~7分鐘可達。 十字溫泉6:00~18:00 免費

瑪麗亞溫泉鎮大部分建築風格都仿造17世紀巴洛克形式，但看起還是很新，其中最經典的就是這座長形的溫泉迴廊。儘管當地湧出的天然溫泉很多，但這座溫泉迴廊在當地卻是規模最大也最有名。

這棟雕工精細的溫泉迴廊雖有巴洛克式建築的華麗，卻是建於1889年的「新」建築，建築本身以黃色為主，搭配大量的白色鑄鐵列柱與裝飾，頂篷則彩繪著充滿神話意味的壁畫。迴廊中並沒有溫泉口，而是附設咖啡廳和商品店，夏季時常有樂隊在中央的小型舞台中演奏音樂，冬天戶外則成為聖誕市集的所在地，因此，此溫泉迴廊是遊客最密集的場所。

不過既然稱為溫泉迴廊，附近一定有溫泉口存在，在它北邊緊鄰的圓頂建築中，坐落著瑪麗亞溫泉鎮最早發現的泉源——十字溫泉(Cross Spring)，發現者涅和醫生(Dr. Joseph Johann Nehr)將此地溫泉療效向外界推廣，因此在這棟無數廊柱撐起青銅圓頂的樓閣中，設有他的紀念銅像。該建築中除了可以欣賞溫泉湧出出水口中的情景外，還設有多處汲水口，許多當地居民甚至將溫泉杯寄在一旁的存放處，以便每次來時都可以暢飲一番。

MAP ▶ P.168B1

音樂噴泉

MOOK Choice

Zpívající Fontána/Singing Fountain

會唱歌的水舞噴泉

掃地圖

從遊客服務中心步行約3~5分鐘可達。 5~10月7:00~22:00每兩小時整點演出一場 免費。

音樂噴泉是瑪麗亞溫泉鎮除了溫泉迴廊之外，最引人注目的一個景點，其實它的原名應該稱做「唱歌噴泉」(Singing Fountain)，原因是每隔兩小時，噴泉就會配合音樂的旋律，以水舞的方式展現不同的樣貌，讓人覺得噴泉好像在唱歌，而且共有多達11首歌曲輪流替換，因此即使一整天都很難遇到重複的曲目。

前有噴泉、後有富麗堂皇的溫泉迴廊，此處展現中世紀歐洲的浪漫風情，因而成為瑪麗亞溫泉鎮最佳的拍紀念照地點。

不同出水口，滋味各不同

無論是卡羅維瓦利還是瑪麗亞溫泉鎮，用溫泉杯或自己的水壺品嘗溫泉是其他地方無法享有的獨特樂趣，常可看到當地人帶著寶特瓶等容器專程前來取水喝。即使出水口很靠近，每個溫泉不但溫度不太一樣，滋味也不太一樣，有的有鐵鏽似的怪味，有的則微酸還帶著氣泡、近似汽水還不錯喝，建議一開始不要貪心，先喝一點試試味道，選出最適合自己口味的溫泉再裝一壺慢慢享用即可。

MAP ▶ P.168B1

魯道夫溫泉

MOOK Choice

Rudolfův Pramen/Rudolf Spring

北部溫泉的源頭

掃地圖

從遊客服務中心步行約3~5分鐘可達。 24小時 免費。

魯道夫溫泉的位置就在音樂噴泉的南端，它的水質非常自然，含氧化鐵與大量的鈣，至於其他礦物成分則很低，非常適合飲用。由於水量充足，從地底接水管將泉水引到北邊的十字溫泉及卡洛琳溫泉，成為兩處溫泉的源頭。

魯道夫溫泉以奧匈帝國皇帝法蘭茲約瑟夫一世命名，如今覆蓋著泉源的木製走廊，最初出現於1902年，仿希臘的新古典主義建築非常俐落大方。迴廊後方坐落著當地最大的教堂——聖母升天教堂，每到黃昏都會傳來鐘聲，讓整個溫泉城鎮顯得格外安詳。

MAP ▶ P.168B1

聖母升天教堂

Kostel Nanebevzetí Panny Marie/ Roman Catholic Church of the Virgin Mary Assumption

各地藝術家和工匠創作結晶

掃地圖 

從遊客服務中心步行約8分鐘可達。 Goethovo náměstí 110/31 354 622 434 週五~週日14:30~17:00 免費。 www.farnostml.cz

一道石頭階梯，通往黃白兩色相間的新拜占庭式建築，讓人必須仰望的聖母升天教堂高聳的雙塔建築，給人一種異常莊嚴的感受。

興建於1844~1848年間，這間教堂由Teplá修道院的院長Marian J. Heinl推動興建，其矩形的巴西利卡式教堂設計，取代了打從1820年便已聳立於此的聖母瑪麗亞誕生禮拜堂(Chapel of the Birth of the Virgin Mary)，而它的設計師正是Teplá修道院的建築師Anton Thurner of Přimda，以及來自布拉格的建築師兼雕刻師Joseph Kranner。

聖母升天教堂內部的裝飾是許多藝術家和手工藝匠共同創作的結晶，像是來自巴伐利亞和布拉格的泥水匠、維也納和布拉格的畫家，以及來自布拉格的雕刻師等等。至於教堂中最引人注目的地方在於獻給聖約翰和聖諾伯的祭壇，以及1886年時由布拉格畫家Mathauser創作的聖十字座架等。此外，教堂的鐘歷史回溯到1835和1847年，不過可惜的是部份的鐘在世界大戰期間遭到沒收。

MAP ▶ P.168A2

迴廊溫泉薄餅

Kolonáda lázeňské oplatky

超過160年的甜美滋味

掃地圖 

從遊客服務中心步行約2~3分鐘可達。 Hlavní 122 354 623 131 8:00~18:00 www.oplatky-kolonada.cz

在18、19世紀瑪麗亞溫泉鎮最冠蓋雲集的年代，溫泉薄餅(lázeňské oplatky)是當時最流行的甜點，「迴廊」是1856年在瑪麗亞溫泉鎮創立的品牌，把古老的傳統配方保存至今。最初有香草和榛果口味，1923年Josef Homolka又研發了巧克力口味，是當地最具代表性的伴手禮。專賣店裡附設小小的咖啡廳，不妨先買一片就地品嘗，再決定要不要整盒帶回家。

MAP ▶ P.168B1

歌德廣場

Goethove náméstí/Goethe Square

德國作家歌德居留處

從遊客服務中心步行約8分鐘可達。

偉大的德國作家歌德早年便開始四處學習、遊歷，到了中年時更積極前往歐洲其他國家旅行，他在1821年時來到了當時甫開發成為溫泉勝地的瑪麗亞溫泉鎮，並在此逗留了一段時間，也因此才有了這座紀念廣場的存在。

如今在廣場的東北邊設立了一尊歌德的雕像，端坐於椅子上的他充滿沉思之情，不過這尊雕像是1993年時重新雕刻的成果，因為原本那尊揭幕於1932的5月15日、用來紀念他過世一百週年的雕像，於第二次大戰期間不幸遭到摧毀。

瑪麗亞溫泉鎮博物館
Městské muzeum/Town Museum

Goethovo náměstí 11　354 622 740
3~12月週二~週日09:30~17:30；週一休　博物館全票90Kč、半票50Kč，美術館50Kč；持卡羅維瓦利地區卡免費　www.farnostml.cz

比歌德雕像更北一點的地方，有一棟位於街角的白色建築，如今當成博物館使用的它，曾是歌德旅居瑪麗亞溫泉鎮時的住所，在它今日對外開放的展示品中，除了歌德使用過的家具外，還包括與當地歷史相關的展覽。

MAP ▶ P.168E3A2

新溫泉療養所

Nové Lázně

享受高檔泡湯療程

從遊客服務中心步行約5~6分鐘可達。
Reitenbergerova 53　354 644 300
www.ensanahotels.com/en/health-spa-hotels/destinations/czech-republic/marienbad

這座1896年開幕的建築非常氣派，位置就在魯道夫溫泉南側，儘管它最初由本鎮的創立者Karel Kašpar Reitenberger興建於19世紀初，然而最後落成時的面貌卻是一棟與當初的構想截然不同的建築。到了19世紀末，為了他的常客英國國王愛德華七世，新溫泉療養所再次重建。不過至今，新溫泉療養所依舊保留了它原本的內部結構，包括羅馬浴池以及多位國王的皇室客房。目前由五星級飯店Ensana Health Spa Hotel Nové Lázně所經營。如果你不想光是用喝的方式體驗捷克的溫泉鄉魅力，不妨到新溫泉療養所感受有別於亞洲的泡湯樂趣。

布傑約維采
České Budějovice/ Ceske Budejovice

西元13世紀，當波西米亞王國勢力漸漸擴張之時，普熱米斯爾·奧托卡二世(Přemysl Otakar II)在南波西米亞建立了一個貿易都市，也就是今日的布傑約維采(České Budějovice)。由於它的位置正好位於中歐的交通樞紐，不但最重要的鹽必須經由此地送往歐洲各地，附近銀礦場所產的純銀也在此集散，16世紀時儼然發展成為一個頗具規模的工商業大城。

除此之外，這個地方最吸引人的莫過於它所釀造的啤酒Budweiser Budvar，它與皮爾森(Plzeň)並列為兩大波西米亞啤酒釀造城，現在市面上常見的百威啤酒的名稱，其實就是來自這裡！

INFO

基本資訊

人口：約9萬5千人。 **面積**：55.56平方公里。

如何到達——火車

從布拉格中央車站(Praha Hlavní nádraží)前往布傑約維采每天多班直達車，車程2~2.5小時；從皮爾森前來，車程約2小時；從庫倫洛夫前來，車程約50分鐘。從火車站到普熱米斯爾奧托卡二世廣場步行約15~20分鐘可達。

正確班次、詳細時刻表及票價可上網或至火車站查詢，購票可以到火車站櫃台或先於台灣向飛達旅遊購買。

◎捷克國鐵

www.cd.cz

◎歐洲鐵路

www.eurail.com

◎飛達旅遊

www.gobytrain.com.tw

如何到達——長途巴士

從布拉格Praha, ÚAN Florenc巴士站到布傑約維采巴士站(České Budějovice, aut. nádr.)，每天上午約有5班直達車前往，車程約2.5小時。長途巴士站和火車站相鄰，到普熱米斯爾奧托卡二世廣場步行約15~20分鐘可達。

正確班次、詳細時刻表及票價可上網或至巴士總站查詢。

www.idos.cz

市區交通

可以步行遊覽大部份景點。

旅遊諮詢

◎遊客服務中心

Náměstí Přemysla Otakara II 1/1 (市政廳內) 386 801 413 6~9月週一~週五8:30~18:00、週六8:30~17:00、週日10:00~16:00，1~5月、10~12月週一和週三9:00~17:00、週二、週四和週五9:00~16:00、週六9:00~13:00、週日休 www.budejce.cz

MOOK Choice

MAP ▶ P.175A2

普熱米斯爾．奧托卡二世廣場

Náměstí Přemysla Otakara II/ Přemysl Otakar II Square

不同風格建築群矗立

掃地圖

從火車站步行約15~20分鐘可達。

布傑約維采最主要的觀光中心，就是位於舊城中央的普熱米斯爾．奧托卡二世廣場，這裡早期曾是南波西米亞的市集。廣場呈正方形、長寬各為133公尺，是中歐少數幾個大廣場之一。

廣場周圍的建築從前都是有錢富商或貴族們的宅邸，同時也是全鎮最具代表性的建築群，它們的建造形式幾乎都保持著原有的模樣，1樓都是哥德式拱柱走廊，而2樓以上重新以文藝復興、巴洛克等樣式整修，與布拉格建築最大的差別，在於這裡的浮雕裝飾比較沒有那麼花俏，靠近屋頂的山牆幾乎都是簡潔的三角形、邊緣呈S型彎曲，是融合了波西米亞風格的文藝復興式造型，建築的窗台及屋簷也只有簡單的幾何及弧形裝飾。位於廣場4個角落的房舍——Mallner's House、Puklice's House、Saving Bank、Palace Včela、Brandner's House，都是值得仔細觀賞的經典佳作。

MAP ▶ P.175A2

參孫噴泉

Samsonova kašna/Samson's Fountain

以神話故事雕刻打造

掃地圖

從火車站步行約15~20分鐘可達。 náměstí Přemysla Otakara II

廣場中央巴洛克式雕刻的參孫噴泉，以大力士參孫降獅的神話為設計題材，由波西米亞石匠薩恰利亞(Zacharias Horn)及雕刻家Joseph Dietrich，於1721~1726年之間合力創作完成，是目前捷克最大的噴泉。這座噴泉不僅作為廣場的裝飾，還曾汲引伏爾塔瓦河(Vltava)的河水供給全城民眾使用。

編輯筆記

漂泊石Lost Rock

普熱米斯爾．奧托卡二世廣場在1937年之後都鋪上水泥地磚，只有一塊像貓頭一樣大小的石塊，保存著15世紀的原始樣貌，位置就在噴泉往Hotel Zvon方向走幾步路的地方。這塊石頭上淺刻著一個十字，為的是紀念1470年10位青年因反抗當時的政權而在此被處決。當地有個傳説，如果你不經意踩過這塊漂泊石，到了晚上10點以前還沒回家的話，就永遠都找不到回家的路……

布傑約維采

↖往赫魯博卡城堡 Hluboká Castle
↖往百威啤酒酒廠 Budějovický Budvar
Riegrová
Husova
Na sadech
馬利安斯凱廣場 Marinsk nm
波西米亞摩托車博物館 Jihočeské motocyklové muzeum
Nová
三個梨子套房旅館 U Tří hrušek Suites & Apartments
Masné krámy Restaurant
潘斯卡街Panská
捷斯卡街Česká
Hradební
Rudolfovská
Štítného
Chelčického
Krajinsk
Hotel Klika
普熱米斯爾・奧托卡二世廣場 náměstí Přemysla Otakara II
Hroznov
黑塔Černá věž
聖母教堂修道院 Klášterní kostel obětování Panny Marie Marie
聖尼古拉教堂Katedrální chrám sv. Mikuláše
參孫噴泉 Samsonova Kašna
Kanovnick
Lannova
Lannova
火車站
市政廳 Radnice
Grand Hotel Zvon
音樂廳及聖安娜教堂
Na sadech
Jeronýmova
Dvořkova
Nádražní
匹亞李斯廣場 Piaristické náměstí
Karla IV
Žižkova
巴士總站
Hotel U Solné brány
梅利・皮佛瓦飯店 Hotel Malý Pivovar
Široká
Pivnice Budvarka
Pilsner Urquelle Original Restaurant
Dukelsk
南波西米亞博物館 Jihočeské museum
Žižkova
圖例 景點 教堂 博物館 飯店 火車站 廣場 遊客服務中心 餐廳 巴士站
Hotel U Tří lvů

MAP ▶ P.175A2

市政廳

Radnice/Town Hall

由牌坊山牆與蔥形青塔建構而成

從火車站步行約15~20分鐘可達。 náměstí Přemysla Otakara II 386 801 804 內部僅開放導覽行程參觀（周一、周三10:15起），詳細時間請洽遊客服務中心。 全票80Kč、半票40Kč，6歲以下免費 www.budejce.cz/en/activities/6-ceske-budejovice-town-hall

市政廳的建築形式屬於受波西米亞風格影響的巴洛克造型，最明顯的特色就是3個蔥型的青塔，而位於屋頂正中央牌坊狀的山牆，邊緣有S圓弧並以漩渦收尾的設計，則是波西米亞建築常見的特色。在屋簷上的4尊雕像，分別代表了「公平」、「勇氣」、「智慧」及「謹慎」，這也反映了當時人們的價值觀。

建築年代約在1727~1730年之間，由一座文藝復興式的老市政廳加上兩邊的房舍改建而成，市政廳的擴建，反映了18世紀初期布傑約維采在經濟上快速成長的跡象，同時也說明舊城內自治權力高漲。市政廳內部裝潢中最重要的就是儀式廳屋頂的壁畫，約完成於1730年，訴說所羅門王審判的神話故事。

另外，位於轉角的石柱上鑲嵌了一條金屬帶，推測是1765年製作的長度衡量標準，證實市政廳具有管理市場交易的權利及公信力。

MAP ▶ P.175B2

聖尼古拉教堂

MOOK Choice

Katedrála sv. Mikuláše/Cathedral of St. Nicholas

17世紀巴洛克建築之美

掃地圖

從普熱米斯爾．奧托卡二世廣場步行約1~2分鐘可達。 U Černé věže 71/4 386 350 455 週一~週五8:00 ~12:00，週一、週三15:00 - 16:30 免費 www.dekanstvicb.cz

聖尼古拉教堂最早建於14世紀，雖然在1518~1535年之間曾大肆整修，將它改建成一座尖塔高聳的哥德式教堂，但1641年時，教堂毀於一場大火，幸好當時募款極有效率，隔年隨即展開重建工程並於1649年完工，聖尼古拉教堂成為一座嶄新的巴洛克式建築。在正門入口有3座鑲嵌於牆壁壁龕中的雕像，分別是聖尼古拉、聖溫斯勒及聖奧瑞汀，由捷克雕刻家湯瑪斯．賽斯(Thomas Zeisl)於1683年完成。教堂內的裝潢在18、19世紀之間經過多次修改，最後以簡潔的形式保存下來，教堂周圍原本有座墓園，直到1784年因為城市擴建而拆除。

MAP ▶ P.175B2

黑塔

Černá věž/Black Tower

鐘聲飄揚安全防衛

掃地圖

從普熱米斯爾．奧托卡二世廣場步行約1~2分鐘可達。 U Černé věže 70/2 386 352 508 經常關閉，建議行前先確認有無開放。

高72.25公尺的黑塔位於聖尼古拉教堂斜前方，因顏色深褐而得名，其建於1550~1577年之間，它的作用除了以鐘響報時之外，從前還當作監視全城防備火災發生的警鈴。

現在黑塔開放給遊客參觀，在塔的內部必須繞過5個大鐘才能到達頂端展望台，這些大鐘

各有各的名字，鑄造於18世紀，其中最重的鐘Bumerin重達3429公斤！現在每天在城裡都能聽到從黑塔傳來的鐘響，根據當地人的描述，最美的鐘聲是在聖誕夜及元旦，所有的鐘都被敲響，此起彼落的聲音可傳到數百里之外！

MAP ▶ P.175A1A2

契斯卡街

Česká

鮮豔多彩的波西米亞街

掃地圖 

從普熱米斯爾．奧托卡二世廣場步行約2~5分鐘可達。

布傑約維采舊城中最迷人的兩條小巷，就是契斯卡街(Česká)和旁斯卡街(Panská)，其中契斯卡街又稱波西米亞街，許多建築都展現波西米亞傳統風貌，在這兒你不但可以發現許多鮮豔的色彩，牆壁上的繪畫裝飾、靠近屋頂的山牆形狀都充滿趣味和想像力，其中位於角落的Luba's House採用哥德後期建築風格，斜切的窗台非常引人注目。

三個梨子套房旅館

U Tří hrušek Suites & Apartments

掃地圖 

Česká 236/23　386 322 141　www.utrihrusek.cz/index.php/en

在韻味十足的契斯卡街上，許多老房子跟隨潮流已經紛紛改建成民宿、精品店或是個性商店。這間2015年才開幕的小型旅館，建築外觀的確就雕刻著三個梨子作為家徽；雖然是頗具歷史的建築，但內部已整修得新穎而現代，甚至有電梯，不必擔心沉重的行李。

三個梨子共有17間客房，內部空間寬敞，基本配備齊全，部分套房還附設廚房用品，可自行烹調食物；床鋪、枕頭等經過精心挑選，睡起來相當舒適。服務人員的英語溝通能力很強，能提供充分的旅遊資訊。旅館所在位置就在舊城區偏西北隅，無論步行或是搭公車，前往各主要景點都非常方便。更棒的是房價不貴，是探索本地頗理想的根據地。

MAP ▶ P.175A1A2

旁斯卡街

Panská

臥虎藏龍的貴族街

掃地圖 

從普熱米斯爾．奧托卡二世廣場步行約2~5分鐘可達。

旁斯卡街又稱為貴族街，然而它卻沒有一絲華麗的綴飾，顯得寧靜純樸，抬頭可以看到位於盡頭的高塔Rabenstein Tower，這是從14世紀就保存下來的防禦監哨塔。在這一區逛的時候要特別細心，因為許多紀念品店、酒吧都藏身在古老的花園宅院後面，一不留神就會錯過。

摩拉維亞

Morava/Moravia

摩拉維亞

捷克東部為摩拉維亞地區，在行政區分上再分為北摩拉維亞和南摩拉維亞，這塊土地土壤肥沃，摩拉瓦河(Morava)流貫其中，在昔日的大摩拉維亞帝國時代曾經繁榮一時。

然而幾百年來，以布拉格為首的波西米亞大放光彩，以至於一般人對摩拉維亞幾乎沒有印象，但是提到米蘭・昆德拉(Milan Kundera)這位著名的捷克作家，幾乎無人不知、無人不曉，他的《玩笑》、《生命中不能承受之輕》等作品被翻譯成各國語言，是國際級的作家。然而很少人知道，他就是出身摩拉維亞的布爾諾，在他第一部得獎作品《玩笑》中所描述的民族音樂演奏及慶典遊行，其實就是來自於摩拉維亞的傳統。而捷克最著名的兩項特產——啤酒與水晶，其實也和摩拉維亞地區息息相關，只是現在它們都冠上波西米亞的名稱在世界上發光。

布爾諾
Brno/Brno

捷克境內包含了兩個不同的民族：波西米亞與摩拉維亞，其中摩拉維亞自古以來的首都就是布爾諾，也是捷克第2大都市和重要的工業城。

作為摩拉維亞首府期間，布爾諾留下了許多珍貴的文化遺跡，在山丘城堡、教堂和博物館中，都能見證其風華歷史，著名的生物學家孟德爾(Gregor Mendel, 1822~1884)名留青史的豌豆遺傳實驗，就是在布爾諾郊區的修道院進行；而以《生命中不能承受之輕》在世界文學大放光彩的捷克作家米蘭‧昆德拉也出身於布爾諾，在他第一部得獎作品《玩笑》中所描述的民族音樂演奏及慶典遊行，就是來自於摩拉維亞的傳統。

在布爾諾，除了可觀賞許多精采的景點，還可搭乘火車到Blansko，參觀罕見壯觀的鐘乳石洞，為此行增添更多色彩。

INFO

基本資訊

人口：約37萬9千人。 **面積**：230.19平方公里。

如何到達——火車

從布拉格中央車站前往布爾諾中央車站(Brno Hlavní nádraží)的火車班次頻繁，每天正常通勤時間幾乎每小時都有一班直達車，車程約2小時40分至3.5小時。到了布爾諾中央車站後，過了對街即可進入市區，步行約8~10分鐘可達。

正確班次、詳細時刻表及票價可上網或至火車站

查詢，購票可以到火車站櫃台或先於台灣向飛達旅遊購買。

◎捷克國鐵

www.cd.cz

◎歐洲鐵路

www.eurail.com

◎飛達旅遊

www.gobytrain.com.tw

如何到達——長途巴士

從布拉格Praha, ÚAN Florenc巴士總站到布爾諾每天約有十幾班直達車，依班次和時間不同，計有Brno, Benešova tř. hotel GRAND、Brno, Autobusové nádraží、Brno, Úzká、Brno, Zvonařka和Brno, ÚAN Zvonařka等5個巴士站可以停靠，搭乘時請務必留意停靠站；其中前兩者離市區較近，步行10分鐘內即可進入市區，其他則可能要步行20分鐘以上。車程皆約2.5小時。

正確班次、詳細時刻表及票價可上網或至巴士總站查詢。

www.idos.cz

市區交通

可以步行遊覽大部份景點。

旅遊諮詢

◎遊客服務中心(布爾諾中央車站)

Nádražní 1 ☎725 518 113

每日9:00~12:45、13:30~17:00

◎遊客服務中心(舊市政廳)

Radnická 8

☎542 427 150

每日9:00~18:00

www.gotobrno.cz/en/

MAP ▶ P.185B3

自由廣場

MOOK Choice

Náměstí Svobody/Freedom Square

繁華的市中心地帶

掃地圖

從火車站步行約8~10分鐘可達。

從火車站對面的馬薩里克大街(Masarykova)一路慢慢閒逛，便能看到一個寬闊的廣場——自由廣場，它不僅是布爾諾市區中心，也是最主要的繁華地段，周圍有許多商店、咖啡店和餐廳，是觀光客三三兩兩聚集談天的地點，展現無限活力。

馬薩里克大街到自由廣場之間，有許多販售紀念品和服飾的商店，著名的波西米亞水晶當然在此也能找到蹤跡，主要服飾品牌也都在此設有分店，其他如刺繡、陶瓷、繪畫，或是銀行、咖啡店、餐廳都比肩相鄰，觀光客很容易在此滿足所有旅途中的需求。

MAP ▶ P.185B3

包心菜廣場

Zelný Trh/Cabbage Market

清新的蔬果市場

掃地圖

從自由廣場步行約3~5分鐘可達。

位於布爾諾市區的包心菜廣場，13世紀建城時便已存在。在過去，這裡是貿易中心，賣雞、鴨、魚的，從事鐵匠、陶工、製鞋、做衣服的……全都在這裡擺攤交易，非常熱鬧。今日，這些商人已不復見，取而代之的是販賣蔬菜、水果和花卉的小販，讓人可以感受其清新又不失活力的一面。

廣場上有座巴洛克式的帕納斯噴泉(Parnas Fountain)，建於1690~1695年間，噴泉中央是空心石雕，石雕外有三尊人像，分別代表古巴比倫王朝、波斯和希臘，最上面的勝利女神雕像則代表歐洲。

MAP ▶ P.185A2

舊市政廳

Dolni náměstí/Lower Square

融合不同時代藝術演進建築

從自由廣場步行約3~5分鐘可達。 Radnická 8 542 427 150 1~3月週五~週日10:00~18:00，4月每天10:00~18:00，5月每天10:00~20:00，6~9月每天10:00~22:00，10月每天10:00~21:00，11月週日~週四12:00~19:00(週五~週六至21:00)，12月週一~週四14:00~20:00、週五12:00~22:00、週六10:00~22:00、週日10:00~20:00 全票90 Kč、半票50 Kč、6歲以下免費；持布爾諾卡免費 www.gotobrno.cz/en/place/old-town-hall/

建於1240年，是城內最古老的非宗教性建築物，1373~1935年就一直當作市政廳之用，整個建築融合了哥德、文藝復興和巴洛克等不同風格，代表了布爾諾不同時代的建築藝術演進。仔細瞧瞧正門的巴洛克式塔樓的話，中間的一座聖人柱像頂端竟然彎曲了，據說在1510年時的市議會拒絕支付建築師Anton Pilgram建造費用，Anton一氣之下便將象徵司法正義的雕像彎曲做為報復。

市政廳的2樓過去是議員開會的議事廳，現在則有盔甲、錢幣和攝影展，從這裡再往上可以登塔，在63公尺高的塔頂欣賞布爾諾的美景。1樓則有遊客服務中心，遊客可以在這裡詢問或獲取旅遊相關資訊。

布爾諾卡Brnopas

布爾諾旅遊中心推出的布爾諾卡，可以再1、2或3天的期限內，以免費或優惠折扣參觀布爾諾的景點、博物館、購物、行程活動等等。布爾諾卡可以事先上網購買，或直接到遊客服務中心購買。

全票1日券290Kč、2日券390Kč、3日券490Kč，半票(15歲以下) 1日券190Kč、2日券290Kč、3日券350Kč www.gotobrno.cz/en/brnopas

MAP ▶ P.185B3

摩拉維亞博物館

Moravské zemské muzeum/The Moravian Museum

捷克第2大博物館

從自由廣場步行前往約4~6分鐘可達。 Zelný trh 6 533 435 220 依展覽廳別不同約9:00~17:00(詳細時間表及公休日請上網或至櫃台查詢) 門票價格依展覽廳別不同；持布爾諾卡享7折優惠(部分展廳) www.mzm.cz

布爾諾曾為摩拉維亞王國首都數百年，自然保存了許多摩拉維亞的珍貴文化遺產和歷史遺跡，這些文物目前存放於布爾諾摩拉維亞博物館中。摩拉維亞博物館不僅是捷克最大、最古老的博物館，也是整個捷克第2大博物館。

摩拉維亞博物館完整而有系統地展現所有摩拉維亞地區的發展歷史和發展過程，特別著重於史前和中古時期，礦石遺跡、生活工具、建築房舍的演進等都非常詳細，雖然都以捷克文呈現，參觀者仍可在標本模型的輔助下有概括的認識和了解。

MAP ▶ P.185A3

聖彼得與聖保羅大教堂

MOOK Choice

Katedrála sv. Petra a Pavla/ St. Peter and Paul Cathedral

新哥德式建築地標

從自由廣場步行約6~10分鐘可達。 Petrov 9 543 235 031 教堂週一~週五8:15~18:30、週六~週日7:00~18:30；高塔和地下室冬季(10~4月)週一~週六11:00~17:00(週日12:00起)，夏季(5~9月)週一~週六10:00~18:30(週日12:00) 教堂免費，高塔和地下室全票40 Kč、半票30 Kč；持布爾諾卡免費 www.katedrala-petrov.cz/index.php/cz/

位於山坡上的聖彼得與聖保羅大教堂是布爾諾最顯著的地標，從城內任一角落都可看得一清二楚，兩個高聳的尖塔是它身為新哥德式建築的最佳標記。

這個教堂的傳奇故事起源於中午11點的鐘聲，1645年瑞典軍隊前來攻打布爾諾，瑞典將軍宣稱如果不能在中午以前占領整個城市的話，就會撤兵，沒想到11點整，正當瑞典軍隊要爬越教堂圍牆時，教堂鐘聲響起，居然不多不少敲了12下，瑞典將軍以為已經12點了，便遵守諾言撤兵，免去一場兵戎之禍。一直延續至今，聖彼得與聖保羅教堂每到上午11點就會敲鐘12下。

如果要居高臨下欣賞布爾諾市景，可以爬124個階梯登上教堂塔頂。教堂內部的欣賞重點是教堂正面的彩色玻璃，以及位於另一面的壯觀管風琴。

MAP ▶ P.185A1

契斯卡街

Česká

濃重商業氣息街道

掃地圖 

從自由廣場步行約1~2分鐘可達。

位於自由廣場北側的契斯卡街，是布爾諾最熱鬧的商業街，兩旁盡是商店、餐館和旅館，很多台灣人喜愛的品牌，如Benetton、H & M、Mango、Zara、Puma、Adidas……在這裡都買得到，而且只要是外國觀光客在同家店當天購物滿2,000kc，也大多提供退稅服務。但如果沒有逛街的欲望，就別往這裡鑽，因為滿滿的人潮像是沒關上的水龍頭水一般，不斷地從街道的那一頭湧入，行人的步伐又特別快，有時情緒會隨之緊繃了起來。

MAP ▶ P.185A1

聖湯姆斯教堂

Kostel sv. Tomáše/St. Thomas Church

參觀摩拉維亞文物展

掃地圖 

從自由廣場步行前往約1~2分鐘可達。 Lidická 1981/6 545 572 215 週一9:00~11:00，週三9:00~11:00、15:00~17:00。 www.svtomas.net

1350年時所建，早期為基督教會的修道院，在「三十年戰爭」遭受嚴重破壞，於1665~1675年重新建立時，改為聖湯瑪斯教堂，並以巴洛克的型式重現，時至今日保存下來的部分，僅有1385年所建的聖母哀子石雕像。

現在教堂的一部份做為摩拉維亞展示廳(Moravian Gallery)，裡頭有關於摩拉維亞地區文物的永久展覽，還有一座有關拿破崙於1805~1809年停留布爾諾的紀念碑。

MAP ▶ P.185B1

圖根哈特別墅 MOOK Choice

Vila Tugendhat/Villa Tugendhat

UNESCO 20世紀初前衛建築

掃地圖 

搭乘電車7、9號於Dětská nemocnice(Children's Hospital)站下，下車往北沿Černopolní Street循指標步行前往約15分鐘可達。 Černopolní 45 515 511 015 3~10月週二~週日10:00~18:00、11~2月9:00~17:00，週一休。 導覽行程依內容不同全票150~400 Kč、半票100~250 Kč，花園50 Kč；6歲以下免費；持布爾諾卡免費參觀花園(視天氣狀況開放)，也可直接到遊客服務中心(Panenská 1)購票，但名額有限 www.tugendhat.eu

離布爾諾市區不遠的圖根哈特別墅，是知名德國建築設計師盧威密斯凡德羅(Ludwig Mies van der Rohe, 1886~1969)於1929年設計建造的，當時他應圖根哈特夫婦(Tugendhat)的要求，建立了這棟別墅，以做為新婚住所之用，然而，僅此一個簡單的目的，卻能於2001年登錄為世界文化遺產，勢必有其非凡之處。

其實初見圖根哈特別墅，一定會對其簡單的外觀感到失望，面對馬路的門邸就跟一旁的民居一樣，完全不起眼，甚至不小心就會讓人錯過；但一旦踏入別墅，便會發現它的確別有洞天。

圖根哈特別墅分成3層樓，乳白色的建築牆面充滿一種簡約時尚風格；由於沒有預算上限，密斯凡德羅利用許多上等、甚至外國進口的建材，如蜜黃花紋瑪瑙、石灰華、黑檀木、玻璃、鍍鉻的鋼鐵，打造一所前所未有的高級寓宅。建築過程使用了特殊的採光、通風、玻璃帷幕和室內加熱設計，深具巧思，像是樓下的主空間，分為書房、客廳和餐廳三部份，觸目所及，全是充滿時尚感的精緻家具和盆栽裝潢，這些家具從桌椅到櫃子的設計，皆兼具美學和實用價值；兩側牆面是大片的玻璃落地窗，從這裡可以直接欣賞到戶外的花園美景，也能掌握每分每秒的光影變化，感覺坐在家中，就在欣賞一幅四時風情畫，這種結合住宅與花園，考量光學的物理設計，極具現代化；更特別的是，落地窗具有空調和暖氣的小開關，並同時具備電動升降功能，可隨意開闔，不但將輕風或日照送入室內，鳥鳴也不絕於耳，這些在當時的年代，不但是發明創舉，也都是超出想像的高水準作品。

圖根哈特夫婦自1930年入住後，只待了8年就因納粹入侵而逃離，所幸這棟建築仍完整地保留下來，不論就創意、建材、美學……各個角度來看，即使在今日，也堪稱新穎時尚，何況在20世紀初的當時，更被視為前衛獨特的作品，深具藝術與建築價值，是不少建築師必定朝拜的經典範本。這樣的創舉也讓它成為現代建築史重要的一頁，並獲得世界文化遺產的殊榮。

特別留意的是，圖根哈特別墅無法自由參觀，需事先預約參加每整點的導覽行程，而且建議1個月前就預約。

MAP ▶ P.185A2

史皮爾柏城堡

Hrad Špilberk/Spilberk Castle

昔日軍事要塞和監獄

掃地圖 

從自由廣場步行前往約10~15分鐘可達。 Špilberk 210/1 542 123 611 每日9:00~17:00；10~3月每週一休 博物館全票160Kč、半票95Kč；瞭望塔全票90Kč、半票55Kč(視天氣狀況開放)；導覽行程依內容不同全票120~140Kč、半票70~855Kč；持布爾諾卡免費參觀，不含導覽行程費用 www.spilberk.cz

史皮爾柏城堡建於13世紀，向來為國王的住所，同時扮演了重要的防禦角色，18世紀被改建為軍事要塞和監獄，囚禁了許多不同國家反奧匈帝國的囚犯，第二次世界大戰期間，還被占領此

地的納粹作為監獄之用，目前雖已設立博物館對外開放，但仍散發一股陰森淒涼的氣氛。

參觀完監獄博物館，沿著山波緩步上行，繞了一圈後抵達城堡上層的另一個博物館——布爾諾市政博物館，這個博物館有3個主要展區：「文藝復興迄今藝術展」、「布爾諾歷史回顧展」與「布爾諾建築演進」。史皮爾柏城堡居高臨下，青蔥綠地十分幽靜，在此漫步遠眺布爾諾的街道，別有靜謐輕鬆的感受。

MAP ▶ P.185A1

摩拉維亞喀斯特地形

Moravský kras/Moravian Karst

歎為觀止天然鐘乳石景

掃地圖 

位於布爾諾北方Blansko；需先從布爾諾中央車站(Brno hl.n.)搭火車到Blansko，每天約有十幾班班次，車程約30分鐘；出火車站左轉約100公尺即為公車總站，如果想直接前往Balčárka jeskyné鐘乳石洞，可在此搭公車6或7號，坐到Balcarka Macochy站下，就可到石洞售票處前；回程在對面搭車，每天約有5班班次。 Skalní mlýn 65, Blansko 516 413 575 各石洞時間不一，建議行前先上網確認最新開放時間；元旦、耶誕節休 依石洞和行程不同全票140~280Kč，半票(26歲以下、65歲以上)110~230Kč，孩童(3~15歲)80~150Kč；3歲以下免費 官網www.moravskykras.net；Blansko巴士www.krasobus.cz/indexen.html；Blansko遊客中心www.blansko.eu

摩拉維亞喀斯特地形位於布爾諾北方20公里處，以渾然天成、令人歎為觀止的鐘乳石洞聞名，是捷克相當重要的天然資產，鐘乳石區包括大小石灰岩洞約400個，各種鐘乳石以多種形貌呈現如石筍、石柱、蜂巢、峽谷等，讓人大開眼界。

摩拉維亞喀斯特地形的旅客中心Skalní Mlýn，提供鐘乳石洞相關資訊及售票服務。最大也最多人參觀的鐘乳石洞是Punkevní jeskyné，距離

Skalní Mlýn步行約15分鐘，因為深達140公尺的Macocha深淵就在這裡，吸引無數遊客造訪，參觀行程中還包括一段地底河流渡船之旅，最後結束於Macocha深淵的底部。但必須注意的是這裡交通十分不便。

另一個比較小的石洞Balčárka jeskyné，可從Skalní Mlýn中心步行2公里，或是直接從Blansko搭乘公車前往。Balčárka jeskyné是這些岩洞中較小的一個，50分鐘的導覽行程中可以見識各種鐘乳石地形的奧妙，700公尺長的行程蜿蜒曲折，深入地中，解說員會用手電筒和輔助燈光詳加介紹，包括已有百千年歷史的史前遺跡。

除此之外，Skalní Mlýn周圍還有2個鐘乳石洞可以參觀：Kateřinská jeskyné和Sloupsko-Sošuvské jeskyné，不過自行前往交通不便，因為Blansko到Balčárka jeskyné每天來回只有1班公車，若沒搭上車，步行距離為8公里。

特爾奇
Telč/Telc

原以木結構為建築主體的特爾奇山城，在14世紀遭逢一場大火後，四周便圍繞著城牆和護城河，房舍並以石頭建造；到了15世紀晚期，建築風格以哥德式為主。

1530年的大火讓這個城鎮再度面臨重建，此時的建築結合了哥德式、文藝復興、巴洛克或洛可可樣式，像是哥德式拱形廳門、文藝復興式的外觀及樓梯，和文藝復興式或巴洛克式的山形牆……這些建築至今仍完整保存下來，充滿了夢幻風格，讓人來到這裡，會以為走進了童話世界，而非現實的城鎮。

特爾奇整個城鎮不大，如果走馬看花，2~3小時就可以逛完，儘管如此，它仍值得你花時間到此一遊。目前整個城鎮已列為世界遺產。

INFO

基本資訊

人口：約5千9百人。 **面積**：24.86平方公里。

如何到達——火車

從布拉格前往特爾奇沒有直達車，而且至少要再轉2~3班火車才能抵達，因此較建議搭乘巴士前往；從布傑約維采或布爾諾前往，需先搭2小時火車至Kostelec u Jihlavy，再轉40分鐘地方火車方能抵達，班次不多，總車程3.5小時以上。

如何到達——長途巴士

從布拉格Praha, ÚAN Florenc巴士總站到特爾奇巴士站(Telč, aut. nádr)每天約有3班直達車，車程約2小時50分；從布傑約維采或布爾諾前往，車程約2小時。從巴士站步行到薩哈利亞修廣場約12~15分鐘可達。

正確班次、詳細時刻表及票價可上網或至巴士總站查詢。

www.idos.cz

市區交通

可以步行遊覽大部份景點。

旅遊諮詢

◎遊客服務中心

náměstí Zachariáše z Hradce 10

567 112 407

4月週一和週三8:00~12:00、12:30~17:00，週二、週四~週五8:00~12:00、12:30~16:00，週六~週日10:00~12:00、13:00~16:00；5月、9月週一~週五8:00~12:00、12:30~17:00，週六~週日10:00~12:00、13:00~17:00；6~8月8:00~17:00(週六~週日10:00起)；10月週一~週五8:00~12:00、12:30~17:00，週六~週日10:00~12:00、13:00~16:00；11~3月週一和週三7:30~12:00、12:30~17:00，週二、週四~週五8:00~12:00、12:30~16:00

www.telc.eu

Where to Explore in Telč/Telc
賞遊特爾奇

MAP ▶ P.190A2

上城門與聖靈教堂

Horni brána & Kostel sv. Ducha/Upper Gate & Church of the Holy Spirit

進入迷人小鎮的起點

掃地圖

掃地圖

從薩哈利亞修廣場步行約1~3分鐘可達。 Náměstí Zachariáše z Hradce 93 聖靈教堂高塔567 112 407 聖靈教堂高塔4、5、10月週五~週日10:00~12:00、13:00~17:00，6~9月週二~週日10:00~12:00、13:00~17:00，其餘月份需前一日至遊客中心預約。 全票15 Kč、半票10 Kč。 聖靈教堂高塔因疫情不開放參觀。

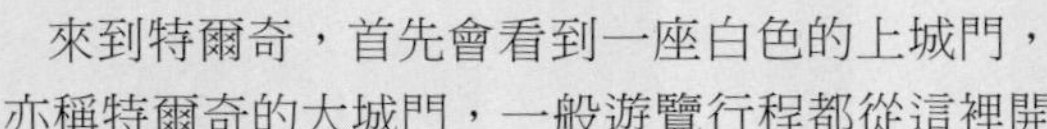

來到特爾奇，首先會看到一座白色的上城門，亦稱特爾奇的大城門，一般遊覽行程都從這裡開始。一進入上城門首先出現的便是聖靈教堂，這座建於13世紀的教堂高49公尺，以仿羅馬式建築型式建成，突出的哥德式尖塔則是於15世紀末重建的結果。教堂平時不對外開放，唯有高塔開放攀登，從這裡可以欣賞到整個廣場美景。

MAP ▶ P.190A1

聖詹姆士教堂

Kostel sv. Jakuba/Church of St. James

可登高望遠的美麗教堂

掃地圖

從薩哈利亞修廣場步行約2~5分鐘可達。 Náměstí Jana Kypty 72 604 985 398 鐘塔5和9月週六~週日13:00~17:00，6月週二~週六10:00~12:00、13:00~17:00 週日13:00~17:00，7~8月週一~週六10:00~12:00、13:00~18:00 週日13:00~18:00(視天氣狀況開放) 鐘塔全票40Kč

往城的西北方向前進，可以看到一座建於14世紀的聖詹姆士教堂，它同樣於大火中被摧毀，後來以晚期哥德式面貌重建。

在這座教堂，你可以看到自1725年留下來的管風琴，以及1879年保存至今的仿哥德式祭壇。比較特別的是，兩側牆面豎立了第一次世界大戰和第二次世界大戰的紀念碑，上頭是在戰役犧牲者的墓誌銘，具有警世和紀念意味。教堂的哥德式鐘塔高62公尺，是登高望遠好所在，想眺望整個特爾奇城鎮美景的話，這裡值得你購票上去欣賞。

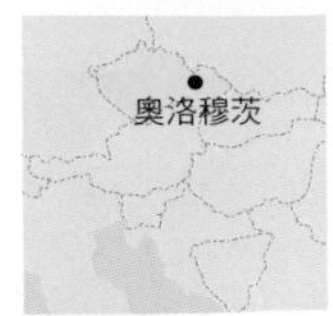

奧洛穆茨

Olomouc/Olomouc

奧洛穆茨位居摩拉維亞中樞位置，有「北摩拉維亞最美城市」的稱譽。

這座城市的歷史回溯到西元10世紀，當時因作為重要的貿易轉運站而開始繁榮，其後甚至有段時期成為摩拉維亞的首都。然而，奧洛穆茨不幸在「三十年戰爭」期間慘遭破壞，整個城市也開始沒落，直到18世紀時才展開大規模的重建。

今日的奧洛穆茨有超過10萬居民，是捷克第五大城市，也是知名的大學城(包括建於1573年、全國第二古老大學)，並擁有僅次於布拉格最多具歷史價值性的建築古蹟；漫步街頭，你可以同時感受現代清新和傳統古樸的不同風貌，其中著名的聖三位一體紀念柱(Sloup Nejsvětější Trojice)是最重要的觀光點，其於2000年已被列為世界文化遺產。

INFO

基本資訊

人口：約10萬人。 **面積**：103.36平方公里。

如何到達——火車

從布拉格中央車站前往奧洛穆茨中央車站(Olomouc Hlavní nádraží)每天有數十班直達車，平均每30分鐘到1小時就有一班車，車程約2~3小時；從布爾諾前來，車程約1.5小時。

從奧洛穆茨中央車站到市區約需步行30分鐘，亦可在車站前的Kosmonautů站搭電車1、7、5號於U Sv.Mořic站下。

正確班次、詳細時刻表及票價可上網或至火車站查詢，購票可以到火車站櫃台或先於台灣向飛達旅遊購買。

◎**捷克國鐵**

www.cd.cz

◎**歐洲鐵路**

www.eurail.com

◎**飛達旅遊**

www.gobytrain.com.tw

如何到達——長途巴士

從布拉格Praha, ÚAN Florenc巴士總站到奧洛穆茨巴士站(Olomouc, aut. nádr)車程約4~5小時；從布爾諾前來，車程約1~2小時。下車後可到中央車站前的Kosmonautů站搭電車1、7、5號前往市區。

正確班次、詳細時刻表及票價可上網或至巴士總站查詢。

www.idos.cz

市區交通

可以步行遊覽大部份景點。車資單程票18Kč、1日券46Kč。

優惠票券

◎**奧洛穆茨地區卡 Olomouc Region Card**

在有效日期內持「奧洛穆茨地區卡」可以免費參觀奧洛穆茨和週邊地區90多個景點，享有多家餐廳、商店、行程折扣等優惠，同時可以免費搭乘大眾交通工具。此卡可在遊客服務中心、各大景點或上網購買。

48小時全票240Kč、半票120Kč，5日卡全票480Kč、半票240Kč

www.olomoucregioncard.cz.

旅遊諮詢

◎**遊客服務中心**

Horní náměstí (在市政廳裡)

585 513 385

週一~週六9:00~19:00(週日至17:00)

tourism.olomouc.eu

奧洛穆茨

瓦次拉夫廣場 Václavské náměstí
奧洛穆茨總教區博物館 Arcidiecézní muzeum
U Dómu
聖瓦次拉夫教堂 Katedrála sv. Václava
聖安娜禮拜堂 kaple sv Anny
崔坦噴泉 Kašna Tritonů
共和廣場 Nám.Republiky
Poets Corner Hostel
Penzion U Jakuba
Apartment al Centro
墨丘利噴泉 Merkurova kašn
聖莫里茲教堂 Kostel sv. Mořice
上廣場 Horní náměstí
凱撒噴泉 Caesarova kašna
聖三位一體紀念柱 Sloup Nejsvětěší Trojice
Penzion Na Hradě
阿里安噴泉 Ariónova kašna
市政廳Radnice
天文鐘Orloj
遊客服務中心
大力士噴泉 Herkulova kašna
海神噴泉Neptunova kašna
Hotel Trinity
瑪麗亞紀念柱Mariánský Sloup
下廣場Dolni náměstí
天神噴泉Jupiterova kašna
←往Flora
往歐羅摩茲火車站→ Olomouc Hlavní Nádraží
Čechovy Sady
史麥塔納公園 Smetanovy Sady
Studentsk, Dobrovského, Legionářská, Sokolská, Opletalova, Hanáckého Pluku, Kozělužská, 8. května, 1. máje, Pekařská, Denisova, 28.října, Křížkovského, Michalská, Tř.Svobody, Pavelčákova, Mlýnská, Havlíčkova, Lafayettova, Havelkova

圖例 景點 博物館 教堂 廣場 飯店 餐廳 火車站 遊客服務中心

Where to Explore in Olomouc/Olomouc 賞遊奧洛穆茨

MAP ▸ P.195B2

上廣場

MOOK Choice

Horní náměstí/Upper Square

重要的旅遊起點

掃地圖

從火車站步行約30分鐘可達；或在中央車站前的Kosmonautů站搭電車1、7、5號於U Sv.Mořic站下。

上廣場是奧洛穆茨最熱鬧的廣場了，四周圍繞著商家、餐廳，廣場中有最著名的世界遺產古蹟──聖三位一體紀念柱，另外像是市政廳、天文鐘和大力士噴泉、凱撒噴泉、阿里安噴泉也在這裡，讓這裡不但是遊客漫步、休憩的好地方，也是重要的藝術古蹟觀賞重地。來奧洛穆茨觀光，幾乎就以此地為旅遊起點。

市政廳Radnice/Town Hall

585 513 385 禮拜堂+登塔導覽行程(Town Hall Tower Climb)週四~週五9:00起；每日固定導覽行程11:00及15:00(最少3人參加) 禮拜堂+登塔全票25Kč，12歲以下、持奧洛穆茨地區卡免費；語音導覽租借100Kč，持奧洛穆茨地區卡免費(需繳交300Kč訂金) tourism.olomouc.eu

建於1378年的市政廳，開始僅是簡單的木造建築，15世紀，在遭遇大火摧毀後面臨重建，市政廳也多了商業中心另一種功能。如今可以看到幾世紀以來不同的建築風格，包括1488年以晚期哥德型式建造的禮拜堂，其南面漂亮的凸窗是觀賞重點；東門建於1530年，具有文藝復興簡單理性、明亮寬敞的風貌；1607年建立的巴洛克式高塔，高達75公尺，目前開放遊客進入，讓人可以居高臨下欣賞城市風光。

天文鐘Orloj/Astronomical Clock

天文鐘因為第二次世界大戰遭受到嚴重的破壞，由於當時共產主義活躍，整修後的天文鐘面貌也大幅改變，像是原來聖人、修道院士和天使的雕塑，全都改成無產勞工階級人偶，看他們站在旋轉盤上，拿著工具辛勤的工作，造型極為有趣。天文鐘的凹壁表面則由當時著名的馬賽克裝飾藝術家Karel Svolinský，彩繪拼貼出國王軍騎和少女遊行的民俗故事；最下面則有2只大鐘和4只小鐘，上面的大鐘標示現在的時間，下面的大鐘則指出當日、週、月的位置和月之盈虧。

每天一近中午，當鐘面上的工匠人偶用鐵錘敲出12聲響後，音樂便開始響起，四組人偶也開始旋轉與工作，整個表演歷時約8、9分鐘，有足夠的時間讓你拍照留影。

MAP ▶ P.195E3

瓦茨拉夫廣場

Václavské náměstí/Wenceslas Square

欣賞歷史性建築的清幽廣場

從上廣場步行前往約10~12分鐘可達。

位於市中心東北方的瓦茨拉夫廣場，屬於奧洛穆茨的舊城區，不同於市中心的繁華熱鬧，這裡的遊客較少，廣場也顯得清幽寧靜，在此可以欣賞一些具有歷史性的建築。

奧洛穆茨總教區博物館 Arcidiecézní muzeum/Archdiocesan Museum

585 514 111 週二~週日10:00~18:00；週一休 常設展免費，特展全票60Kč、半票(7~18歲)40Kč；6歲以下、持奧洛穆茨地區卡免費 www.muo.cz/en 目前閉館整修中

總教區博物館的前身是12世紀建造的普熱米斯爾宮殿(Přemyslovský Palác)，順著規畫好的觀賞動線，可以好好欣賞過去皇室文物，尤其是15~16世紀的溼壁畫，和在1867年在主教廳重新被發掘出的羅馬牆壁和窗戶。

聖瓦茨拉夫大教堂 Katedrála sv. Václava/St Wenceslas' Cathedral

733 742 800 6:30~17:30(週日7:30起，週三至16:00) www.katedralaolomouc.cz/index.php

聖瓦茨拉夫教堂的兩座尖塔非常引人注目，尖塔高100.65公尺，是摩拉維亞地區第一高塔、捷克第二高塔。建立於1311年，原本是古羅馬會堂，後來因大火而面臨重建，到了1883~1892年，這座教堂終於以新哥德式的風貌保留至今。教堂旁則是聖安娜禮拜堂(Kaple sv. Anny)，這座造型簡單的晚期文藝復興風格的建築，是過去遴選奧洛穆茨主教的場所。

MAP ▶ P.195B3

下廣場

Dolni náméstí/Lower Square

奧洛穆茨第二大廣場

掃地圖

從上廣場步行約2~5分鐘可達。

上廣場與下廣場雖然相距不遠，氣氛卻相差很多，不過靠著瑪麗亞紀念柱、海神噴泉、天神噴泉等位於此處的觀光景點加持，還是不少人願意繞到這裡看看。瑪麗

亞紀念柱建於1716~1723年，主要是用來紀念在1713~1715年因黑死病過世的人。紀念柱的底層有8位聖人的雕像，他們皆是當年奮力抵抗黑死病的英雄們；聖母瑪麗亞的雕像則位於螺旋柱體頂端。

MAP ▶ P.195A2

聖三位一體紀念柱

Sloup Nejsvětější Trojice/The Holy Trinity Column

城市之光暨世界遺產

從火車站步行約30分鐘可達；或在中央車站前的Kosmonautů站搭電車1、7、5號於U Sv.Mořic站下。 Horní náměstí

掃地圖

位於上廣場的聖三位一體紀念柱高35公尺，是中歐地區最大的巴洛克式雕像，並於2000年時登錄為世界遺產。

建於1716年的聖三位一體紀念柱，耗時38年才完工，起初是由當地一名工匠Wenzl Render主動發起建造，他極積地參與募款、設計和監工，然而到了1733年，在整項工程僅完成最下層的小禮拜堂時，Wenzl Render便壯志未酬辭世了；儘管之後仍有幾位好手接任，也都未能在他們在世時親見它的落成，直到1754年，這項艱鉅的工程才在Johann Ignaz Rokický手中完工，當時全城歡欣鼓舞，成為整個摩拉維亞最重要、神聖的大事，連奧匈帝國女皇瑪麗亞·特瑞莎(Empress Maria Theresa)和夫婿都前來參加揭幕儀式。

紀念柱主要分成三部份，最上端是三位一體雕像，中間則是聖母升天雕塑，這些皆由當地著名雕刻家以鍍金青銅鑄成，雕像不但表情傳神、動作優雅，甚至連衣服的披拂褶皺看來也極為自然生動，這座聖三位一體紀念柱想要表現的，不是誇張繁複的巴洛克風格，而是一種和諧自然的建築範本。

紀念柱下層有個小禮拜堂，遊客可以入內參觀，外觀則有18位聖人石雕像，他們全是奧洛穆茨歷史上的重要人物。其實從這裡不難發現，聖三位一體紀念柱這麼受到注目，不僅是它在建築和藝術上的價值，從興建過程到人物雕刻，全與這個城市息息相關，甚至在它完工的4年後，奧洛穆茨遭受普魯士軍隊大舉入侵，市民仍勇敢地保護聖三位一體紀念柱，這種表現全民一心的團結精神十分難得，也讓人在欣賞這座建築時，充滿一種感性的心情。

MAP ▶ P.195B2B3

奧洛穆茨噴泉

MOOK Choice

Olomouc kašna/Olomouc Fountains

七大古典藝術噴泉

17~18世紀，在摩拉維亞這一帶的許多城鎮，為了飲水方便，建造了兼具實用性與美觀性的噴泉，只是後來在給水系統陸續建立後，大部份的城鎮就將噴泉給拆除了，只有奧洛穆茨當時的居民認為這些噴泉不但可以美化市容，而且要是遇到如火災等緊急情況，噴泉仍可派上用場，於是堅持保留下來。

時至今日，這些噴泉成為這個城市的主要景點，具有寶貴的藝術價值，其中最重要的有7座噴泉，只有1座是近年建造，其他6座都是17世紀末、18世紀初所建的巴洛克式噴泉，遊客來到這裡，也一定要好好觀賞，才不虛此行。

從市政廳旁的遊客服務中心進去，可以搭乘電梯登上鐘樓；鐘樓高69.5公尺，比火藥塔略高，是觀賞布拉格「百塔之城」的絕妙位置，花點門票錢欣賞這樣的美景，絕對值得。

旁邊幾幢建築物分別是舊議會和短期展覽場地，在1338年時，市政廳建築本來是獨立在廣場邊緣，後來幾經擴建，與西側的富商房舍米克斯之屋(Mikš House)、柯浩塔之屋(U Kohouta House)合併而有了現在的規模，這些建築都有哥德式建築的基礎，重建加蓋的部分則呈現文藝復興式風格。

凱撒噴泉Caesarova kašna/Caesar Fountain

見上廣場。

掃地圖

1725年建於上廣場，是7大噴泉裡唯一以人為主題的噴泉，主角便是羅馬歷史上著名的凱撒將軍(Caesar)。噴泉中，他騎於馬駒，眼神凝視著傳說中羅馬大軍曾駐營的麥克山(Michael's Hill)。馬匹塑像下方有兩個人，代表城市的兩條生命之河——摩拉瓦河(Morava)和多瑙河(Danube)，他們手持水甕，表示永遠有源源不絕的泉孕育全城居民；馬匹塑像後方還有隻狗，象徵奧洛穆茨對當時國王的效忠。

天神噴泉Jupiterova kašna/Jupiter Fountain

見下廣場。

掃地圖

天神噴泉早在1707年就有了，不過在當時，雕像上站的是聖徒Florian，這也是當地唯一以宗教為主題的噴泉；到了1735年，居民認為噴泉的風格應該統一，於是便重新打造了這座以羅馬神話天神朱彼特(Jupiter，亦即希臘神話裡的宙斯Zeus)為形象的雕像，原有的雕像便移至別處。

在羅馬神話裡，天神朱彼特被視為眾神之神，在這座噴泉中，便看到他神勇地立於大石柱上，右手握炬、腳棲老鷹，神情凝重威嚴。

大力士噴泉 Herkulova kašna/Hercules Fountain

見上廣場。

掃地圖

建於1687~1688年，是歐摩羅茲第二古老的噴泉。原來位於現今聖三位一體紀念柱處，1716年因紀念柱準備建造，而遷到市政廳前方的現址。

海克力斯(Hercules)在羅馬神話中是具有神力的英雄，在這裡，他被塑造成右手手持巨棒並做揮舞狀的勇士，左手的老鷹則是奧洛穆茨的市鳥，象徵海克力斯正在保護市民抵抗腳下七頭妖蛇的侵擾。

崔坦噴泉
Kašna Tritonů/Triton Fountain

從上廣場步行約6~8分鐘可達。 Náměstí Republiky

掃地圖 

於1709年建立，位於共和廣場(Náměstí Republiky)歷史博物館附近。崔坦(Triton)是羅馬神話裡人身魚尾的海神，在這裡，你可以看到一對勇猛的海神合力舉起石座，石座上有兩隻海豚，中間則是一個小男孩和一對被鍊子拴住的水狗。這座噴泉仿效了位於羅馬巴貝里尼廣場(Piazza Barberini)上的同名噴泉。

海神噴泉
Neptunova kašna/ Neptune Fountain

見下廣場。

掃地圖 

在6大巴洛克式噴泉中，有5座都與羅馬神話裡的眾神有關，其中最古老的是位於下廣場的海神噴泉，它建立於1683年，4匹像是從海面躍起的駿馬石雕，海神站在石頭上，拿著三叉戟面向水面，意謂保護整個城鎮。

墨丘利噴泉
Merkurova kašna/Mercury Fountain

掃地圖 

從上廣場步行約1~3分鐘可達。 Ul. 8. května

建於1727年，由著名工匠Wenzl Rende和雕刻家Phillip Sattler共同完成。Mercury是水星的意思，在羅馬神話中，則是掌管商業、旅行之神。在這座噴泉，墨丘利以45°角度凝視自己平常所拿的手杖，造型動作優雅、披服褶皺栩栩如生，就藝術價值層面來說，被公認是城內最美的一座噴泉。

阿里安噴泉Ariónova kašna/Arion Fountain

掃地圖 

見上廣場。

城內唯一當代建造的噴泉，時間為2002年。這座噴泉的題材同樣選自羅馬神話，描述一位琴手阿里安(Arion)被海豚拯救的故事。噴泉以青銅雕完成，雕刻分別鼎立三邊，一端是小男孩和小女孩分別站在兩隻小海龜上，另一端則有一隻大海龜，當然最明顯的還是站著的阿里安，他正抱著一隻海豚；在噴泉外的地面上還有一隻爬著的海龜。整體設計非常可愛有趣。加上它就位於人潮最多的上廣場，噴泉周邊又有座椅，大人小孩們都喜歡來這裡休息、玩耍、看風景；而聖三位一體紀念柱就在前方，愛攝影的人特別喜歡把它當做前景，和紀念柱一起入鏡。

匈牙利

Hungary

匈牙利位於歐洲大陸的中央，建國於西元1000年，雖然在11~13世紀發展為泱泱大國，仍然不敵蒙古和土耳其的侵略，改朝換代之後，在20世紀末成為中東歐第一個脫離共產體制的民主國家。

多瑙河貫穿匈牙利中央，將其一分為二切割成東、西兩大部分，境內共規畫為19個州，然而就其地理環境大致可粗分為：東北部的丘陵與山地、南部的大草原，以及西部全歐洲最大的淡水湖巴拉頓湖。

首都布達佩斯位於中部多瑙河地方(Közép-Duna／Central Danube)，在行政區域上屬於佩斯州，它不但是匈牙利的首都，同時也是該州的首府；它由歷史悠久的布達和洋溢巴洛克風情的佩斯兩座城市組成，此名稱直到1873年才出現，在此之前一直稱為「佩斯—布達」。

中央多瑙河地方除了布達佩斯外，幾座沿多瑙河而立的城鎮也非常值得一遊，像是齊聚特色商店的森檀德、擁有眺望多瑙河蜿蜒美景要塞遺跡的維榭葛拉德等。

匈牙利之最 Top Highlights of Hungary

布達佩斯Budapest

匈牙利有三分之二的土地都是平原，最受觀光客青睞的當推首都布達佩斯。來到布達佩斯一定不能錯過多瑙河的優美河景，不同造型的大小橋墩搭架其上，夜晚燈光照射下更添嫵媚，尤其從布達的城堡山向下眺望，城市美景盡收眼底。(P.202)

森檀德Szentendre

位於多瑙河曲流線上的森檀德是個超級熱鬧的藝術觀光小鎮，距離布達佩斯僅約半小時車程。(P.246)

維榭葛拉德Visegrád

多瑙河貫穿匈牙利，在布達佩斯的北方形成一個天然的轉角，轉角處臨河的風景十分優美，成為布達佩斯人的度假勝地。(P.243)

艾格爾Eger

東北方的丘陵地帶，因為優良的土質和溫暖的氣候，成為匈牙利著名的葡萄酒產區，其中又以公牛血的產地艾格爾最負盛名；它緊鄰市中心的美人谷，四周環繞著葡萄園，每到秋季豐收之時景色特別迷人。(P.254)

布達佩斯 Budapest

具有「中歐巴黎」之稱的布達佩斯，不僅是匈牙利的首府，還是全國的行政與經濟文化中心。布達佩斯橫跨在多瑙河兩岸，它基本上由兩個城市組合而成：左岸是古老傳統的「布達」城；右岸則是充滿巴洛克與古典主義建築的商業城市「佩斯 」。

多瑙河左岸的布達城堡山保存許多重要的中古遺跡，更是全覽整個布達佩斯和多瑙河的眺望點。海拔約170公尺的城堡山位在長約1公里的高原地上，主要分為皇宮和舊城兩大部份，皇宮所在地是13世紀所建的城堡，舊城則是中古時代平民的居住地，現在被列入聯合國教科文組織世界遺產的保護名單。

從布達跨越多瑙河到右岸的佩斯，瞬間就從古典風情轉換到繁榮的現代都會，無論購物、享用匈牙利美食或觀賞經典藝術文化，都可在人文薈萃的佩斯一償夙願。

INFO

基本資訊

- **人口**：約177萬。
- **面積**：525.2平方公里。
- **區域號碼**：(01)。
- **時區**：歐洲中部時間，比台灣慢7小時，夏令時間（3月最後一個週日~10月最後一個週日）比台灣慢6小時。

如何到達——航空

布達佩斯李斯特·費倫茨國際機場(Budapest

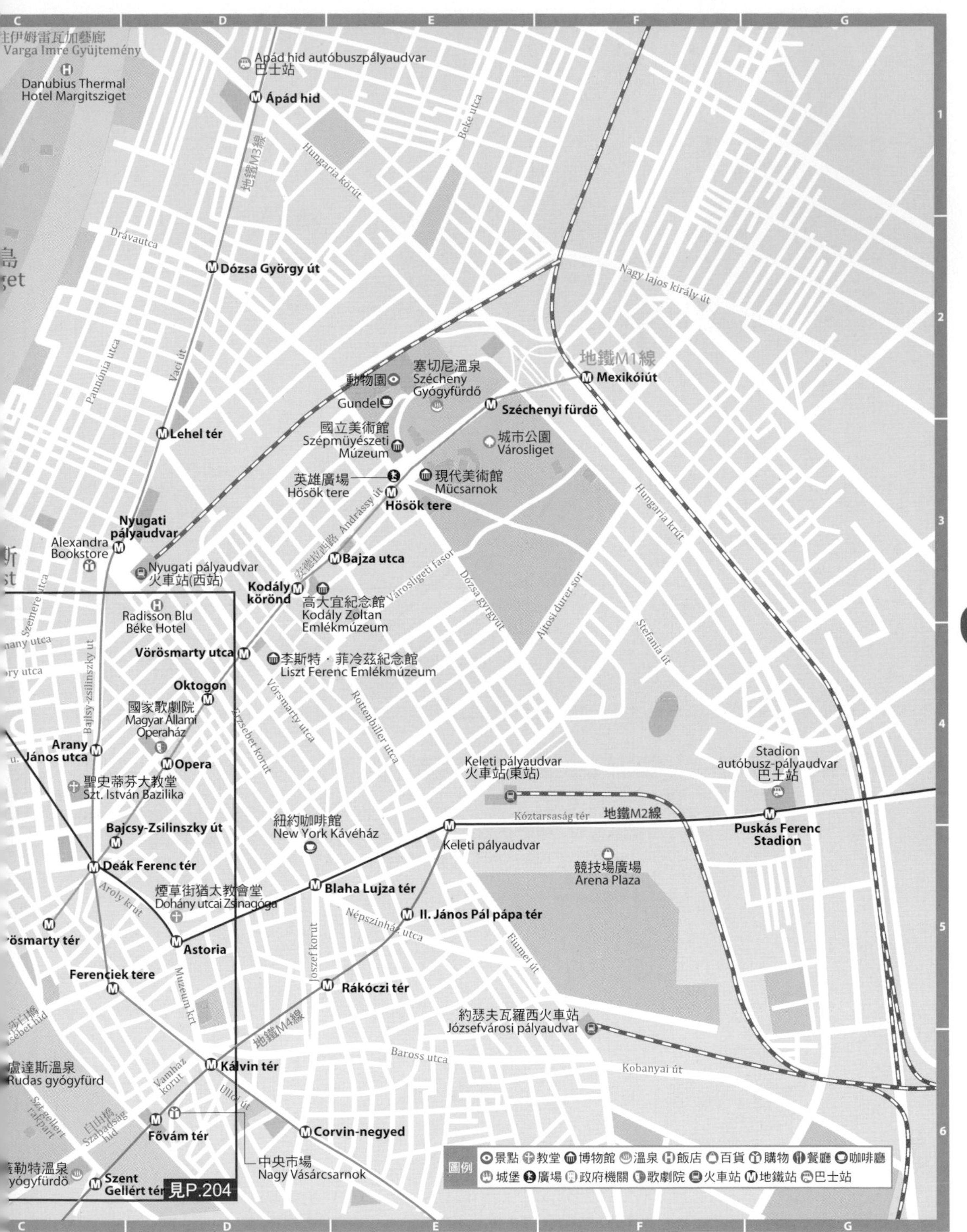
瓦爾加伊姆雷瓦加藝廊
Varga Imre Gyűjtemény
Danubius Thermal Hotel Margitsziget
Apád hid autóbuszpályaudvar
巴士站
Ápád hid
地鐵M3線
Hungaria körút
Beke utca
Drávautca
Dózsa György út
Nagy lajos király út
Pannónia utca
Váci út
地鐵M1線
Mexikóiút
塞切尼溫泉
Széchenyi Gyógyfürdő
動物園
Gundel
Széchenyi fürdö
國立美術館
Szépmüyészeti Múzeum
城市公園
Városliget
Lehel tér
英雄廣場
Hösök tere
現代美術館
Mücsarnok
Hösök tere
Hungaria krút
Nyugati pályaudvar
Alexandra Bookstore
Nyugati pályaudvar
火車站(西站)
安德拉西路 Andrássy út
Bajza utca
Városligeti fasor
Dózsa gyrgyút
Ajtosi durer sor
Kodály körönd
高大宜紀念館
Kodály Zoltan Emlékmúzeum
Stefánia út
Radisson Blu Béke Hotel
Vörösmarty utca
李斯特・菲冷茲紀念館
Liszt Ferenc Emlékmúzeum
Szemere utca
Bajcsy-zsilinszky út
Oktogon
國家歌劇院
Magyar Állami Operaház
Vórsmarty utca
Erzsébet korút
Rottenbiller utca
Arany János utca
Opera
聖史蒂芬大教堂
Szt. István Bazilika
Keleti pályaudvar
火車站(東站)
Stadion autóbusz-pályaudvar
巴士站
Köztarsaság tér
地鐵M2線
Bajcsy-Zsilinszky út
紐約咖啡館
New York Kávéház
Puskás Ferenc Stadion
Keleti pályaudvar
Deák Ferenc tér
競技場廣場
Arena Plaza
菸草街猶太教會堂
Dohány utcai Zsinagóga
Blaha Lujza tér
Károly krút
II. János Pál pápa tér
Népszinház utca
Fiumei út
Vörösmarty tér
Astoria
József korut
Ferenciek tere
Muzeum krt
Rákóczi tér
約瑟夫瓦羅西火車站
Józsefvárosi pályaudvar
地鐵M4線
Baross utca
Kobanyai út
盧達斯溫泉
Rudas gyógyfürd
Kálvin tér
Vamhaz korut
Üllői út
Szt. gellert rakpart
自由橋 Szabadság hid
Fővám tér
Corvin-negyed
中央市場
Nagy Vásárcsarnok
蓋勒特溫泉
Gyógyfürdő
Szent Gellért tér
見P.204
圖例
景點 教堂 博物館 溫泉 飯店 百貨 購物 餐廳 咖啡廳
城堡 廣場 政府機關 歌劇院 火車站 地鐵站 巴士站
C D E F G
1 2 3 4 5 6

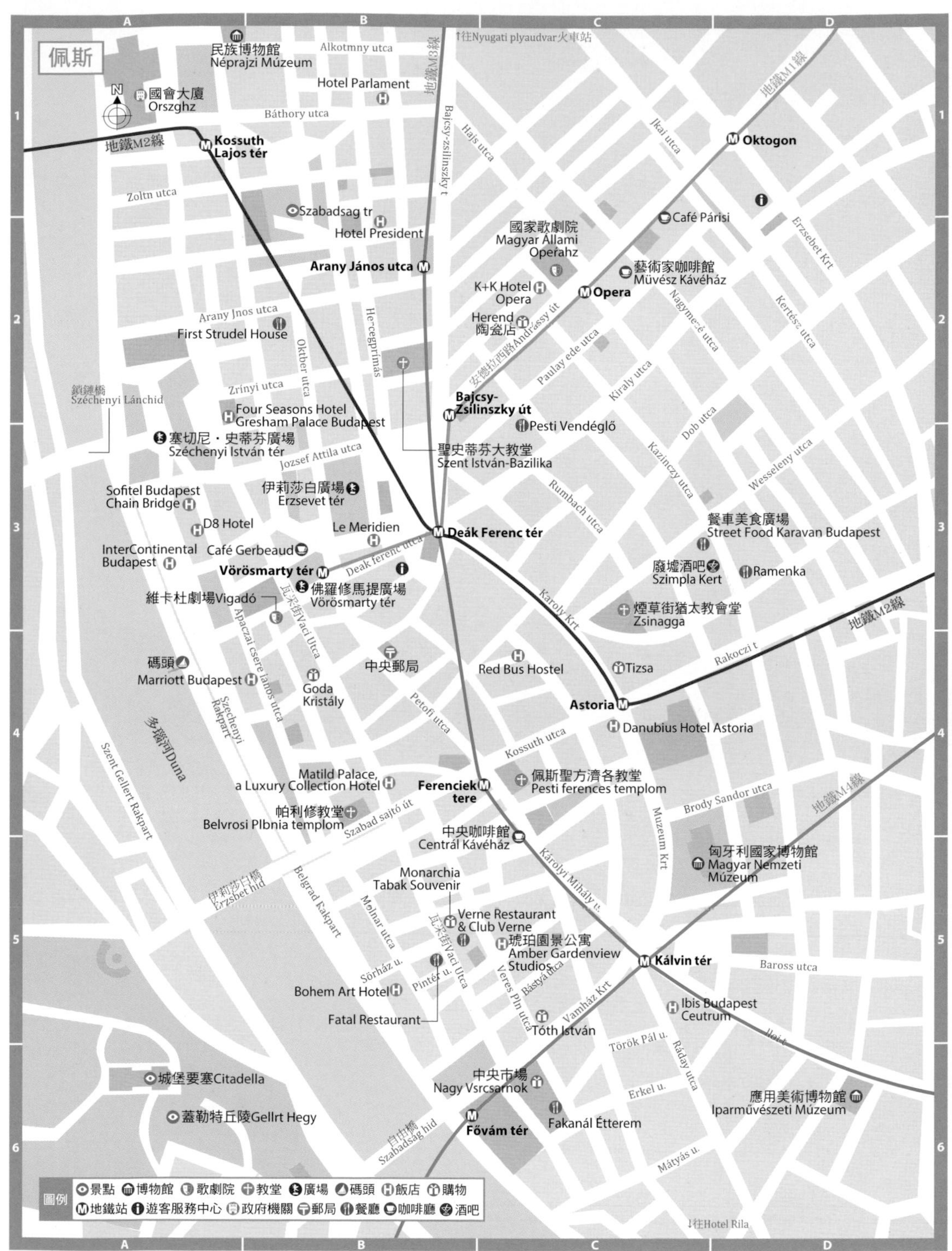
佩斯
民族博物館
Néprajzi Múzeum
Alkotmny utca
↑往Nyugati plyaudvar火車站
Hotel Parlament
國會大廈
Orszghz
Báthory utca
地鐵M2線
Kossuth Lajos tér
地鐵M3線
Bajcsy-zsilinszky t
Hajs utca
Jkai utca
地鐵M1線
Oktogon
Zoltn utca
Szabadsag tr
Hotel President
Café Párisi
國家歌劇院
Magyar Állami Operahz
Arany János utca
藝術家咖啡館
Müvész Kávéház
K+K Hotel Opera
Opera
Herend 陶瓷店
安德拉西路Andrássy út
Erzsebet Krt
Kertész utca
Nagymező utca
Arany Jnos utca
First Strudel House
Oktber utca
Hercegprímás
Paulay ede utca
Kiraly utca
鎖鏈橋
Széchenyi Lánchíd
Zrínyi utca
Bajcsy-Zsilinszky út
Four Seasons Hotel Gresham Palace Budapest
Pesti Vendéglő
Dob utca
塞切尼・史蒂芬廣場
Széchenyi István tér
聖史蒂芬大教堂
Szent István-Bazilika
Jozsef Attila utca
Kazinczy utca
Wesseleny utca
Sofitel Budapest Chain Bridge
伊莉莎白廣場
Erzsevet tér
Rumbach utca
D8 Hotel
Le Meridien
Deák Ferenc tér
餐車美食廣場
Street Food Karavan Budapest
InterContinental Budapest
Café Gerbeaud
Deak ferenc utca
Vörösmarty tér
佛羅修馬提廣場
Vörösmarty tér
廢墟酒吧
Szimpla Kert
Ramenka
維卡杜劇場Vigadó
瓦采街Vaci Utca
Apacai csere janos utca
Karoly Krt
煙草街猶太教會堂
Zsinagga
地鐵M2線
碼頭
Marriott Budapest
Goda Kristály
中央郵局
Red Bus Hostel
Tizsa
Rakoczi t
Szechenyi Rakpart
Petofi utca
Astoria
多瑙河Duna
Danubius Hotel Astoria
Szent Gellert Rakpart
Kossuth utca
Matild Palace, a Luxury Collection Hotel
Ferenciek tere
佩斯聖方濟各教堂
Pesti ferences templom
Brody Sandor utca
地鐵M4線
帕利修教堂
Belvrosi Plbnia templom
Szabad sajtó út
中央咖啡館
Centrál Kávéház
Muzeum Krt
匈牙利國家博物館
Magyar Nemzeti Múzeum
伊莉莎白橋
Erzsebet híd
Belgrad Rakpart
Monarchia Tabak Souvenir
Molnar utca
Károlyi Mihály u.
Verne Restaurant & Club Verne
瓦采街Vaci Utca
琥珀園景公寓
Amber Gardenview Studios
Kálvin tér
Baross utca
Sörház u.
Pintér u.
Veres Pln utca
Bástya utca
Bohem Art Hotel
Vamház Krt
Ibis Budapest Ceutrum
Fatal Restaurant
Tóth István
Török Pál u.
Ráday utca
Ilói t
城堡要塞Citadella
中央市場
Nagy Vsrcsarnok
Erkel u.
應用美術博物館
Iparművészeti Múzeum
蓋勒特丘陵Gellrt Hegy
Fakanál Étterem
Fővám tér
白由橋
Szabadság hid
Mátyás u.
圖例
景點 博物館 歌劇院 教堂 廣場 碼頭 飯店 購物
地鐵站 遊客服務中心 政府機關 郵局 餐廳 咖啡廳 酒吧
↓往Hotel Rila
A B C D
1 2 3 4 5 6

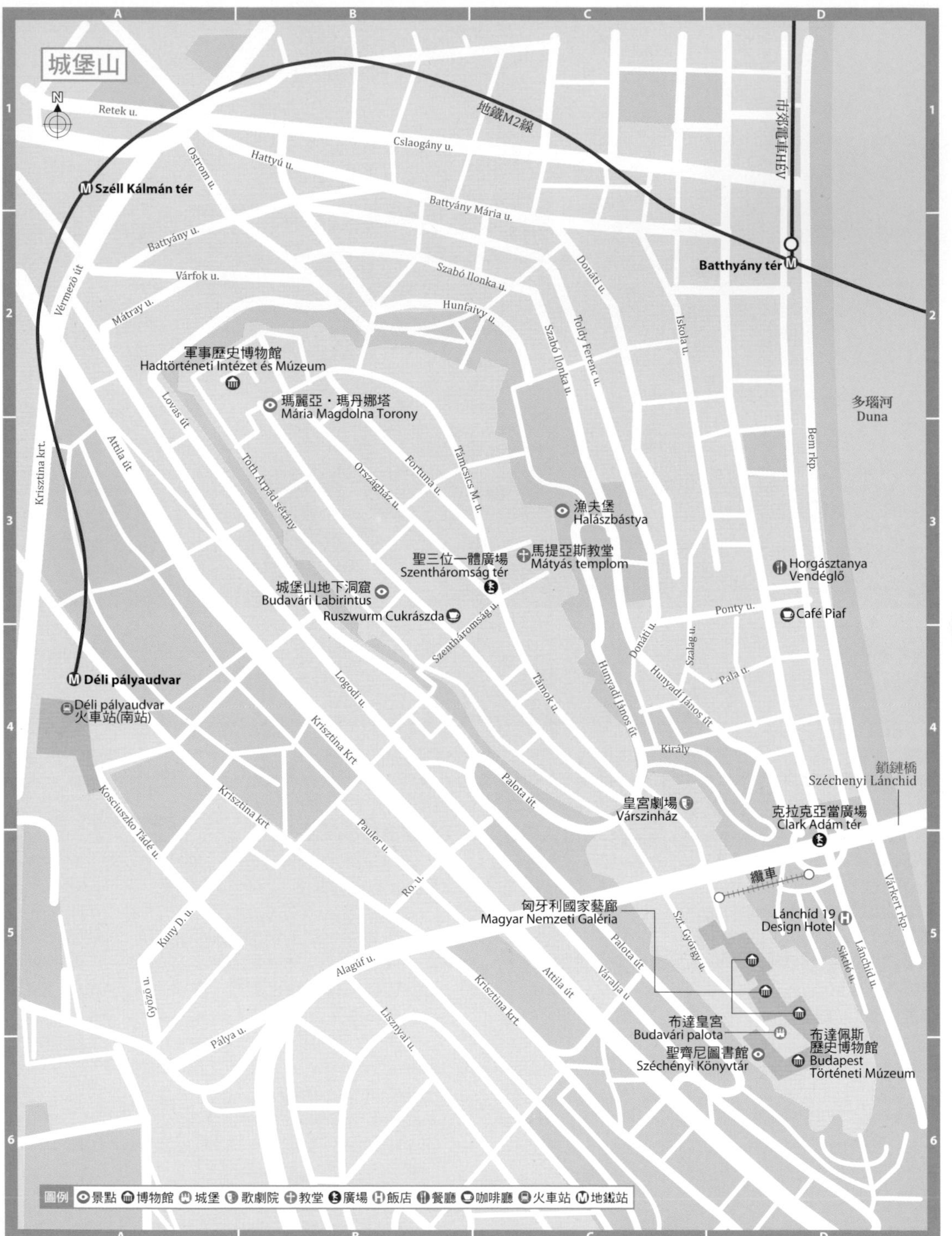

匈牙利…布達佩斯 Budapest

Ferenc Liszt International Airport, BUD)是進出匈牙利主要樞紐，由於台灣沒有航空公司直飛布達佩斯，遊客可利用瑞航、德航等航空公司的航班經第三地轉機前往。詳細資訊可參考P.262。

匈牙利國際機場原有兩個航廈，但第1航廈已於2012關閉，目前所有航空皆於第2航廈起降。第2航廈再細分成2A和2B，請留意自己搭乘的航空公司於哪個航站起降；不過2A和2B有Sky Court相連，步行幾分鐘即可抵達。

(1)296 7000 www.bud.hu

◎巴士City Buses

機場與市區之間的巴士可分為兩種：直達車100E號與普通車200E號。

◎直達車100E號

從機場前往市區，巴士停靠地鐵Kálvin tér站、Astoria站以及Deák Ferenc tér站，到終點站車程約30分鐘，單程車票需要另外購買，其他交通票券或布達佩斯卡不適用於這段車程。車票可於機場遊客服務中心、售票機或在BudapestGO App上購買。購票流程、App使用教學可參考布達佩斯大眾交通工具系統官網bkk.hu。

從市區到機場，亦可從上述地鐵站搭乘巴士前往，其中從Astoria站開往機場的班次只限00:12~04:32。

24小時，週一、週五、週日尖峰時段7~9分鐘一班，離峰時段每10分鐘一班，01:00~03:00每30~40分鐘一班

單程票1,500Ft

◎直達車200E號

從機場前往市區，巴士停靠地鐵M3線的Kőbánya-Kispest站，車程約25~30分鐘，這一段車程交通一日券或布達佩斯卡皆可適用，所以如果一大早就抵達機場，可以考慮開始使用交通一日券或布達佩斯卡。車票可於機場遊客服務中心、售票機或在BudapestGO App上購買。購票流程、App使用教學可參考布達佩斯大眾交通工具系統官網bkk.hu。

夜間巴士900號(23:00~4:00)停靠佩斯南方的Határ út站，從這裡可以轉搭夜間巴士914、914A、950和950A進入市區。

從市區到機場，亦可從上述地鐵站搭乘巴士前往。

單程350Ft，如在車上向司機購買單程450Ft。

◎機場迷你巴士Minibus

miniBUD是布達佩斯機場官方機場迷你巴士供應商，提供機場往返市區或飯店的載送服務，市中心任

一地點，車程約30~40分鐘。

☎(1) 550 0000 $機場往返市區或飯店每人單程6,740Ft起。 🌐www.minibud.hu

◎計程車Taxi

可搭計程車從機場至市區，約20~30分鐘可達，布達佩斯市中心共分成四個不同區域，車資按不同分區收費，實際費用可上網查詢。

◎Főtaxi

☎(1)222 2222 $車資起跳1,000 Ft，每1公里費用增加400 Ft，等候時間每1分鐘100 Ft；前往市區車資約9,800Ft。 🌐www.fotaxi.hu

如何到達——火車

火車是歐洲國家主要的交通工具之一，遊客可以經由歐洲其他城市，乘坐火車進入布達佩斯。

布達佩斯有7個火車站，其中3個火車站停靠國際線列車，包括東站(Keleti pályaudvar)、西站(Nyugati pályaudvar)和南站(Déli pályaudvar)，這些火車站都與市中心的地鐵相接，十分方便。從布拉格中央車站到布達佩斯東站每天約有6~8班直達車，車程約7~8小時；從維也納中央車站前往布達佩斯東站，幾乎每小時即有一班，車程約2小時20分鐘。

- **東站(Keleti pályaudvar)**：地鐵M2線Keleti pályaudvar站
- **西站(Nyugati pályaudvar)**：地鐵M3線Nyugati pályaudvar站
- **南站(Déli pályaudvar)**：地鐵M2線Déli pályaudvar站

正確班次、詳細時刻表及票價可上網或至火車站查詢。

◎匈牙利國鐵(MÁV)

🌐www.mav.hu

◎歐洲鐵路

🌐www.eurail.com

◎火車通行證

到匈牙利旅遊除了可購買單國火車票外，亦可視自己的需求選購全歐火車通行證，購票及詳細資訊可洽詢台灣歐鐵火車票總代理飛達旅遊或各大旅行社。

☎(02) 8161-3456分機2

LINE 線上客服：@gobytrain

🌐www.gobytrain.com.tw

如何到達——長途巴士

布達佩斯有幾個巴士站，其中以Népliget autóbusz-pályaudvar最大，它是來自歐洲各國的國際巴士停靠站；此外，前往匈牙利西部和南部的巴士也是由此出發。Stadion autóbusz-pályaudvar則是前往東歐和匈牙利國內的巴士站。

位於市區北邊的Árpád hid autóbusz-pályaudvar巴士站，是前往匈牙利北方城市的車站；更往北3站的Újpest-Városkapu巴士站，則是前往多瑙河沿岸地區的主要巴士站。

- **Népliget autóbusz-pályaudvar巴士站**：地鐵M3線Népliget站
- **Stadion autóbusz-pályaudvar巴士站**：地鐵M2線Puskás Ferenc Stadion站
- **Árpád hid autóbusz-pályaudvar巴士站**：地鐵M3線Árpád hid站
- **Újpest-Városkapu巴士站**：地鐵M3線Újpest-Városkapu站

市區交通

布達佩斯的地鐵、電車、巴士和HÉV都是統一由布達佩斯市的交通局所營運的，除了地鐵短程票，其餘車票皆可通用。但布達佩斯的車票使用起來有時間、轉乘的限制，所以買票之前請先參考「各類交通價格表」，再選擇適合的票種。

妥善規劃行程，多利用1日券

布達佩斯的重要景點較布拉格分散，有些景點未必能步行到達，此時可能就需購買交通票券。但布達佩斯的交通票券種類眾多，且各有不同的時效或轉程限制，所以建議先行規畫每日行程，計算會用到多少交通票券，再決定要買哪一種票種最划算。例如每天只要搭乘大眾交通工具達4~5趟以上，1日券即值回票價，不妨多加利用。

◎計程車

避免隨意在路上招車，最好請旅館代為呼叫較有信譽的計程車行，以免被索取額外的費用。

(1)211 1111、(1)222 2222、(1)233 3333

車資起跳1,000 Ft，每1公里費用增加400 Ft，等候時間每1分鐘100 Ft。如果要寄放行李、夜間搭乘、叫車等需額外加錢。

優惠票券

◎布達佩斯卡Budapest Kártya／Budapest Card

如果參觀的景點較多，可以買一張「布達佩斯卡」，選擇在24、48、72、96、120小時的期限內，免費搭乘交通工具，或以免費或優惠折扣參觀當地景點、博物館和市區觀光遊程、民俗文化表演的門票折扣，以及溫泉浴池、餐廳、商店與機場迷你巴士等優惠；不過許多有名的景點布達佩斯卡僅提供折扣，並非完全免費，買卡究竟划不划算沒有定論，還是要依自己的行程安排做決定，優惠或免費參觀景點可查詢下列網址。

為自己精打細算

布達佩斯卡雖然在時效內可以免費搭乘交通工具，但能免費參觀的景點不多(大部分僅提供折扣)，所以究竟買卡划不划算，還需事先依自己的行程安排再仔細計算而定。

布達佩斯卡可於地鐵M2線Keleti pályaudvar站及Déli pályaudvar站、Kelenföld火車站、遊客服務中心購買；亦可事先上網購買，於機場或市區取卡。

票價24小時€29、48小時€43、72小時€56、96小時€69、120小時€82

www.budapestinfo.hu/budapest-card

旅遊諮詢

◎布達佩斯遊客服務中心

◎機場

2A航站8:00~22:00、2B航站9:00~21:00

◎市區

搭地鐵M1、M2或M3線於Deák Ferenc tér站下，出站即達。

Városháza park, Károly krt.

9:00~19:00 www.budapestinfo.hu

城市概略City Guideline

布達佩斯橫跨多瑙河兩岸，主要由左岸的布達(Buda)及右岸的佩斯(Pest)組成。

佩斯位於寬廣的平原上，道路以放射狀排列，以三條地鐵站交會的德亞克廣場(Deák Ferenc tér)為中心，無論步行或搭乘地鐵，都可方便抵達佩斯各景點，包括國會大廈、聖史蒂芬教堂、中央市場、瓦采街等。

布達城由丘陵地形綿延而成，分為皇宮和舊城兩大部份。主要景點包括山丘上的布達皇宮、城堡山要塞與地下洞窟、漁夫堡、瑪格麗特島，以及幾個知名的溫泉療養中心等。

布達佩斯行程建議 Itineraries in Budapest

如果你有3天

多瑙河左岸的布達城保存許多重要的中古遺跡，是探索布達佩斯的最佳起點。沿著多瑙河畔前進，布達皇宮盤踞山頭的丰采令人印象深刻！這座命運坎坷的皇宮是歷代匈牙利國王的居住地，如今轉型為歷史博物館、國家藝廊及圖書館。繼續步行至美麗的聖三一廣場，欣賞一旁的馬提亞斯教堂，教堂後方的漁夫堡

則是眺望佩斯景觀的最佳角落。最後前往瑪麗亞・瑪丹娜塔，這裡原有一座教堂，卻遭無情的戰火摧毀，如今只剩下這座塔樓。

第二天來到多瑙河右岸，捕捉佩斯城市采風。走進中央市場、瓦采街，同時感受傳統市集與特色街道的魅力。接著步行至佛羅修馬提廣場，百年咖啡館Cafe Gerbaud便是坐落於此。途經塞切尼・史蒂芬廣場、融合哥德與巴洛克建築風格的國會大廈，最後搭乘地鐵前往聖史蒂芬大教堂，那高達96公尺的圓頂替主祭壇採集了動人的光線，教堂內還收藏了匈牙利首任國王聖史蒂芬的木乃伊。

第三天沿著安德拉西路悠閒散步，道路兩旁樹木聳立，錯落著博物館和商店，其中的李斯特紀念館由音樂家昔日故居改建而成。大道盡頭的英雄廣場兩旁是國立美術館與現代美術館，廣場後方的市民公園更是享受匈牙利式溫泉的好去處。

如果你有5-7天

如果時間充裕，除了在布達佩斯待上3天慢慢走逛，也可以花1~3天前往中部多瑙河地區的其他城市走走，像是猶如一座大型露天市集的森檀德、坐擁優越地勢和美景風光的維榭葛拉德、保留傳統木屋民宅建築的世界遺產小鎮霍羅克等，都非常適合搭乘火車或巴士展開一日遊。

布達佩斯散步路線 Walking Route in Budapest

布達佩斯散步地圖

1.聖三位一體廣場Szentháromságtér→2.馬提亞斯教堂Mátyástemplom→3.漁夫堡Halászbástya→4.布達皇宮Budaváripalota→5.鎖鍊橋SzéchenyiLánchid→6.塞切尼・史蒂芬廣場SzéchenyiIstvántér→7.佛羅修馬提廣場Vörösmartytér→8.瓦采街VaciUtca→9.中央市場Nagy Vásárcsarnok.

距離：3公里　**所需**◎約80分鐘

在這條精華路線中，可以一探布達與佩斯兩座昔日雙子城市截然不同的面貌。行程從遺留中世紀風情的布達展開，經過鎖鍊橋，前往繁榮的佩斯市區。

城堡山是布達最主要的景點聚落，以聖三位一體廣場為中心起點，一旁聳立著宏偉壯麗的馬提亞斯教堂，以及俯瞰佩斯市區的漁夫堡。繼續南行，由數棟建築組成的布達皇宮出現眼前，這座13世紀即成為匈牙利皇室府邸的皇宮，如今是布達佩斯歷史博物館、匈牙利國家藝廊和聖齊尼圖書館所在地，裡頭收藏了布達佩斯從發跡至今最精華的珍品和書籍。

搭乘歷史悠久的纜車或者直接沿著人行步道下山，經過圓環走向鎖鍊橋，步行穿越多瑙河兩岸進入佩斯，前往周圍被美麗的宅邸與大型旅館圍繞的塞切尼・史蒂芬廣場。繼續往南行，來到超人氣據點佛羅修馬提廣場，遊逛當地最繁忙的瓦采街，這裡有目不暇給的紀念品專賣店、國際連鎖服飾品牌分店，還有很多咖啡館和餐廳可以讓人歇腳休息；最後在熱鬧的中央市場為這段旅程畫下句點。

布達佩斯這樣玩！原來當地人都這樣吃
Taste Hungary Culinary Walk

創立於2018年的Taste Hungary至今已推出了超過20種行程，種類大致可分為品酒(wine tasting)、酒莊(wine tour)、多瑙河遊船(Danube cruise)、烹飪、精釀啤酒(craft beer)、觀光(sightseeing)、晚餐以及線上品酒(virtual wine tasting)。

Culinary Walk是他們第一個推出的美食行程，可以說是他們的招牌行程，透過經典的口味、歷史文化與建築，認識匈牙利的飲食和葡萄酒文化。若時間和預算允許，也可以和另一個行程Budapest Grand Walk結合成一日行程，因為Budapest Grand Walk的起點就在Culinary Walk的終點，可以完整地體驗匈牙利人的一天！

- 4小時
- 成人US$99，青少年(5~14歲)US$54；2~7人團體每人US$160，8~14人團體每人US$99
- tastehungary.com/tour/culinary-walk
- 行程內容可能因季節、商家營運時間或當地假日有所變動。

第①站 中央市場

中央市場建立於1897年，被Taste Hungary譽為美食的教堂，也是歐洲最人的室內市場之一。其屋頂瓦片更是大有來歷，是匈牙利的國寶級品牌——喬納伊(Zsolnay)出產的磚瓦，即使過了100多年色澤依舊飽滿，不愧是舉世聞名的陶瓷名牌！色彩繽紛的屋頂，是布達佩斯獨特的建築特色。除了中央市場，匈牙利國庫和馬提亞斯教堂也有同款屋頂。

首先品嚐的是匈牙利的國民藥酒「烏尼昆(Unicum)」與國民小吃「蘭戈斯(Lángos)」。烏尼昆是匈牙利百年草藥酒，用了40種以上的藥草和香料熬製而成，有助於保護腸胃同時也是當地人的感冒偏方。而蘭戈斯就像匈牙利版的油條，油炸麵糰塗滿蒜蓉，或什麼都不加直接吃。再來就是匈牙利香腸Kolbasz，大部分用豬肉製成，也有馬肉、鹿肉等，但它們都有一個共同的食材──匈牙利辣椒Paprika！

第②站 Belvárosi Disznótoros

Belvárosi Disznótoros直譯成中文就是「市區肉舖」，最大特點就是這家餐廳沒有椅子！餐點從湯品、沙拉、小菜到主食的烤豬、牛排應有盡有，附近的上班族和學生是這邊的常客。這一站可以親自體驗匈牙利人午餐都吃什麼：

- **醃製蔬菜；**
- **湯品為牛肉湯(Goulash)、南瓜濃湯及尤凱豆湯(Jókai Bableves)三選一；**
- **麵包佐酸奶油馬鈴薯雞蛋沙拉；**
- **炸節瓜與酸奶油；**
- **烤香腸搭配芥末醬、辣根(horseradish)；**
- **炸起司佐酸奶油炸薯條。**

第③站 中央咖啡館

飯後甜點來到了布達佩斯著名咖啡館之一的中央咖啡館，2000年在原址重建後，復原了1887年的新藝術風格，走進去彷彿回到咖啡館與匈牙利文學的黃金時代。匈牙利的甜點蛋無論是歷史或是風味也是相當有特色，導遊在這一站為大家準備的是匈牙利代表性蛋糕──核桃脆片和香草奶油層層交疊的Eszterhazy torte以及焦糖海綿蛋糕Dobos torte。

第④站 Tasting Table

最後來到期待已久的品酒環節，這裡會由專業的侍酒師解析匈牙利各地生產的葡萄酒種類，以及相關的美食搭配。侍酒師會分別介紹各一款紅酒、白酒及甜點酒，而本站重頭戲當然非托卡伊葡萄酒(Tokaj Aszú)莫屬！

作為匈牙利最著名的甜點酒，托卡伊葡萄酒珍貴之處是用貴腐葡萄釀製成，附著在葡萄上的貴腐菌吃掉葡萄本身的水分和養分後，只會留下糖分，因此托卡伊酒才會格外香甜。但也正因如此，托卡伊的釀製過程非常漫長，因為需要等待葡萄腐爛到一定的程度才適合釀酒，過程中也要一直監督葡萄的狀況，否則葡萄太爛也只能直接丟棄。

行程結束後，也可以在現場選購心儀的葡萄酒，還能享有9折的優惠！

布達Buda

MAP ▶ P.205D6

布達皇宮

MOOK Choice

Budavári palota/Buda Castle

曾經輝煌的匈牙利國王居住地

掃地圖

於鎖鏈橋靠布達區處搭乘纜車上城堡山，出纜車站後轉向噴泉左側，就進入了布達王宮。纜車時間8:00~22:00(末班車21:50)，來回全票(15歲以上)3,000 Ft、半票(3~14歲)2,000 Ft；或搭地鐵M2線於Széll Kálmán tér站下，再搭巴士16、16A或116號上城堡山；或搭地鐵M1、M2或M3線於Deák Ferenc tér站下，再搭巴士16號上城堡山；或從皇宮腳下好幾處通往城堡山的人行步道，沿階梯步行約20~30分鐘可達。 Szent György tér 2 budacastlebudapest.com

這個命運坎坷的布達皇宮佇立於城堡山的一頭，任何人只要沿著多瑙河畔行進，都會被皇宮的丰采給深深吸引！而這裡也是夜間欣賞鎖鏈橋和佩斯夜景的好地方。

在過去7個世紀中歷經了數度燒毀、被炸、重建的布達皇宮，是貝拉四世(Béla IV)於13世紀時下令興建的皇宮，之後的匈牙利國王也以此為居住地點。尤其在15世紀馬提亞斯國王統治匈牙利時期，皇宮的建築藝術文化發展達到巔峰，堪稱是匈牙利的文藝復興時期，據說當時碧翠絲皇后號召了來自歐洲的傑出藝術家和贊助者前來布達皇宮，在節慶期間房間內設計有冷熱的流水，就連水池內也盛滿了美酒！之後歷經土耳其人的侵略與黑死病的盛行，毀壞了皇宮並就此荒廢。不過當哈布斯王朝接管布達皇宮後，便讓皇宮重生。泰瑞莎皇后時期增建了203個房間，卻無緣親眼看到完工，隨著哈布斯堡王朝的沒落，布達皇宮再度被人遺忘！

布達皇宮在1950年代重新展開修復，匈牙利政府在喪失了政治地位的皇宮中，設置了匈牙利國家藝廊、布達佩斯歷史博物館以及國家圖書館等，遊

客可以從建於1903年的大門——哈布斯階梯進入皇宮，觀賞美麗的花園和馬提亞斯噴泉，還有在觀景台上欣賞美麗的多瑙河和佩斯的景觀。當然這些美術館和博物館也是不可錯過的景點。

充分利用布達佩斯卡玩布達皇宮！

布達皇宮涵蓋的景點眾多，有了布達佩斯卡可享有這些優惠，來看看有什麼好康~

◎免費入門票

布達佩斯歷史博物館、匈牙利國家藝廊、瑪麗亞．瑪丹娜塔

◎免費導覽行程

布達城堡區導覽(每日14:00~16:00)、佩斯市區導覽(每日10:00~12:00)、城堡公車(budapestcastlebus.com/en)

◎門票優惠

音樂史博物館5折優惠、洞窟醫院75折優惠、漁夫堡上層9折優惠

城堡山博物館Vármúzeum/Castle Museum

Buda Palace Building E　(1)487 8871　週二~週日10:00~18:00；週一休　全票2,400Ft、半票1,200Ft；持布達佩斯卡免費　www.varmuzeum.hu

掃地圖

城堡山博物館是布達佩斯歷史博物館群(Budapest Történeti Múzeum)之中的其中一個博物館機構，收藏布達佩斯2,000年來的歷史精華，包含公元前到20世紀之間的各種出土文物，最珍貴的是博物館地下室的14世紀皇宮舊址遺跡，同時也展示了皇宮建築的演進歷史。不過歷史博物館中的解說文字以匈牙利文為主，一般觀光客可能只能看圖說故事。除了王宮遺跡外，歷史博物館的時代特區，以照片和物品實體呈現大時代有形和無形的變遷，頗有啟發趣味。

匈牙利國家藝廊Magyar Nemzeti Galéria/ Hungarian National Gallery

Buda Palace Buildings A, B, C, D (1)201 9082 週二~週日10:00~18:00；週一休。永久展全票3,400Ft、半票1,700Ft、英文語音導覽1,100 Ft，特展全票3,800Ft、半票1,900Ft(票價包含永久展)；持布達佩斯卡永久展免費 www.mng.hu

國家藝廊收藏畫作超過10萬幅，固定展覽品包含中古世紀到20世紀的匈牙利繪畫和雕刻藝術品，有中世紀和文藝復興的石雕、哥德時期的木雕與版畫、哥德晚期的神壇、文藝復興和巴洛克的藝術品、哈布斯王朝的地下墓穴、19~20世紀的畫作與雕刻品，細細觀賞至少要花掉半天以上的時間。參觀重點可以放在2樓的19世紀繪畫和雕刻，繪畫以人物畫像為主，生動而感情充沛；還有1樓正面大廳的巨畫，描繪出土耳其戰爭的壯烈景況，是最受人矚目的作品之一。

聖齊尼圖書館Széchényi Könyvtár/National Széchényi Library

Buda Palace Building F (1)224 3700 週二~週四10:00~18:00(閱讀證申請至17:00)、週五~週六9:00~19:00(閱讀證申請至18:00)；週一休 www.oszk.hu

聖齊尼圖書館是匈牙利的國家圖書館，圖書館的形成源於1802年，當時的法蘭茲．塞切尼(Ferenc Széchényi)公爵將他旅行各地所購買到的書籍、文物捐給國家，後來許多人開始仿效他，類似的捐書運動在全國展開，數量龐大，讓一座圖書館的規模漸漸成形。然而，圖書館最早是併在國家博物館內，直到1949年才獨立出來；到了1985年，國家圖書館正式遷入現在位址，成為匯集匈牙利歷史、地理等各方面文獻最重要的據點；而且不限於平面出版物，在裡頭也找得到許多以電子、影視或音樂形式呈現的資料。

編輯筆記

進入聖齊尼圖書館前需事先申請閱讀證(Reader Pass)

聖齊尼圖書館不提供借閱服務，所有館藏只能在館內翻閱。年滿18歲以上的外國人只需備齊有效個人證件（如護照、駕照、學生證等），可於現場申請當日閱讀證(Day Pass)，費用為1,200Ft，可使用一般館藏服務(General Collection)。

布達Buda

MAP ▶ P.205C3

MOOK Choice

聖三位一體廣場

Szentháromság tér/Trinity Square

城堡山中心廣場

掃地圖

見布達皇宮。 Szentháromság tér

聖三位一體廣場可說是城堡山的中心廣場，廣場上豎立的聖三位一體紀念柱，是18世紀時的當地舊城居民為了紀念黑死病的消除而建，柱子上方分別有聖父、耶穌以及十字架的雕像，一旁還有一尊聖史蒂芬騎馬雕像，聖史蒂芬是匈牙利第一位天主教君王，這裡是遊客最愛打卡的地點。

布達Buda

MAP ▶ P.205B3

城堡山地下洞窟

Budavári Labirintus/Buda Labyrinth

昔日居民最長避難防禦處

掃地圖

見布達皇宮。 Úri utca 9 (1) 212 0207 10:30~19:00 全票3,000Ft、半票2,500Ft、12歲以下1,500Ft labirintus.eu/en/

很難想像在城堡山這麼一座小山丘的下方，隱藏著猶如迷宮般的地下世界。距離聖三位一體廣場不遠處的城堡山地下洞窟，由一條長達1,200公尺的通道串連起數十個大大小小的洞窟與酒窖，它是城堡山的洞穴系統中最長也最知名的一座。這些獨特的石灰岩洞穴早在50萬年前已然存在，它們原先是史前人類的避難所和獵場，隨著時代發展，逐漸因為經濟和戰略因素成為住家的地窖而連成一氣；到了1930年代的戰爭時期，它成了防禦計畫中的一部分，提供成千上萬居民在此避難；冷戰期間，它更肩負起秘密軍事基地的重責大任。

地下洞穴在1996~1997年間經過重建，並且擴充了400平方公尺的面積，如今裡頭除了展示匈牙利人改信天主教前的神秘宗教雕像與石柱外，還可以看見肋拱建築、古浴池、重現昔日匈牙利皇室慶典的紅酒音樂噴泉，以及一尊下沉的巨大國王頭像等。在進入迷宮前，每位遊客會拿到一只油燈，所有人就順著路線，在微亮的洞穴中一一參觀這些文物，過程別有一番趣味。

MAP ▶ P.205C3

馬提亞斯教堂

MOOK Choice

Mátyás templom/Matthias Church

匈牙利國王加冕之處

掃地圖

見布達皇宮。 Szentháromság tér 2 (1)489 0716 週一~週五9:00~17:00、週六9:00~12:00、週日13:00~17:00 教堂全票2,500Ft、半票1,900Ft；鐘塔全票2,900Ft、半票2,400Ft；6歲以下免費 www.matyas-templom.hu

仔細觀察馬提亞斯教堂，可以發現這個外觀屬新哥德式的教堂，蘊含了匈牙利民俗、新藝術風格和土耳其設計等多種色彩，尤其是一旁的白色尖塔和彩色馬賽克磁磚屋頂，為整座教堂增加了些許趣味和生動；教堂內部的彩繪玻璃、玫瑰窗和壁畫，更是不能錯過的重點。馬提亞斯教堂原本是13世紀時貝拉四世下令興建的布達聖母教會堂，後因於15世紀時匈牙利國王馬提亞斯在此和皇后碧翠絲舉行婚禮而改名，這裡同時也是匈牙利國王加冕之處。自13世紀迄今多次修整，經歷改朝換代的時代變遷，使馬提亞斯教堂從最早的天主教堂，在土耳其占領時改為伊斯蘭教清真寺，之後又加入了巴洛克和新哥德建築型態，恢復成為天主教堂。

教堂觀賞的重點包含了貼滿馬賽克磁磚的貝拉高塔、聖母聖嬰像(傳說中這尊雕像在土耳其占領匈牙利期間被藏在教堂的牆壁內，當時土耳其人卻毫無察覺，不過卻在1686年十字軍擊潰土耳其人時，教堂毀壞之際又神奇地出現在世人眼前)、被喻為匈牙利最佳哥德典範的聖母升天石雕大門，以及貝拉三世與安娜皇后兩人的陵墓。

此外，教堂內部附設有展示歷代國王與主教的聖器與聖物，其中還包含了國王加冕皇冠的複製品(真品收藏於國會大廈內)。目前教堂內仍延續著自1867年開始的管風琴音樂會，有興趣的遊客可以向教堂或遊客服務中心詢問音樂會的時間。

布達佩斯最美日出

如砂糖城堡般的漁夫堡，搭配太陽剛升起的景色，簡直就如童話世界般的夢幻場景！由於漁夫堡戶外空間隨時開放，這個時候來漁夫堡打卡，可以享受無人打擾的寧靜，隨著曙光照耀在雪白色的馬提亞斯教堂和漁夫堡上，有種和布達佩斯一起甦醒的感覺，迎來全新的一天。

若行程允許，非常推薦選一天早晨到漁夫堡看日出，只需事先查詢當天日出的時間再規劃出發時間，也可順道看看還在沈睡中的布達佩斯。

布達Buda

MAP ▶ P.205C3

漁夫堡

MOOK Choice

Halászbástya/Fisherman's Bastion

中世紀漁夫防禦堡壘

掃地圖

見布達皇宮。 Szentháromság tér (1) 458 3000 戶外空間隨時開放；頂塔3月16日~4月9:00~19:00、5月~10月15日9:00~20:00 戶外空間免費；頂塔全票1,000Ft、半票500 Ft，6歲以下免費，持布達佩斯卡9折 www.fishermansbastion.com

漁夫堡是城堡山上另一個具有新哥德色彩的有趣建築，夜晚是漁夫堡最迷人的時候，在燈光的照射襯托下，彷彿童話中的砂糖城堡或是沙灘上的沙堡，散發出銀白的皎潔光芒感動人心，讓人幾乎忘了漁夫堡原本是中世紀時，漁夫為了防禦工事所建造的碉堡；另一個傳說是這裡本來是中古世紀時的漁獲買賣地，19世紀獨立戰爭時，漁夫們在此地堅守禦敵，後來便逐漸以漁夫堡為通稱。

此外，漁夫堡是欣賞布達佩斯和多瑙河的最佳地點，可以清楚觀賞對岸的國會大廈，和多瑙河上的點點船隻與細長橋影，尤其是夜景，吸引許多追求浪漫的遊客前來。夏季觀光季時，漁夫堡前會聚集許多街頭藝人表演民俗音樂或舞蹈，更添熱鬧。

布達Buda

MOOK Choice

MAP ▶ P.205B2

瑪麗亞・瑪丹娜塔

Mária Magdolna Torony/ Maria Magdalene Tower

戰火下僅存的遺跡

掃地圖

見布達皇宮。 Kapisztrán tér 6 週五~週一11:00~17:00 全票1,500Ft、半票(14歲以下)600Ft；6歲以下、持布達佩斯卡免費 www.budatower.hu/en/

瑪麗亞・瑪丹娜塔也被稱為布達塔(Buda Tower)，今日聳立的地方原本是一座13世紀時的聖芳濟會羅馬教堂，該教堂在土耳其人占領期間，繼續著神聖的天主教服務，不過後來依舊難逃改建為清真寺的命運。在土耳其人撤退之後，這座教堂終於在17世紀時重回天主教的懷抱，1872年時法蘭茲一世國王甚至在此加冕。

後來這座教堂成為毗鄰軍營的駐軍教堂，不過卻在二次世界大戰時遭到摧毀，只剩下今日依舊聳立的瑪麗亞・瑪丹娜塔。為了讓後人能追憶該區的歷史，教堂放棄重建，僅留教堂石頭堆砌的底座遺跡供後人追憶。

布達Buda

MAP ▶ P.202B1

阿昆庫姆遺跡博物館

Aquincumi múzeum és régészeti park/Aquincum Museum and Archaeological Park

羅馬帝國古城遺跡

掃地圖

從地鐵M2線Batthyány tér站轉搭HÉV於Kaszásdűlő或Aquincum站下，步行約6~8分鐘可達；或搭巴士34、106或134號於Záhony utca站下，步行約1分鐘可達。 Szentendrei út 135 (1)250 1650 週五~週一11:00~17:00 4~10月全票2,200Ft、半票1,100Ft，11~3月全票1,600Ft、半票800Ft；持布達佩斯卡免費 www.aquincum.hu

阿昆庫姆(Aquincum)是羅馬帝國1~2世紀左右的古城，這座遺跡博物館是匈牙利最大的羅馬帝國遺產公園之一，隸屬於布達佩斯歷史博物館群，展示了阿昆庫姆城原址的四分之一樣貌，館藏包括布達佩斯地區的史前、古代和遷徙時期的考古發現。

遺跡公園包括羅馬帝國在2世紀左右時，於軍營區所建立的一個大型的露天劇場(Roman Military Amphitheatre)，約於第一次世界大戰後被挖掘出土。這個作為觀賞表演之用的劇場呈橢圓形，其舞台部分的縱軸約有90公尺長，比羅馬競技場(Colosseum)還要長；在當時約可容納15,000名觀眾，經常舉辦各種精采的戰事競技、獸鬥、運動競賽或戲劇、娛樂表演。

布達Buda

MAP ▶ P.205B5

塞梅爾魏斯醫學歷史博物館

Semmelweis Orvostörténeti Múzeum/ The Semmelweis Medical History Museum

探索西醫發展據點

掃地圖

搭地鐵M3線於Ferenciek tere站下，步行約15~18分鐘可達；或搭巴士86、990號於Szarvas tér站下，步行約1分鐘可達。 Apród utca 1-3 (1)375 3533 週二~週日10:00-18:00；週一休 全票1,000Ft、半票500 Ft；6歲以下、70歲以上免費 semmelweismuseum.hu 閉館至2023年2月28日。

位於皇宮山丘南邊的這棟建築物，是匈牙利知名的婦產科醫生Ignác Semmelweis(1818~1865年)的故居，在他生前，發現醫生如果未將雙手消毒乾淨，有可能會將病人或死者傷口的感染物，帶到下一位產婦身上，造成在19世紀時經常發生、且有致命危險的產褥熱；雖然，這番言論在當時並未受到重視，醫生最後甚至死於精神病院；然而，在他過世後，他的理論以及對醫學的貢獻開始獲得肯定；1965年，在他的住宅地成立了這座醫學歷史博物館，裡頭有從史前到20世紀關於醫學、藥學、化學和有關醫療系統的收藏，透過書籍、文件檔案、繪畫作品、器具、儀器、模型、雕像等方式呈現，其中大部分來自匈牙利本地，也有部分來自古埃及或中國，這些絕大部分都是Semmelweis醫生的收藏，你可以從中了解西方醫學的發展和進步。此外還有錢幣、家具和書畫等居家文物。

布達Buda

MAP ▶ P.202C1

伊姆雷瓦加藝廊

Varga Imre Gyüjtemény/Imre Varga Collection

欣賞現存國寶藝術家雕塑

掃地圖

從地鐵M2線Batthyány tér站轉搭HÉV於Árpád hid站下，步行約4~6分鐘可達。 Laktanya utca 7 週二~週五10:00~16:00；週一休 全票800Ft、半票400Ft；6歲以下、70歲以上免費 budapestgaleria.hu/_/en/imre-varga-collection-information

這是匈牙利當代藝術家伊姆雷瓦加(Imre Varga,1923~2019)的作品收藏館，雖然台灣人對這個名字可能感到陌生，但這位精通雕塑、繪畫、設計的藝術家，在整個歐洲都小有名氣，也被匈牙利視為現存最重要的藝術家之一。

這個地方看似離市區有點兒距離，但其實只要搭乘HÉV，很快便可抵達；只是藝廊本身有點兒難找，最快的方式就是先找到這位藝術家於1986年，放在Fö tér、Hajógyár u.和Laktanya u三條街道交界處、一座名為《Várakozók》的露天雕塑作品，Várakozók是匈牙利文「等待」的意思，4個女子塑像撐著傘默默地在街頭佇立，臉上表情生動，彷彿真的在期待、盼望著什麼，令人玩味。

看到這處雕塑作品後，再往北走會看到右手邊有一棟黃色房屋，打開深棕色的木大門後，便可以進入伊姆雷瓦加藝廊，這裡有更多關於這位藝術家的作品。而且除了室內展覽，還包括戶外花園，大部分是金屬雕塑作品，也有一些設計草圖，還有很多是已經展示於其他地方雕像的小型複製品，如位於艾根特根(Esztergom)這個城鎮上的李斯特雕像，旁邊還附有照片讓你互相對照。

布達Buda

MAP ▶ P.202C6

蓋勒特丘陵

MOOK Choice

Gellért-hegy/Gellért Hill

免費欣賞布達佩斯無價美景

掃地圖

從Ferenciek tere或Astoria地鐵站搭巴士8、112或239號於Sánc utca站下，或從Ferenciek tere地鐵站搭電車6號或從Kálvin tér地鐵站搭電車47或49號於Móricz Zsigmond körtér站下，再轉搭巴士27號於Búsuló Juhász (Citadella)站下，再步行約6~10分鐘可達；或從蓋勒特丘陵下近伊莉莎白橋或自由橋處沿步道上山，步行約30分鐘可達。

位於多瑙河邊、海拔約235公尺的蓋勒特丘陵，在中世紀，是種植葡萄酒的地方，今日，則被視為免費欣賞布達佩斯城市美景最好的地方。

雖然爬到山坡上要費一點力氣，但一旦登頂，你會發現一切都十分值得，好天氣時可以直接眺望多瑙河兩岸風光，無論照片怎麼拍，都是一張張美麗的明信片。

蓋勒特紀念碑Szent Gellért Emlékmű/Gellért MonumentIn

如果你從伊莉莎白橋往上爬，會發現在東北坡山腰，矗立著一座新古典主義風格的半圓形廊柱雕塑，稱之蓋勒特紀念碑。蓋勒特(Gellért)是11世紀由匈牙利國王史蒂芬從義大利邀請來的傳教士，對當時匈牙利的基督教化十分有貢獻，但傳說他最後於1046年，被異教徒在山丘上先裝進桶子以釘子刺穿，再滾下陡峭的山坡致死。之後為紀念他，這座丘陵便以他命名，同時在1904年，由雕刻家Gyula Jankovits設計了這座高12公尺、以蓋勒特本人打造的雕像，雕像高舉十字架，表情看起來十分英勇也讓人心生敬畏。雕像下方則有一座人工瀑布。

解放紀念碑Felszabádulasi Emlékmü/Liberation Monument

位在碉堡後下方的解放紀念碑，面對著多瑙河與佩斯，它是匈牙利著名的雕刻家史卓伯(Zsigmond Kisfaludi Stróbl)為紀念1945年時蘇聯紅軍自布達佩斯撤退而使該國重獲自由，不過該座紀念碑最初是為了紀念攝政王霍西(Miklós Horthy)在戰場失蹤的兒子所建。

紀念碑的頂端為一座雙手高舉棕櫚葉的青銅女性，基座的兩側分別有兩座雕像，象徵著與邪惡勢力對抗的勝利。隨著紅軍撤退，社會主義取而代之地統治了匈牙利，隨著共產主義的徹底毀滅，原本聳立於此的蘇聯士兵雕像，也被移到近郊的雕像公園展出。

城堡要塞Citadella/Citadel

蓋勒特丘陵佇立著一個從未被列入軍事用途的城堡要塞，它是哈布斯堡王朝在1848年爆發獨立革命後立即興建的軍事要地，主要是為了確保奧匈帝國在匈牙利的地位。不過當它完工後，哈布斯堡王朝的政治地位卻已不保，這裡也因而被荒廢。現在這裡則成了布達佩斯的觀光名勝，從山丘上的瞭望台，可以看到美麗的多瑙河風光。

多瑙河的橋

乘坐遊船遊覽多瑙河，是許多遊客前來布達佩斯必體驗的遊程之一。長久以來，多瑙河將布達與佩斯這兩個城市隔開，靠的就是這些穩固的橋樑來銜接兩市的交通；如今所見的橋樑，多半是第二次世界大戰後重新整修的模樣。橫跨在布達佩斯多瑙河段上的橋樑，兼具實用性和美觀，從北往南依序是瑪格麗特橋(Margit hid)、鎖鏈橋(Széchenyi Lánchid)、伊莉莎白橋(Erzsébet hid)和自由橋(Szabadság hid)。

其中最引人注目的便是鎖鏈橋。鎖鏈橋建於1839~1849年間，是由公爵塞切尼·史蒂芬(Széchenyi István)發想，委託英籍建築師設計而成，橋身總長380公尺，兩邊各有一高塔支撐，在當時來説可説是個創舉！

鎖鏈橋一到夜晚便燈火通明，再搭配布達佩斯兩岸的優美建築，營造成布達佩斯著名的夜景。尤其是夏季7、8月的週末，鎖鏈橋進行交通管制並開放給行人行走，上演著熱鬧的夏季派對。

最南邊的自由橋也同樣迷人。這座全長333.6公尺的綠色大橋是幾座橋中最短的，1896年，當時的皇帝法蘭茲約瑟夫(Franz Joseph)在橋墩鎚下最後一枚釘子後，就肩負起運輸和觀光的角色。今日橋上儘管車水馬龍，也掩不住它華麗的風貌，它以優美的外形和裝飾著稱，像是4個橋頂尖端皆飾以匈牙利象徵權力、力量和高貴的神話之鳥——Turul銅像，橋峰則有著鍍金王冠，帶著巴黎風格的燈柱妝點著兩邊橋樑，橋下多瑙之水則靜靜流淌著，成為一道美麗的風景。

瑪格麗特橋

鎖鏈橋

伊莉莎白橋

自由橋

佩斯Pest

MAP ▶ P.204A1

國會大廈

MOOK Choice

Országház/The Parliament

匈牙利傳國之寶收藏殿堂

掃地圖

搭地鐵M2線於Kossuth Lajos tér站下，步行約2~5分鐘可達。 Kossuth Lajos tér 1-3, Gate X (1)441 4000 8:00~16:00 全票8,400Ft、半票(6~24歲)4,200Ft、6歲以下免費。 www.parlament.hu 現場購票數量有限，建議到官方網址購票jegymester.hu/production/480000/hungarian-parliament-building-parliament-visit

與倫敦國會大廈相似的匈牙利國會大廈，從城堡山眺望多瑙河，一定是第一映入眼簾的明顯地標，寬268公尺、高約96公尺的新哥德式雄偉建築，共花費17年的時間建造，結合了許多不同建築特色，於1902年大功告成，內部共有將近700個房間，收藏許多藝術作品，戶外更有18個大小庭園。

國會大廈的主要建築為新哥德和巴洛克風格的結合，加上黃金與大理石更顯壯觀華麗，尤其外觀建築尖塔的精細雕工與精美的玫瑰窗，更讓它透露出莊嚴的氣魄。

不過要進入參觀國會大廈必須參加定時的導覽團。由於是國會殿堂，難免門禁森嚴，就算跟著導覽團進入參觀也僅能參觀主樓梯、匈牙利的傳國之寶——聖史蒂芬皇冠和議會廳這三處。聖史蒂芬是匈牙利第一任國王，雖然史料至今無法確認他是否戴過這個皇冠，但可以肯定的是，聖史蒂芬皇冠的歷史至少可追溯至13世紀初，是世界上最古老的皇冠之一，因此成為匈牙利王國的象徵。金碧輝煌的聖史蒂芬皇冠，最大特色是冠頂上微傾的十字架。皇冠背後也有一段顛沛流離的故事：1945年時，匈牙利法西斯黨徒挾帶皇冠至奧地利，最後又落入美國人之手，一直到1978年才在盛大歡迎慶祝儀式中重返國門，結束這段國寶綁架記。

佩斯Pest

MOOK Choice

MAP ▶ P.204B2

聖史蒂芬大教堂

Szent István-Bazilika/St. Stephen's Basilica

3大建築師打造的雄偉教堂

掃地圖

搭地鐵M1線於Bajcsy-Zsilinszky út站下，步行約3~5分鐘可達。 Szent István tér (30)703 6599 大教堂週一9:00~16:30、週二~週六9:00~17:45、週日13:00~17:45；瞭望台和寶物室9:00~19:00 大教堂全票1,200Ft、學生票1,000 Ft，瞭望台+寶物室全票2,200Ft、半票1,800 Ft，大教堂+瞭望台+寶物室全票3,200 Ft、學生票2,600 Ft；6歲以下免費，持布達佩斯享8折優惠。英語導覽行程2~15人含瞭望台與寶物室每組32,200Ft、不含瞭望台每組25,000Ft，16~40人含瞭望台每組36,200Ft、不含瞭望台每組29,000Ft www.bazilika.biz

聖史蒂芬大教堂費時50多年方才完工，可說是布達佩斯最雄偉的教堂！教堂是為了紀念匈牙利首位天主教國王史蒂芬而建，於1851年由建築師喬瑟夫・希爾德(Jozsef Hild)設計監督，在他死後又由另外兩位建築師接手，最後在1905年全部完工。由於教堂經歷了3位建築師之手，也因此建築反映出新古典與新文藝復興的融合風格。

高約96公尺的教堂圓頂，在1868年時曾因暴風雨而坍塌，不過隨後又繼續修建。據說圓頂的高度和國會大廈的尖塔高度等高，暗示了馬札兒人抵達匈牙利的日子。

教堂內部華麗不可言喻，豎立著聖史蒂芬大理石雕像的大主壇、精美壁畫、雕工精細的大理石浮雕、彩繪玻璃、大型的管風琴和挑高的殿堂，都讓人感到一股莊嚴的氛圍。不過這裡最神聖的物件是存放在主壇後方禮拜堂的史蒂芬右手木乃伊(Holy Right)！

登上瞭望台必須攀爬342個階梯才能登頂，但也可搭乘電梯抵達瞭望台，電梯僅可到達高塔的三分之二高度，出電梯後仍需步行登高至瞭望台，高65公尺的瞭望台提供360° 俯瞰佩斯的絕佳景觀。

佩斯Pest

MAP ▶ P.204A1

民族學博物館

MOOK Choice

Néprajzi Múzeum/ Museum of Ethnography

認識匈牙利各地民俗文化

掃地圖

搭地鐵M2線於Kossuth Lajos tér站下，步行約3~5分鐘可達。 Dózsa György út 35 (1)474 2100 週二~週日10:00~18:00(售票至17:30)；週一休 永久展全票1,700Ft、半票(26歲以下、62~70歲)850 Ft，永久展+特展全票3,500 Ft、半票1,750 Ft；優惠票(閉館前1小時購票)全票1,600 Ft、半票800 Ft；攝影費700 Ft；6歲以下免費 www.neprajz.hu/en

位在國會大廈一旁的民族學博物館，原是匈牙利的最高法院，建築本身華麗氣派，非常可觀，於1957年才改建成博物館，堪稱是歐洲大型的民族學博物館之一。館內主要以展現匈牙利和歐洲各地民俗文化為主，不僅分門別類、主題明確，而且展品上皆附有英文說明，對觀光客來說參觀起來相當方便。遊客可藉著精心策畫的房舍、傳統服裝、生活用品、樂器展示等，一步一步了解馬札兒人傳統的演化歷程。

佩斯Pest

MAP ▶ P.204A3

塞切尼・史蒂芬廣場

Széchenyi István tér/Széchenyi Istvan Square

豪宅與旅館圍繞的美麗廣場

掃地圖

搭地鐵M1線於Vörösmarty tér站下，步行約3~5分鐘可達。

塞切尼・史蒂芬廣場位在佩斯的鎖鏈橋一端，周圍被美麗的宅邸與大型旅館圍繞，1867年時，為慶祝奧匈帝國皇帝法蘭茲・約瑟夫(Franz Joseph)加冕為匈牙利國王，便以來自匈牙利全國各地的泥土製作成一個立於此處的土塚；1947年美國總統羅斯福拜訪匈牙利，廣場為他改名為羅斯福廣場(Roosevelt tér)；然而到了2011年，廣場經過匈牙利科學學院的出資重建後，就改成學院創始人塞切尼・史蒂芬(István Széchenyi)公爵的名字；事實上，他的雕像長年以來也一直矗立在廣場北方。

佩斯Pest

MAP ▶ P.204B3

佛羅修馬提廣場

Vörösmarty tér/Vörösmarty Square

遊客必經熱鬧廣場

掃地圖

搭地鐵M1線於Vörösmarty tér站下，出站即達。

佛羅修馬提廣場的名氣或許不大，不過倘若提到布達佩斯著名的百年咖啡廳Cafe Gerbaud所面對的廣場，或許你就有印象了！

佛羅修馬提廣場連接熱鬧的瓦采街，是遊客必經的重要廣場。廣場中央的巨型雕像是紀念詩人佛羅修馬提而建，廣場上除了有露天咖啡座外，還不時有街頭藝人獻藝，每到聖誕節期間，更是布達佩斯最熱鬧的聖誕市集所在地之一。

佩斯Pest

MAP ▶ P.204B5

瓦采街

MOOK Choice

Váci Utca/Vaci Street

人氣街道血拚重地

掃地圖

搭地鐵M1、M2或M3線於Deák Ferenc tér站下，或搭地鐵M3線於Ferenciek tere站下，皆步行約2~5分鐘可達。

在布達佩斯提到購物，絕對不能錯過的就是瓦采街，從佛羅修馬提廣場一路延伸至中央市場，聚集了各種讓人愛不釋手的民俗藝品，像是傳統服飾盛裝的匈牙利娃娃、手工刺繡品、附有可愛木匙的匈牙利香料、製作精細的陶瓷玻璃製品、粗獷風味的披風背心等，每家商店都各有特色。另外還有歐洲最火紅的服飾連鎖店Zara、Mango、Top shop等品牌，也都可以在沿途尋獲。

佩斯Pest

MAP ▶ P.204C3

煙草街猶太教會堂

MOOK Choice

Dohány utcai Zsinagóga/Dohány St. Synagogue

歐洲最大猶太聖殿

掃地圖

搭地鐵M2線於Astoria站下，步行約2~5分鐘可達。 Dohány u. 2 (1)413 5584 11~2月、5~9月週一~週四、週日10:00~16:00(週五至16:00)，3~4月週一~週五、週日10:00~16:00，10月週一~週四、週日10:00~18:00(週五至16:00)；週六休 全票8,000 Ft、學生票6,200 Ft、兒童票(6~12歲)2,900 Ft；6歲以下免費，持布達佩斯享9折優惠 jewishtourhungary.com/en

建於1854 ~1859年的煙草街猶太教會堂，長53公尺、寬26.5公尺，約可入坐3,000人，是歐洲規模最大、全世界僅次於紐約的猶太教堂。

會堂以摩爾復興(Moorish Revival)風格建成，外觀兩座高塔相當搶眼，外牆則以紅和黃磚舖成；教堂內部多彩華麗，分成英雄聖殿、墓地、大屠殺紀念館和猶太博物館。聖殿的管風琴十分有名，因為這個擁有5,000支音管的大型管風琴曾有著名的音樂家，如李斯特(Franz Liszt)、聖桑(Saint Saens)等在此彈奏過。

第二次大戰期間，許多布達佩斯的猶太人遭到納粹迫害，當時就埋葬於會堂的墓地；而1991年建立的紀念碑，以柳樹為構圖，樹葉上刻了許多在納粹大屠殺下犧牲的匈牙利猶太人姓名，也是參觀重點。參觀需參加導覽行程，英文導覽行程每半小時一場。

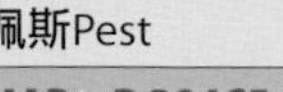

佩斯Pest

MAP ▶ P.204C5

MOOK Choice

匈牙利國家博物館

Magyar Nemzeti Múzeum/ Hungarian National Museum

匈牙利最大最悠久博物館

掃地圖

搭地鐵M3線在Kálvin tér站下，步行約1~3分鐘可達。 Múzeum Körút 14-16 (1)327 7700 週二~週日10:00~18:00(售票至17:30)；週一休 永久展全票2,900Ft、半票1,450Ft，永久展＋特展全票5,000 Ft、半票2,500 Ft；攝影費1,000Ft；持布達佩斯卡免費 www.hnm.hu

雖說匈牙利國家博物館的外觀是新古典建築風仿希臘神廟樣式，不過在1848年匈牙利大革命時，這裡卻是發表國歌的場所，也因此每年的3月15日革命紀念日，布達佩斯的民眾都會聚集在此紀念這天。

國家博物館可說是匈牙利最大並且最悠久的博物館，歷史源自1802年，收藏著法蘭茲・塞切尼(Ferenc Széchenyi)公爵捐獻出的手本文件、獎章、地圖與書本；一直到1846年時博物館才遷移到現今的建築物中。博物館樓梯間的頂棚壁畫出自匈牙利畫家羅茲(Károly Lotz)和坦恩(Mór Than)之手，館藏包括珍貴匈牙利歷史寶物、瓷器、編織、家具、武器、錢幣等，其他從11世紀到19世紀的匈牙利文物，都按照年代收藏於各樓層展示區中。地下室還收藏了羅馬石刻遺跡。

佩斯Pest

MAP ▶ P.204D6

應用美術博物館

Iparművészeti Múzeum/Museum of Applied Arts

結合多國設計元素的優雅建築

掃地圖

搭地鐵M3線於Corvin-negyed站下，步行約1~3分鐘可達。 Üllői út 33-37 www.imm.hu 應用美術博物館主館因修繕工程暫不開放。

這座應用美術博物館建於1872年，當時是全世界第3座同類型博物館。不過，它卻遲至1896年，在邀請了匈牙利建築師Ödön Lechner針對建築本身重新設計後，才正式開放參觀。

這位知名的新藝術建築師，從民間藝術找尋靈感再融合新意，除了大量採用匈牙利國寶級陶瓷喬納伊(Zsolnay)的陶藝裝飾，如建築外觀以綠色瓷磚拼貼而成的洋蔥式屋頂、入口處色彩鮮豔的陶瓷裝飾；還結合了伊斯蘭和印度設計元素，所以當你入內，便會看到以純白風格打造而成的中庭、拱門和樓層，光線透過玻璃天幕灑下來，營造出優雅靜謐的氣息。這棟建築物雖然曾在第二次世界大戰遭逢損壞，所幸後來重新修復，又恢復原先的樣貌。

布達佩斯應用美術博物館分永久展和特展，展出內容囊括家具、金屬、陶藝、玻璃、紡織服飾和手工藝品，如匈牙利喬納伊陶瓷、中世紀Esterházy金匠工藝、法國家具、Ottoman地毯、巴洛克金器；特展則從16世紀文物到當代設計都有，不過展示品不算多，而且一般認為建築物本身比展覽有看頭。

佩斯Pest

MAP ▶ P.204C6

中央市場

MOOK Choice

Nagy Vásárcsarnok/Central Market

體驗傳統市集氛圍

掃地圖 

搭地鐵M3或M4線於Kálvin tér站下，步行約3~5分鐘可達。 Vámház krt. 1-3 (1)366 3300 週一6:00~17:00、週二~週五6:00~18:00、週六6:00~15:00；週日休 piaconline.hu/en/central-market-hall/

瓦采街提供了豐富便利的購物環境，不過純粹以價位為考量的話，中央市場的價格會比瓦采街低廉，也比較有議價空間，來到這裡，真正可以見識到布達佩斯傳統市集的熱鬧氣氛。

建於1897年的中央市場，坐落在瓦采街的南端、多瑙河旁的自由橋畔。乍見中央市場，會以為自己來到了火車站，外觀雄偉渾實，內部挑高剔透的光線，加上熙來攘往的人群，幾乎跟大城市送往迎來的車站沒啥兩樣。中央市場最吸引人的是與當地民眾打成一片的歡樂自在，各種生鮮蔬果、牛豬生肉、香腸……除了五彩繽紛的新鮮食材外，辣椒、鵝肝醬、葡萄酒和香料等更是醒目。從市場中央的大樓梯再上一層，2樓可說是縮小版的瓦采街，所有街上看得到的匈牙利刺繡、娃娃、民俗藝品……在這裡一樣也不少，商品擺設和購物環境比瓦采街更平易近人，還可以享受殺價的購物樂趣。此外這裡還有許多食物攤，提供匈牙利的特色美食，也是適合休息、飽餐一頓的好地方。

佩斯Pest

MAP ▶ P.204C2

國家歌劇院

Magyar Állami Operaház/Hungarian State Opera

媲美巴黎歌劇院的美麗建築

掃地圖 

搭地鐵M1線於Opera站下，出站即達。 Andrássy út 22 (1)814 7100 售票處週一~週五10:00~19:00(開演前半小時關閉)；英語導覽行程每日13:30、15:00、16:30 表演門票價錢視依節目內容和座位；導覽行程7,000Ft www.opera.hu

1884年開幕的匈牙利國家歌劇院，是世界上最美麗的歌劇院之一，它就坐落在美麗的安德拉西路(Andrássy út)上，加上街道兩旁行道樹與咖啡座的陪襯，讓匈牙利國家歌劇院的優雅展露無遺，一點也不輸巴黎歌劇院的氣勢！

外觀為新文藝復興建築，李斯特、莫札特、韋瓦第等音樂家的雕塑更襯托出歌劇院的古典壯麗。匈牙利國家歌劇院真正令人嘖嘖稱奇的是內部的華麗觀眾席，昔日是王公貴族重要的社交娛樂場所，內部雕琢設計極盡華麗之能，讓參觀者彷彿置身宮殿之中。欣賞國家歌劇院最好的方式，就是買一張戲票坐在觀眾席中慢慢地享受；如果你錯過精采的表演也沒關係，歌劇院也貼心地提供導覽服務，讓遊客有機會一睹歌劇院奢華的內部設計！

佩斯Pest

MAP ▶ P.203D4

李斯特・菲冷茲紀念館

Liszt Ferenc Emlékmúzeum/Liszt Ferenc Memorial Museum

陳列愛國作曲家生平文物

掃地圖 

搭地鐵M1於Vörösmarty utca站下，步行約1~2分鐘可達。 Vörösmarty u. 35 (1)322 9804 週一~週五10:00~18:00、週六9:00~17:00；週日和國定假日休 全票2,000Ft、半票1,000Ft，攝影費500Ft；英文、中文語音導覽700Ft，英文專人導覽每組12,000Ft (25人為上限) www.lisztmuseum.hu

匈牙利有許多知名的音樂家，其中最為人所熟知的就是在布達佩斯創建音樂學院的李斯特(Franz Liszt,1811~1886)。李斯特的作品與其他匈牙利作曲家同樣都隱含高貴的愛國情操，觸角深入民間大眾，反映社會，在他的某些作品中隱約可嗅出吉普賽民俗音樂的味道。目前的紀念館是李斯特於1881~1886年間居住的房子，裡面陳列展示了許多與這位匈牙利一代音樂宗師相關的生平文物，以及他使用過的鋼琴、樂譜與肖像。在週日上午，也會有年輕的音樂家在此彈奏鋼琴，琴聲與房子內的一景一物，倒是令人有種回到李斯特年代的布達佩斯的感覺。

佩斯Pest

MAP ▶ P.203D3

高大宜紀念館

Kodály Zoltan Emlékmúzeum/Zoltan Kodály Memorial Museum

音樂家私宅的儉樸生平記錄

掃地圖 

搭地鐵M1線於Kodály körönd站下，步行約2~3分鐘可達。 Andrássy út 87-89 (1)352 7106 週一11:00~16:30，週三~週四10:00~12:00、14:00~16:30；採預約制，須至少2天前以電話或e-mail完成預約，以免吃閉門羹。 全票1,500Ft、半票750Ft；導覽行程需另外付費 kodaly.hu/museum

高大宜紀念館隱藏在圓環旁的一棟年久失修的宅邸內，是高大宜於1924年到1967年春天去世前的私人住宅。一直到1990年的春天，這裡才改成紀念館開放給大眾參觀。

從紀念館內的擺設中可以看出這位偉大音樂家的樸實個性，室內以具有民俗特色的瓷器和刺繡品，和他為收集民俗音樂的資料四處旅行時收藏的紀念品、家人與作曲家的照片做為裝飾。儉樸的餐廳，是高大宜每日下午以薄荷茶和小點接待客人的場所，而餐桌也是他的兩任太太替他剪報收集資料的地方。而在另一間擺設有兩架鋼琴的房間，則是高大宜歡迎貴賓或音樂家前來聽他演奏的場所，至於最裡面的房間則展示著高大宜的樂譜作品與重要文件。

佩斯Pest

MAP ▶ P.204B2C2

安德拉西路

Andrássy út/Andrássy Street

文化大道暨名牌大街

掃地圖 

搭地鐵M1線於Opera、Vörösmarty utca或Hösök tere等站下。

大部分的人來到安德拉西路，是因為要參觀沿線的著名景點，從國家歌劇院、李斯特菲冷茲紀念館，到英雄廣場、城市公園等，都位於這條街道上，地鐵M1也沿街設站，所以安德拉西路又有「文化大道」的美譽；另外，它同時是布達佩斯的主要購物街之一，美麗的林蔭大道兩側，有許多精緻漂亮的咖啡館、餐廳、商店和表演劇場，可說是布達佩斯最賞心悅目的道路。和瓦采街不同的是，這裡的商店更為高檔，可說是名牌一條街，尤其是Opera和Oktogon兩地鐵站間的這段路，想買Burberry、Dolce & Gabbana、Louis Vuitton、Armani、Gucci的人，可以完全滿足購物慾望。

佩斯Pest

MAP ▶ P.203E3

英雄廣場

MOOK Choice

Hösök tere/Heroes' Square

建國千年紀念地標

掃地圖 

搭地鐵M1線於Hösök tere站下，出站即達。

位於安德拉西大道盡頭處的英雄廣場，不僅是紀念匈牙利建國1,000年的歷史紀念，也是廣受喜愛的城市公園的入口。英雄廣場建於1896年，廣場中央36公尺高的紀念柱上，有大天使加百利手持聖史蒂芬皇冠及十字架的銅塑像，塔的基座則是匈牙利馬札兒民族領袖阿爾帕德王子和6位族長的騎馬像，廣場周圍的柱廊立有14座雕塑，分別是歷代匈牙利國王和重要政治人物。每到重要節日、紀念活動或國賓蒞臨時，英雄廣場的衛兵交接儀式都吸引大批人潮觀賞。

佩斯Pest

MAP ▶ P.203E3

國立美術館

Szépmüvészeti Múzeum/Museum of Fine Arts

典藏歐洲知名畫家作品

掃地圖 

搭地鐵M1於Hösök tere站下，步行約2~3分鐘可達。 Dózsa György út 41 (1)469 7100 週二~週日10:00~18:00(售票至17:00)；週一休 永久展全票3,400Ft、攝影費1,000 Ft、提供語音導覽1,100 Ft，持布達佩斯卡免費；特展價格不定，依官網為主，布達佩斯卡不包含特展門票 www.szepmuveszeti.hu

位於英雄廣場北側的國立美術館，雖說是匈牙利的國立美術館，有趣的是這裡的主要收藏都是歐洲其他國家的繪畫作品，包含13至18世紀西班牙、義大利、德國、法國、英國等諸多名家繪畫，以及部份19、20世紀的水彩畫和雕塑作品等。其中最著名的收藏品是西班牙畫家埃爾·葛雷科(El Greco)的7幅畫作以及哥雅(Goya)的作品，還有義大利畫家拉斐爾(Raphael)與提香(Titian)的收藏也是不容錯過。

另外值得一看的是：地下室的埃及館中展示著4個成人和1個小孩的古木棺，還有貓、鱷魚等動物木乃伊。

國立美術館對面是現代美術館(Múcsarnok)，裡面的展覽很少，而且以特展為主，如果不是對展出的主題特別感興趣，較不建議花門票費前往參觀。

佩斯Pest

MAP ▶ P.203E3

城市公園

Városliget/City Park

適合各年齡層的複合式公園

掃地圖 

搭地鐵M1線於Széchenyi fürdö站下，出站即達。

從寬廣的英雄廣場漫步到背面的城市公園，視野更加寬廣。城市公園是布達佩斯最大的公園，與多瑙河上幽靜的瑪格麗特島大不相同，這裡有溫泉、動物園、遊樂場、植物園、維達杭亞城堡(Vajdahunyad Vara)、農業博物館(Mezögazdasagi Múzeum)、雅克教堂(Jak)等，是適合各個年齡層的複合式公園，天氣好時也會看到多對新人來這裡拍婚紗照。此外，當地著名的塞切尼溫泉也近在咫尺。

布達Buda——佩斯Pest

MAP ▶ P.203~204C1~C3

瑪格麗特島

Margitsziget/Margaret Island

遠離塵囂的花園小島

掃地圖

搭地鐵M2線於Széll Kálmán tér站下，再搭電車4、6號於Margitsziget站下，步行約2~5分鐘可達；或搭M3線於Nyugati pályaudvar站下，再搭巴士26號，可直接在島上來回穿梭；或從地鐵M2線Batthyánytér站下轉搭HÉV於Margit Híd站下，步行約10分鐘可達。

位於多瑙河中央的瑪格麗特島，既不在布達也非隸屬於佩斯的範圍內，更突顯出它得天獨厚的恬靜氣氛。2.5公里長的花園小島上，有溫泉、游泳池、林蔭步道、噴泉等。如果要暫時遠離市區喧囂，到瑪格麗特島或許是個不錯的選擇，天候宜人時，不論是徜徉散步、感受多瑙河的氣息，或是租輛腳踏車「環島」，或是在島的北、南端搭乘巴士繞島觀光，都將讓人回味無窮。島上包含有13世紀的聖方濟各教堂、多明尼克修道院遺跡、音樂噴水池、露天劇場等景點，在島的另一端還有大型的溫泉旅館。

布達佩斯觀光遊船Budapest Sightseeing Cruises

如果想用較快速的方式欣賞布達佩斯和多瑙河之美，搭乘觀光船是不錯的方式。多瑙河沿岸碼頭有多家船公司，一般提供白天和夜晚兩種選擇，遊船往返於自由橋和瑪格麗特島之間，沿途遇到重要的名勝古蹟，遊客都可以透過耳機(包括中文語音等30種語言)獲得詳盡的導覽解說，價格含1杯飲料和免費Wi-Fi，另可加價選擇停留瑪格麗特島或燭光晚宴行程。

搭地鐵M1線於Vörösmarty tér站下，步行約3~5分鐘可達。 Dock 7 Vigadó tér (1)266 4109 每月發船時間不一，請上網查詢；船程約1小時。 白天全票€13.5、學生票€12、兒童票(10~14歲)€9，晚上全票€19、學生票€15.5、兒童票€10，9歲以下免費；燭光晚宴行程成人€71、兒童(3~12歲)€51 www.legenda.hu

Where to Eat in Budapest
吃在布達佩斯

布達Buda

MAP ▶P.205D3 Horgásztanya Vendéglő

搭地鐵M2線於Batthyány tér站下，步行約5~8分鐘可達。 Fő utca 27 (1)212 3780 12:00~24:00(最後點餐23:00) horgasztanyavendeglo.hu

如果想在市區吃到好吃的匈牙利魚湯又不想花大錢，Horgásztanya Vendéglő是最好的選擇。已有50年歷史的Horgásztanya Vendéglő，被視為最有媽媽味的餐廳，所以深受當地人喜愛，對他們來說，來這裡用餐就像是在家裡吃飯一樣舒適自在，而且合乎口味。餐廳的裝潢走鄉村風格，木製桌椅、花布桌巾……簡單卻很有自家小廚房的風情，牆上漁夫捕魚野炊的圖畫，則是最搶眼的布置，另外一只掛在牆上、重60~70公斤的鯰魚標本，也十分吸引目光。

來這裡一定要點匈牙利魚湯(Hungarian Cat-Fish Soup)，食量小的可以選擇杯裝(Served in Mug)，比較建議點大一點的鍋裝(Served in Kettle)，免得因為太好吃而欲罷不能。這道以新鮮鯰魚做成的湯，吃時先將湯舀到盤中，再依喜好添加店家提供的匈牙利辣椒，就可拿著麵包沾著魚湯吃。

由於這裡的魚料理太有名，除了魚湯，菜單的第一頁全是跟魚有關的菜，隨意點都錯不了。餐廳的招牌點心「酸奶乾酪麵糰子」(Cottage-cheese Dumplings with Sour Cream and Sugar)，來這裡也別錯過。這是匈牙利婦女幾乎都會做的傳統甜點，將乾酪、雞蛋、麵粉和罌粟種子等先揉桿成圓胖的麵糰子，煮烤過後再灑上酸奶油和糖粉後端上桌，吃時還熱騰騰的，充滿香甜濃郁的乳酪口感。

食堂名稱簡單分類

匈牙利的餐廳種類眾多，該如何從名稱做簡單的分辨呢？只要看到Étterem或Vendéglő，就是餐廳的意思；Büfé是賣自助餐的便宜小館；Kávézó是咖啡廳；Cukrászda則是糕餅甜點鋪。

布達Buda

MAP ▶P.202C5 金鹿餐廳 Aranyszarvas Restaurant

搭巴士5、175號於Szarvas tér站下，步行約1分鐘可達。 Szarvas tér 1 (30)984 7518 11:30~22:00 aranyszarvasetterem.hu/en/

這是家可以品嘗到精緻野味佳餚(game dishes)的高檔餐廳，不論是野豬、野兔或是鹿、牛、魚等特產，在這裡都品嘗得到。

餐廳就位於城堡山丘下，白色的建築本身就有300年的歷史，而且不僅室內裝潢優雅，戶外庭園也很漂亮，夏天很多人都喜歡在這裡用餐。

佩斯Pest

MAP ▶P.204C3 Street Food Karaván

搭地鐵M2線於Astoria站下，步行約2~5分鐘可達。 Kazinczy u. 18 11:30~24:00 www.facebook.com/streetfoodkaravan/

自2004年廢墟酒吧(Szimpa Kert)在Kazinczy街上開張後，這裡就變成年輕人的夜生活首選之地，也越來越多小型餐酒館、小吃店聚集在這裡。而Street Food Karaván是匈牙利第一個也是最成功的街頭美食廣場，走進巷子裡，你看到的不會是餐廳或攤販，而是一輛輛的餐車，從匈牙利國民小吃Langos、牛肉湯到義大利麵、墨西哥料理、純素漢堡……各種類型的飲食選擇，是個比較不一樣的布達佩斯小角落。

佩斯Pest

MAP ▶ P.204B5 Fatal Restaurant

搭地鐵M3線於Ferenciek tere站下，步行約7~8分鐘可達；或搭M3或M4線於Kálvin tér站下，步行約8~10分鐘可達。 Váci u. 67 (1)266 2607 週三~週日 12:00~22:00；週一、週二休 www.fatalrestaurant.com

掃地圖

坐落於熱鬧的瓦采街延伸而出的Pintér u.路上，這間充滿家庭廚房風味的餐廳，令人聯想起匈牙利媽媽的手藝。搭配捲心菜的豬肉、盛滿蔬菜燉肉的小圓麵包、酥脆的鴨肉片以及鬆軟的白乳酪餃等等，令人光想就口水直流，此外這間餐廳還裝飾著非常漂亮的彩繪玻璃，這也是它大受歡迎的緣故之一。

佩斯Pest

MAP ▶ P.204C6 Fakanál Étterem

搭地鐵M3或M4線於Kálvin tér站下，步行約3~5分鐘可達。 Vámház körút 1-3 (1)217 7860 週一9:00~17:00，週二~週五9:00~18:00、週六9:00~15:00；週日休。 www.fakanaletterem.hu/en

掃地圖

這間位於中央市場2樓的餐廳，在布達佩斯享有盛名。Fakanál Étterem提供精緻的匈牙利傳統料理和鄉村料理，搭配當地的葡萄酒以及熱鬧的吉普賽音樂，讓你在用餐時能夠同時體驗熱鬧的氣氛。也因為餐廳的大受歡迎，Fakanál Étterem甚至提供布達佩斯當地的外燴以及活動安排服務。

耶誕季前到德亞克街找在地小吃
Winter Food Fest

德亞克廣場(Deák Ferenc tér)是市區內唯一3大地鐵線交會的地方，無疑當地最重要的交通樞紐，人來人往特別繁忙。從德亞克廣場往瓦采街方向前進的德亞克街(Deák Ferenc utca)，平常即是熱鬧的時尚街道，每年到耶誕節前，大約從11月底開始，路中央會變身成為小吃街，集結數十個臨時攤販，提供各式各樣的在地小吃，包括匈牙利口味的餡餅Strudel、漢堡、烤物、炸物、熱蘋果汁、葡萄酒等，偶爾也夾雜一些飾品攤位，很像小型的夜市。如果懶得上館子或不想吃美式速食，不妨到這裡來打牙祭，見識一下匈牙利式的夜市。

搭地鐵M1~M3線於Deák Ferenc tér站下，步行約1分鐘即達。 Deák Ferenc utca

佩斯Pest

MAP ▶ P.204B2 First Strudel House／Első Pesti Rétesház

搭地鐵M3線於Arany János utca站下，步行約5分鐘可達。 Október 6. street 22. (01)428 0134 10:00~23:00 reteshaz.com

掃地圖

東歐的甜點全球馳名，Strudel是這一帶國家常見的傳統家常點心，只是彼此之間略有差異。

在匈牙利也吃得到這種傳統甜點，它是一種包著堅果、奶酪或水果、香料等口味的餡餅，派皮本身就是餡餅好吃與否的決勝關鍵，也是師傅們始終不肯透露的獨家秘訣；位於佩斯的Strudel House從1812年營業至今，不但是全市第一家，也被視為最道地、美味的Strudel店，它的派皮薄如紙張、風吹便起，蘋果餡餅是大眾化的選擇，不過不少人基於好奇，會選擇在台灣吃不到的罌粟口味，口感如何？其實吃起來還蠻像黑芝麻的，有興趣的人不妨一試。

Where to Buy in Budapest
買在布達佩斯

布達Buda

MAP ▶P.202A3 Mammut

掃地圖

搭地鐵M2線於Moszkva Tér站下，步行約3分鐘可達。 Lövőház Street 2-6 (1)345 8020 週一～週六10:00~21:00、週日10:00~18:00 www.mammut.hu

布達佩斯的大型購物商場主要有3家，其中以位於布達的Mammut屬於較高價位的商場。該購物中心設計規畫於1998年，並於2001年正式對外開幕，330間商店分別坐落於6層樓中，除了男女服飾、皮鞋與皮件、珠寶配件、玩具以及廚房用品，甚至於寵物商品外，還附設了速食餐廳以及麵包店等餐飲設施，強調除了是商場外也是娛樂中心，所以Mammut裡頭還附設了保齡球館以及迴力球場等休閒運動設施。

佩斯Pest

MAP ▶P.204C4 Tisza

掃地圖

搭地鐵M2線於Astoria站下，步行約1~2分鐘可達。 Károly körút 1 (1)266 3055 週一～週五10:00~19:00、週六10:00~16:00；週日休 tiszacipo.hu

創立於前蘇聯時期，Tisza這個匈牙利在地的製鞋品牌，憑藉著成功舉辦各類活動和充滿設計感的造型，聰明的再度成為當地流行的鞋類品牌，同時也成為前往匈牙利旅行必買商品的名單之一。如今它在國際間也逐漸打開知名度，雖然打出高檔休閒品牌的市場定位，卻也充滿年輕人的潮味。

佩斯Pest

MAP ▶ P.204C2 Herend陶瓷店

搭地鐵M1線於Opera站下，出站即達。 Andrássy út 16 (1)374 0006 週一～五10:00~18:00，週六10:00~14:00；週日休 herend.com

掃地圖

Herend是匈牙利最知名的第一陶瓷品牌，原產地是在布達佩斯西南方約120公里一處名為Herend的小鎮。Herend首創於1826年，原本只是一個生產粗陶器和實驗陶瓷製法的小型工廠，自從1839年Fischer接手之後，開始積極地從事事業擴展和藝術創作，在他的努力之下，原先只使用東方和西歐瓷器的匈牙利皇室，開始接受Herend陶瓷。經過匈牙利王室的讚譽洗禮，Herend逐漸在世界陶瓷界中大放異彩，也讓Herend成為歐洲各國王室的最愛，也是目前全球最名貴的陶瓷品牌之一

佩斯Pest

MAP ▶ P.204C5 Tóth István

搭地鐵M3線於Kálvin tér站下，步行約3~5分鐘可達。 Vámház krt. 10 (1)268 9150 週一～週五9:00~18:00、週六10:00~14:00；週日休 www.toth-lovaglocsizma.hu 夏季週六常休息，建議先來電確認。

掃地圖

在瓦采街頭，你可能會發現很多小小的櫥窗內擺著漂亮的男靴，十分吸引目光，但這只是Tóth István的街頭廣告，它真正的店家位在不遠處的Vámház krt.街。店面其實不大，但裡頭的每雙靴鞋看起來都很有味道。

這家1980年左右開業的鞋店，專門販售匈牙利古典手工男靴，每雙都是師傅以真牛皮加以手工，一針一線縫製而成，質感不錯。這裡還接受手工訂製，約3週可以完成。但是只接受現金交易。

佩斯Pest

MAP ▶ P.204B4 Goda Kristály

搭地鐵M1線於Vörösmarty tér站下，或搭地鐵M1、M2或M3線於Deák Ferenc tér站下，皆步行約2~5分鐘可達。 Váci utca 9 (1)318 4630 10:00~18:00 www.godacrystal.com

掃地圖

這家位於瓦采街上的精品店，可以買得到很多匈牙利紀念品，共有2層樓，1樓有許多知名水晶和瓷器，像是喬納伊(Zsolnay)陶瓷、Hollohaza瓷器，這些都是匈牙利國寶級品牌；地下樓則賣有一些俄羅斯娃娃、西洋棋、復活節彩蛋，還有一些木製工藝品，店家強調是由當地人手工製作，品質也不錯。

佩斯Pest

MAP ▶ P.204F5 競技場廣場Arena Mall

搭地鐵M2線於Keleti pályaudvar站下，步行約5~8分鐘可達。 Kerepesi út 9 (1)880 7010 週一～週六10:00~21:00、週日10:00~19:00；Tesco 8:00~21:00 www.arenamall.hu/en

掃地圖

位於火車站東站旁的競技場廣場是座很受歡迎的購物中心，它兼具賣場和百貨公司的功能，從生活用品到流行品牌都買得到。

約200間的店鋪包括不少國際品牌，尤其是這幾年大行其道的平價品牌，如Zara、H&M、Bershka、Stradivarius、Pull & Bear、Peek & Cloppenburg……在這裡都有設櫃；另外，30家餐廳和咖啡館也讓這裡的美食街熱鬧非凡，像是麥當勞、Pizza Hut、漢堡王和Häagen-Dazs等都很受歡迎；Arena Mall內還有Tesco超市和3C電器商品的大賣場。全方位的購物選擇，加上交通便利，人氣一直很旺。

Where to Stay in Budapest
住在布達佩斯

佩斯Pest

MAP ▶ P.204B2 總統飯店Hotel President

掃地圖

搭地鐵M3線於Arany János utca站下，步行約5分鐘可達。 Hold u. 3-5 (30)513 0040 hotelpresident.hu

總統飯店位於布達佩斯市中心的巷弄裡，其所在位置特別特別地安全，因為飯店正對面就是匈牙利國家銀行以及國庫，而國庫後方就是美國大使館，除了可以非常安心地住下，這裡也幾乎聽不到噪音！最近的旅遊景點包括聖史蒂芬大教堂與國會大廈，皆是步行可到的距離。

從外觀來看，就是典型的歐洲建築，大廳的空間雖然比想像中的小，但採用優雅的大理石地板及水晶燈的古典風格。然而，穿過大廳之後的中庭，設計風格突然一轉，彷彿離開了總統飯店，走進了另一家飯店，幾乎很少可以在同一家飯店裡看到兩種對比強烈的設計風格。飯店一共有152間佈置獨特的套房，一些採用古典風格的裝潢，而全新的48間豪華客房則更傾向於現代感設計。所有房間都配備了咖啡機與泡茶設備。

飯店內的餐廳Intermezzo提供匈牙利傳統美食和國際化料理，其露台更是有雙重功能：夏季時是可以辦雞尾酒派對的露台，到了冬季則變身成為迷你滑冰場。

佩斯Pest

MAP ▶ P.204B4 Budapest Marriott Hotel

掃地圖

搭地鐵M1線於Vörösmarty tér站下，步行約4~6分鐘可達。 Apáczai Csere János u. 4 (1)486 5000 www.marriott.com/hotels/travel/budhu-budapest-marriott-hotel

Budapest Marriott Hotel不但是國際五星級的飯店，而且位在佩斯側的多瑙河畔，地理位置相當優越。

共有364間客房或套房，空間寬敞、舒適，設備先進，擁有符合人體工學的家具，也可免費無線上網，絕大部分房間皆可眺望河景。附設多間餐廳、酒吧，也有設施完善的健身中心。雖然位在城市鬧區，卻宛如遠離喧囂的度假村。

佩斯Pest

MAP▶P.204B1 Hotel Parlament

掃地圖

搭地鐵M3線於Arany János utca站下，步行約5分鐘可達。 Kálmán Imre utca 19 (1)374 6000 www.parlament-hotel.hu

自2006年開張以來，Hotel Parlament一共有65間新藝術風格的客房，空間寬敞、舒適、設備齊全，所有公共區域和客房都在飯店成立10週年之際全面翻新，提供舒適又時髦的時尚氛圍。每個角落都可免費無線上網，Lounge Bar也會為房客每日無限供應咖啡、茶與礦泉水。此外，Hotel Parlament還專門設置了電腦區，附設兩台電腦與影印機，提供上網和列印服務。

Hotel Parlament也處於優越的地理位置，史蒂芬大教堂、國會大廈與多瑙河畔都在步行可達的範圍內，距離布達佩斯西站(Nyugati pályaudvar)火車站步行也只有5~10分鐘的路程。

佩斯Pest

MAP▶P.204C4 Danubius Hotel Astoria

掃地圖

搭地鐵M2線於Astoria站下，步行約1~2分鐘可達。 Kossuth Lajos utca 19-21 (1)889 6000 danubiushotels.com/our-hotels-budapest/danubius-hotel-astoria

這間位於地鐵3號線Astoria站旁的四星級飯店，擁有絕佳的地理位置。由於鄰近大學區，四周散落著美式、土耳其式甚至匈牙利式速食餐廳，至於想享用美食的人，無論是飯店本身附設的餐廳或是附近巷弄裡的餐廳都提供不錯的選擇。此外，步行距離可達的大型超市和量販店，更提供旅人完善的生活需求。飯店悠久的歷史開始於1914年，從它優雅的外觀和洋溢昔日氛圍的大廳，便能瞧出端倪，然而它138間客房卻配備了新穎的現代化設備，飯店人員服務熱忱且客房舒適，是停留布達佩斯期間不錯的選擇。

佩斯Pest

MAP ▶P.204A3 D8 Hotel

掃地圖

搭地鐵M1線於Vörösmarty tér站下，步行約3~5分鐘可達。 Dorottya utca 8 (1)614 0000 d8hotel.hu

D8 Hotel位於布達佩斯最熱鬧的地區，鄰近人氣街道、血拚重地——佛羅修馬提廣場、瓦采街和德亞克廣場。飯店大廳透過亮色系的黃色、紫色搭配深藍色的工業風裝潢，營造出非常活潑、也讓人心情愉快的氛圍，你會不禁想要研究每個角落的設計，看看會有什麼驚喜。D8 Hotel的大廳空間非常大，白天會為房客無限供應咖啡，旅遊中途回飯店休息時，可以隨時好好充電。

D8 Hotel的房型雖然簡單，只有雙人房和家庭房兩種房型，但每間房間都各自配備現代化設備。若房型有搭配早餐的話，一定要去試試餐廳的自動鬆餅機！只需按一下開關，機器就會幫你製作可愛的迷你鬆餅，是一般飯店比較看不到的設備喔！

佩斯Pest

MAP ▶P.204C2 K+K Hotel Opera

掃地圖

搭地鐵M1線於Opera站下，步行約1~3分鐘可達。 Révay utca 24 (1)269 0222 www.kkhotels.com/en/budapest/hotel-opera

位於國家歌劇院旁，距離熱鬧的瓦采街也不過步行的距離，四星級的K+K Hotel Opera給人一種優雅精緻的感覺，客房洋溢著設計感卻不失溫馨舒適，並給人明亮的感受。

佩斯Pest

MAP▶P.204B5 **Bohem Art Hotel**

掃地圖

搭地鐵M3線於Kálvin tér站下，步行約6~10分鐘可達。 35 Molnár u. (1)327 9020 www.bohemarthotel.hu

布達佩斯這幾年很流行設計酒店，Bohem Art Hotel是當中極為出色的一家。四星級的Bohem Art Hotel位於最熱鬧的瓦采街旁的巷弄間，除了位置佳外，又鬧中取靜，而中央市場也僅在對面，離地鐵站又近，成為想要好好探訪這個城市的遊客的最佳選擇。

飯店的設計感十足，走進這棟由17世紀舊工廠改建的建築，設計師利用原本的格局做完美規畫，打造兼具實用性和美感的空間，並以濃烈的色彩和現代的元素，創造一種時尚、年輕的氣息，你會覺得這裡的氣氛特別愉悅，甚至有點兒像夜店讓人特別容易放鬆，而飯店更貼心地在你Check-in之後，提供免費的飲料券，讓你可以直接到酒吧點杯飲料，輕鬆一下。

最讓人眼睛為之一亮的是，這裡的每間客房或套房的牆上，都由匈牙利年輕藝術家畫上美麗的圖案，畫作風格多元豐富，有的是性感熱情女郎，有的是繽紛城市夜景；有的抽象充滿奇異幻想，有的卻是可愛瀰漫童趣，喜歡哪種畫沒問題，只要事先上網點選，飯店會依你的喜好安排入住。住在這裡，就彷彿住進現代藝術畫廊裡，讓人留下難忘的旅宿體驗。

儘管飯店充滿設計感，但在軟硬體服務上仍注重細節，全飯店提供免費的Wifi上網服務，對商務客而言貼心又便利。

佩斯Pest

MAP ▶ P.203D3 Radisson Blu Béke Hotel

搭地鐵M3線於Nyugati pályaudvar站下，步行約3~5分鐘可達。 Terez Korut, 43 (1)889 3900 www.radissonblu.com/en/hotel-budapest

掃地圖

距離布達佩斯西站(Nyugati pályaudvar)火車站步行約5分鐘的路程，Radisson Blu Béke Hotel四周商店林立之外，還有一座大型商場就在步行約10分鐘可達之處，也因此無論白天或晚上，附近的街道總是人潮洶湧。

Radisson Blu Béke Hotel開幕於1914年，它宏偉的建築外觀上還有一幅美麗的馬賽克拼貼，不難看出它輝煌一時的模樣。在它247間客房中共分為四個等級，各自配備現代化設備且舒適素雅，此外更提供免費的無線上網服務，因此深受商務人士喜愛。

佩斯Pest

MAP ▶ P.204C5 Ibis Budapest Centrum

搭地鐵M3或M4線於Kálvin tér站下，步行約2~3分鐘可達。 Ráday u. 6. (1)456 4100 all.accor.com/hotel/2078/index.en.shtml

掃地圖

鄰近國家博物館，這間Ibis飯店共擁有126間客房，除完善的設施和可以上網外，還有一間24小時提供點心和熱食的餐廳。

佩斯Pest

MAP ▶ P.204C5 琥珀園景公寓 Amber Gardenview Studios

搭地鐵M3線於Ferenciek tere站下，步行約2~3分鐘可達；亦可搭地鐵M3或M4線於Kálvin tér站下，步行約2~3分鐘可達。 Veres Pálné u. 26 anoli-apartments.worhot.com

掃地圖

如果想住在瓦采街附近，但沒有太多預算，Amber Gardenview Studios是頗理想的選擇。它不但地理位置方便、價格便宜，而且客房空間寬敞、舒適，也布置得很有風格，設計細節有顧慮到住宿者的需求，可免費無線上網，還配備設施完善的小廚房，進出又獨立自主，相當推薦。

編輯筆記

互相約定入住時間的公寓式民宿

布達佩斯非常盛行一種住宿型態，就是把市中心的舊公寓加以改裝，成為出租式的套房、民宿，Studios、Apartments、Pension等名稱不一而足。基本上只要整理得乾淨舒適、離地鐵站近、房價便宜，是非常理想的選擇。不過這種住宿店主多半沒有同住，只有工作人員幫房客處理check-in手續。所以在完成訂房後，店家多半會主動與房客聯繫，確定預計抵達的時間，以免房客到達時找不到可以幫忙check-in的人。最怕的是萬一遇到不負責任的工作人員，在約好的時間沒有準時現身，旅客有可能必須在戶外痴痴地等，要有這種心理準備。

維榭葛拉德●

維榭葛拉德
Visegrád

在斯拉夫語中，維榭葛拉德指的是「高聳的城堡」，其所在位置正好是多瑙河流域中河道曲度最完美的地方。

位在森檀德北方約23公里的維榭葛拉德，也是多瑙河流域的另一處觀光重鎮，或許是仗著天然優越的地勢與美麗的河岸景致之故，自古以來總是軍隊與政權爭奪之地，也因為如此，位在山丘上的城堡遺跡與河岸的皇宮遺跡，就成了維榭葛拉德最重要的觀光資產。當你登上城堡俯視多瑙河，保證會被眼前美麗的自然風光所征服！

INFO

基本資訊

人口：約1千9百人。 **面積**：33.27平方公里。

如何到達——火車

從布達佩斯搭地鐵M3線於Nyugati pályaudvar站(西站)，轉搭Szob線火車於Nagymaros-Visegrád站下，再搭每小時一班的渡輪到對岸。

正確班次、詳細時刻表及票價可上網或至火車站查詢，購票可以到火車站櫃台或先於台灣向飛達旅遊購買。

◎匈牙利國鐵(MÁV)

www.mav.hu

◎歐洲鐵路

www.eurail.com

◎飛達旅遊

www.gobytrain.com.tw

如何到達——市郊巴士

從地鐵M3線Újpest-Városkapu站(上佩斯城門站)的市郊巴士站搭880~889號等巴士前往，車程約1小時20分鐘，班次可上網查詢或向遊客服務中心詢問。

維榭葛拉德有數個巴士站：在沙拉蒙碉堡的下方有一個，在皇宮遺跡的附近也有一個。從布達佩斯經森檀德的方向過來時，會先經過沙拉蒙碉堡下方的車站，然後才抵達皇宮站，而距離皇宮站不遠處正是遊客服務中心，也是前往皇宮和要塞遺跡最方便的起點。建議在皇宮站下，先到遊客服務中心索取地圖和詢問相關資訊後，再邁開探索維榭葛拉德的腳步。要塞遺跡路途較遠，可以登山健行的方式前往，也可搭計程車往返。遊客服務中心所在的據點處，也有供應簡餐的休息站。

www.volanbusz.hu/en/timetable/inter-urban-services

市區交通

可以步行遊覽大部份景點。

旅遊諮詢

◎遊客服務中心

Duna-parti út. 1

(26)397 188

週二~週日10:00~16:00；週一休

www.visitvisegrad.hu

Where to Explore in Visegrád 賞遊維樹葛拉德

MAP ▶ P.244A2

皇宮遺跡

MOOK Choice

Királyi Palota Romkert/Royal Palace Ruins

義大利文藝復興式皇室夏宮

掃地圖

從遊客服務中心步行約3～5分鐘可達。 Fő utca 29 (26)597 010 10:00~16:00；週一休 全票1,400Ft，半票700Ft；6歲以下、70歲以上免費 www.visegradmuzeum.hu

維樹葛拉德的歷史可追溯到羅馬人時期，其間歷經斯拉夫民族的定居與蒙古人的遷移，到了13世紀時，貝拉四世國王開始大肆整修城堡，不久後又將皇宮自布達遷移到這裡；將近200年的時間，維樹葛拉德的皇宮都扮演著皇室夏宮的角色。

而真正讓這裡進入黃金時代的，是15世紀的馬提亞斯國王與皇后，他們聘請了來自義大利的文藝復興工匠重建皇宮，從花園、噴泉到雕刻無一不講究細節，讓皇宮更成為當時歐洲皇室之間的大話題！

不過當16世紀土耳其人入侵匈牙利時，這裡的一切都被毀壞；一直到1930年代匈牙利考古學家才根據史跡將皇宮遺跡挖掘出土。目前皇宮遺跡屬於馬提亞斯國王博物館(Mátyás Király Múzeum)的一部分。

MAP ▶ P.244B1

沙拉蒙碉堡

MOOK Choice

Salamon torony/Solomon's Tower

昔日統治者宅邸及防禦建築

掃地圖

從遊客服務中心步行約10~12分鐘可達。 Fő utca 23 (26)597 010 www.visegradmuzeum.hu/ 目前不開放參觀，預計2023年春季開放。

順著文藝復興餐廳(Reinaissance)旁的階梯拾級而上，再經過一段緩坡就會抵達沙拉蒙碉堡。

這座高32公尺、厚8公尺的六角形石塔，興建於13世紀，傳說因安德拉西一世的兒子沙拉蒙於王位繼承之戰落敗被軟禁於此而得名。又稱為「下城堡」(Lower Castle)的它，由城牆、警衛室和瞭望塔以及一座大型高塔組成，儘管多次遭到摧毀，卻也多次獲得重建。

過去它同時是統治階級以及土地管理人的家，也是具備軍事目的防禦建築，並以一道直通瞭望塔的攻擊牆連接多瑙河畔的要塞。高塔內部裝飾著大量的雙聯窗，位於屋頂的露台上圍繞著開堞口的迴廊以及雉堞式裝飾牆。據說德古拉公爵曾經在1462~1474年間被囚禁於此。

現今高塔也屬於馬提亞斯國王博物館的一部分，存放著自皇宮遺跡挖掘出來的物件，其中還包含一尊文藝復興風格的紅色大理石像維榭葛拉德聖母，另外還展示著維榭葛拉德的歷史史跡；如果還有體力更可以爬上高塔觀賞城牆與河岸的景致。

MAP ▶ P.244B2

要塞遺跡

MOOK Choice

Fellegvár/Citadel

視野絕佳的雙重防禦堡壘

掃地圖

從遊客服務中心步行約40分鐘可達；由於山路有一定的陡坡，建議遊客最好不要背負太重和穿著輕便的鞋子，沿途風光相當賞心悅目；或搭巴士883號於Visegrád, Fellegvár站下。 Várhegy (33)471 169 1~2月週五~週日9:00~16:00、3月9:00~17:00、4~9月9:00~18:00、10月9:00~17:00、11月9:00~16:00、12月週五~週日9:00~15:00 全票1,800Ft、半票900Ft；6歲以下、70歲以上免費 parkerdo.hu/turizmus/latnivalok/visegradi-fellegvar/

佇立在350公尺丘陵上的要塞遺跡興建於1250~1260年間，是貝拉四世國王以他妻子從拜占庭帶來的珠寶為資金，興建成擁有雙重防禦系統的城堡，除了一道圍繞著山頂的城牆外，還有兩座塔樓以及一座皇宮。

要塞遺跡原本是置放匈牙利皇冠的地方，期間曾在1440年時被盧森堡邦的伊莉莎白公主的女僕偷走，隨後又被歸還。現今的城堡遺跡僅留下厚實高聳的城牆與高塔，還有幾間展示歷史文物的展覽館，包含有傳統狩獵的生活、嚴刑拷打囚犯的蠟像館等。

如果你是沿著山丘的森林步道爬上要塞遺跡(大約30~40分鐘的腳程)，那麼一定會對眼前的多瑙河流域景致更加感動！多瑙河在此形成急彎曲流的景致，也是登上要塞遺跡最大的賣點！

森檀德 Szentendre

多瑙河貫穿匈牙利，在布達佩斯的北方形成一個天然的轉角，轉角處臨河的風景十分優美，常常成為布達佩斯人的度假勝地，其中森檀德更是超級熱鬧的藝術觀光小鎮！

森檀德位在布達佩斯北方19公里處，自古以來一直扮演著重要的戰略地位角色，到馬札兒人於9世紀末遷移到匈牙利時，這裡才發展得較具規模。最早的歷史記載第一批塞爾維亞人遷移至此，興建許多東正教教堂與屋舍，讓這裡埋下了巴爾幹風情的種子。這群人在馬提亞斯國王的統治下，過著平穩的日子；然而，隨著鄂圖曼土耳其在匈牙利的擴張，森檀德到了17世紀末期時便已落寞且遭人遺棄。期間為了躲避土耳其人的統治，森檀德湧入更多來自巴爾幹半島的移民，當時因哈布斯王朝對宗教的寬容，這群信奉東正教的移民便在此生根，興建更多東正教的教會，也因為如此，森檀德今日得以留下這麼多的東正教教堂。

INFO

基本資訊

人口：約2萬3千人。
面積：43.83平方公里。

如何到達——市郊電車

從地鐵M2線Batthyány tér站轉搭HÉV於Szentendre站下即達，約每20分鐘一班車，車程約40分鐘，是前往森檀德最便利的方式。如持有布達佩斯卡或是一日券等，可在購票窗口出示，則僅需付額外差價。

因為列車屬於市郊電車，不是火車，所以火車通行證並不適用。

從森檀德的HÉV站出站後過地下道，然後順著Kossuth utca步行約10~12分鐘可進入市區，途中會經過遊客服務中心。

www.bkk.hu/en/main-page/news

如何到達——市郊巴士

從地鐵M3線Újpest-Városkapu站(上佩斯城門站)的市郊巴士站搭巴士前往，班車與班次相當多，車程約30~45分鐘，班次可上網查詢。

巴士站與HÉV站相鄰，同樣出站後過地下道，然後順著Kossuth utca步行約10~12分鐘可進入市區，途中會經過遊客服務中心。

www.volanbusz.hu/en/timetable/inter-urban-services

市區交通

可以步行遊覽大部份景點。

旅遊諮詢

◎遊客服務中心

Dumsta Jenö utca 22

(26)317 965

因疫情暫時關閉實體遊客中心，請用電話或電子郵件聯繫。

iranyszentendre.hu/en

MAP ▶ P.247A1

塞爾維亞東正教教會博物館

Szerb Egyházi Múzeum/Serbian Church Museum

塞爾維亞東正教聖物在此

從遊客服務中心步行約5~7分鐘可達。 Fő tér 6 (26)952 474 5~9月10:00~18:00，10~4月10:00~16:00(週一休)；1~2月週一~週四休 全票1000Ft、半票500Ft、攝影費500Ft www.semu.hu

掃地圖

於20世紀初期改建成塞爾維亞東正教教會博物館，裡面收藏著歷年塞爾維亞東正教的聖品寶物與主教聖物，被認為是匈牙利最大的東正教藝術寶庫，其中一幅14世紀遺留下來以繪製十字架的玻璃畫作，是博物館內最古老的收藏品。

貝格勒教堂

Belgrád Székesegyház/Church Belgrade

從遊客服務中心步行約5~7分鐘可達。 Alkotmány u. 3~10月10:00~16:00；週一~週四休 400Ft

完工於1764年的貝格勒教堂，也是森檀德大教堂(Szentendre Cathedral)，為塞爾維亞東正教位於匈牙利的主教教會核心，教堂被青蔥翠綠的庭院所包圍，十分幽靜。教堂內部並不大，不過內部豐富的宗教畫作包含了描述新約聖經和東正教聖者的版畫，其中最顯眼的聖幛(iconostasis)出自匈牙利畫家Antonije Mihić與塞爾維亞畫家Vasilije Ostojić之手，令人印象深刻。

掃地圖

©Labirintus Étterem

©Labirintus Étterem

MAP ▶ P.247A1

迷宮餐廳

Labirintus Étterem/ Labyrinth Restaurant

深藏不露的餐酒館

掃地圖

從遊客服務中心步行約2分鐘可達。 Bogdányi u.10. (26)317 054 10:00~20:00 bor-kor.hu

迷宮餐廳從外觀、菜單上看起來和一般的傳統匈牙利餐酒館差不多，但裡面的空間設計獨具一格，地下甚至是國家葡萄酒博物館！室外用餐區Old Wagon Shed Terrace前身是馬車房，改良成開放式的涼亭空間，即使天氣炎熱也可以清爽地用餐。室內用餐區分為位於地窖的Tokaj Hall、一樓的Cup Hall、二樓的Hunting Hall以及露天屋頂，而每個空間都有自己的風格設計，如一樓展示許多農莊生活用品、二樓以牆上的狩獵元素為名。

©Nemzeti Bormúzeum

©Nemzeti Bormúzeum

國家葡萄酒博物館

Nemzeti Bormúzeum/National Wine Museum

博物館於1993年啟用，將近800平方公尺大的酒窖系統已有200多年的歷史，身兼博物館、品酒廊、葡萄酒商店的角色。這裡可以看到匈牙利葡萄種植和葡萄酒文化的歷史發展，除了順應產季的品酒導覽行程，國家葡萄酒博物館也提供客製化行程，如資深酒客可以指定品嚐某酒窖或產地的葡萄酒。有興趣者可直接和館方聯繫。

2008年也新增了匈牙利國民「飲料」帕林卡(Pálinka)專區，提供高級水果製成的水果白蘭地，除了傳統的三大口味──Szatmár的李子、Kecskemét的水蜜桃、Szabolcs的蘋果──還有新世代的帕林卡口味，如桑椹、木梨、接骨木莓、黑醋栗等。商店裡可以買到來自匈牙利各地產區的45款帕林卡。

MAP ▶ P.247A2

Centrum冰淇淋

Centrum cukrászda

森檀德最好吃的冰淇淋

掃地圖 

從遊客服務中心步行約1分鐘可達。 Fő tér 7 (20)468 0566 週一～週四10:00～21:00，週六～週日10:00~22:00 www.facebook.com/centrumcukraszdaszentendre/

Centrum冰淇淋一點都不難找，因為它就坐落於主廣場(Fö tér)不遠處的叉路口上——小小的店面非常可愛，門口擺了冰淇淋塑像。除了琳瑯滿目的義式冰淇淋，Centrum的蛋糕也很受歡迎，也提供現烤貝果。

MAP ▶ P.247A2

布拉哥維斯登斯卡教堂

Blagovestenska templom/
Blagovestenska Church

塞爾維亞東正教經典建築

掃地圖 

從遊客服務中心步行約3~5分鐘可達。 Fö tér

位在主廣場側邊的布拉哥維斯登斯卡教堂，是森檀德最著名且具代表性的塞爾維亞東正教教堂，由建築師安德拉斯(András Mayerhoffer)於1752~1754年興建，取代1690年代塞爾維亞人大遷移時所建的原有木頭教堂。雖然具有優美的巴洛克和洛可可設計風格，不過教堂內部精緻卻小巧，採希臘東正教的教堂風格，金碧輝煌的主壇顯得氣派雄偉，是這間教堂最大的特色。

MAP ▶ P.247A1

Palmetta設計師藝廊

Palmetta Design Galéria/Palmetta Design Gallery

蒐羅歐洲設計師品牌

掃地圖 

從遊客服務中心步行約5~7分鐘可達。 Bodgányi U.14 www.palmettadesign.hu 目前關閉整修中

Palmetta位於Bodgányi街的盡頭、再加上位於地下室，若不是因為櫥窗裝飾得相當引人注目，恐怕許多人都會錯過。店內除了引進歐洲知名設計品牌如義大利Alessi的商品外，還展示了一些匈牙利設計師的作品，像是artica的餐桌用具、PROPELLER的刀具等等，而除了餐廳用品外，這裡還有玻璃器皿、陶瓷、織品、燈具以及珠寶首飾等，如果你需要室內設計的規畫，Palmetta也能提供服務。

MOOK Choice

MAP ▶ P.247A2

聖約翰天主教堂

Keresztelő Szent János Plébániatemplom/Saint John Roman Catholic Parish Church

山丘上的古老建築

掃地圖 

從遊客服務中心步行約5~7分鐘可達。 Templom tér (26)312 545 szentendre-plebania.hu

聖約翰天主教堂是鎮上最古老的建築，所在位置也是鎮上最高的地方，從這裡可以俯瞰鎮上曲折迂迴的街道，以及層層相疊的住宅瓦頂。

聖約翰天主教堂最早應該建於1241到1283年間，14世紀曾經重建過，鄂圖曼土耳其人入侵後幾乎全毀，直到17世紀才又重建；1710年在Zichy家族的贊助下，擴建成巴洛克式，有一個鐘樓和金字塔般的尖屋頂；目前的型式估計完成於1742到1751年間。教堂在1957年被列為歷史紀念物，內部不對外開放，但是從主廣場到這裡的路曲曲折折，饒富趣味，很值得走一遭。

MOOK Choice

MAP ▶ P.247A2

薩摩斯杏仁糖博物館

Szamos Marcipán Múzeum/Szamos Marzipan Museum

各式塑像維妙維肖

掃地圖 

從遊客服務中心步行約1分鐘可達。 Dumtsa Jenö utca 14 (26)310 545 週一~週六10:00~19:00、週日10:00~20:00 szamos.hu

這間可愛的博物館不僅是小朋友的天堂，就連大人也被深深被這種迷人的匈牙利糖果所吸引！

這間頗具規模的杏仁糖博物館，1樓有間大大的廚房，透過大型透明玻璃，遊客可以清楚地看到廚師製作杏仁糖的過程；其他的房間則展示著大大小小的杏仁糖模型，除了有造型可愛的動物、明星、卡通人物以及皇室人物外，其中最引人注目的便是模仿位在布達佩斯國會大樓高約160公分的巨型模型，以及高達2公尺的麥可傑克森像！所有的作品無論大小都栩栩如生，令人為師傅高超的手藝而驚艷。1樓出口處設有杏仁糖專賣店，琳瑯滿目的糖果令人無法拒絕，此外一旁還有一家咖啡館，是當地人或遊客走逛森檀德時最愛的歇腳處之一。

MAP ▶ P.247A2

老山羊藝廊

Vén Kecske Árt Galéria／Old Goat Art Gallery

走進個人工作室與畫家對談

掃地圖 

從遊客服務中心步行約1分鐘可達。Dumtsa Jenö u. 15 (30)523 9184 週二、週六11:00~16:00 www.facebook.com/profile.php?id=100027104812904

森檀德除了美術館多之外，大大小小的藝廊也是它的特色之一。老山羊藝廊是Eszter Győry自己的藝廊，裡頭展出這位畫家橫跨各個領域的作品，各式各樣的天使是她作品中最常出現的主題。

Gyory打從1977年開始在美國舉辦大大小小的畫展，她喜歡從神話以及新舊約聖經中尋找題材，2010年搬到森檀德定居後，便在這裡創立了工作室和藝廊。藝廊中除了她的作品之外，還可以看見她丈夫Osiris O' Connor的精工作品，包括非常陽剛的戒指與飾品。Osiris非常博學，也很健談，從作品可以看出他們奔放的性格和多元的國際觀。

MAP ▶ P.247A2

Édeni巧克力店

Édeni édességek/Eden Sweets

巧克力甜點專賣店

掃地圖 

從遊客服務中心步行約1分鐘可達。Dumtsa Jenö utca 9 (26)303 200 10:00~19:00 www.csokibolt.hu

位於薩摩斯杏仁糖博物館對面，Édeni巧克力店門口的招牌以金字和天使點綴著黑巧克力，給人一種既溫馨又甜蜜的感受。店內四周立滿了貨架，擺滿了各式各樣的巧克力，不同可可亞比例的巧克力，或是添加綠茶、柑橘、茉莉等香味的巧克力，甚至於包裝成水果、汽車、動物等專為小朋友設計的造型巧克力；除此之外，店中央的櫃檯同時也是新鮮巧克力展示櫃，琳瑯滿目的選擇讓人眼花撩亂。

MAP ▸ P.247A3

Handpets布偶店

Handpets

令人愛不釋手的布玩偶

掃地圖

從遊客服務中心步行約1分鐘可達。 Dumtsa Jenö u. 15 (30)954 2584 週一~週五9:00~18:00、週六9:00~14:00；週日休 www.handpets.hu

布偶也是森檀德的特產之一，如果你從火車站或巴士站走向主廣場，絕對不會錯過這間門口掛滿布偶的商店，尤其它就位於遊客服務中心的對面。

Handpets創立於1987年，起初是幫洋娃娃和小朋友縫製衣物，到了1997年開始公司面臨轉型，進而開始設計、生產並販售布偶，也因為之前累積的經驗讓他們熟悉兒童市場並製作出許多可愛有趣的布偶，使得Handpets深受大人小孩的喜愛，無論是圍繞著一朵花的蜜蜂、藏在乳酪裡的老鼠、粉紅通通的小豬、或是擁有3個頭的恐龍……都讓人愛不釋手。

MAP ▸ P.247B1

戶外民宅博物館

Szabadtéri Néprajzi Múzeum/ Hungarian Open Air Museum

匈牙利最大戶外博物館

掃地圖

從森檀德的市郊巴士站6號月台搭巴士車前往，於Szentendre, Skanzen站下車，時間表可洽遊客服務中心。 Sztaravodai út, 75 (26)502 537 9:00~17:00，週一休；冬季時間視節日而定，建議先至官網確認 全票2,600Ft、半票1,300Ft www.skanzen.hu/en

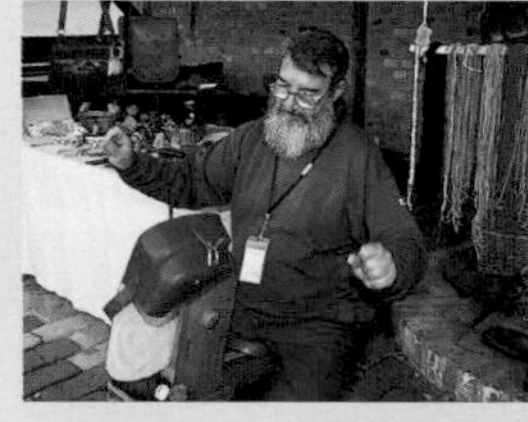

如果想一睹傳統的匈牙利民宅與生活，那麼別錯過位在郊區的戶外民宅博物館。這是匈牙利境內最大的戶外博物館，於1967年的2月成立，初期這裡僅是布達佩斯人類學與民宅部門，然而占地約60公畝的面積卻慢慢發展成今日豐富的民俗文化藝術中心。

整個戶外博物館彷彿像一個民居部落般，分門別類地依照古老的民宅風格而建，不僅是房舍而已，就連房子的內部也十分講究，傳統的木製家具、石牆等，彷彿真的有人住在其中，更厲害的還有房舍的院子裡也種滿了青菜或各種植物，有時還可以看到專職的人在裡頭製作手工藝品！

戶外民宅博物館內展示匈牙利境內8區約數百棟的農舍與民宅，其風格多維持在18~19世紀間，此外在週末遊客眾多之時，館方也安排了許多有趣的體驗活動，到了夏季的晚上，還會有特別的傳統音樂節目表演！

如果餓了也沒關係，這裡的餐廳提供了全匈牙利各個地區的美食料理，包準你吃得足飽。由於博物館面積實在是太廣大，至少得安排半天以上的時間才能玩得盡興！

艾格爾
Eger

就是因為位處在匈牙利北部山地的翠綠河谷，讓艾格爾能夠醞釀出名聞全球的公牛血(Egri Bikavér)美酒。艾格爾長久以來就一直以葡萄酒、伊斯蘭喚拜塔、雄偉的城堡和美麗的巴洛克建築為傲，這也讓它成了遊客喜愛的地點。

歷史上的艾格爾也曾經輝煌過，在土耳其占領匈牙利的170年間，匈牙利於1552年首次擊退鄂圖曼土耳其的軍隊；儘管40年後土耳其大軍捲土重來終於奪下艾格爾，建立了許多清真寺與伊斯蘭建築，並讓它成為區域的首府，但這也是我們今日得以在此見到伊斯蘭喚拜塔等遺跡的原因。

艾格爾市區小而精巧，德波・史蒂芬廣場(Dobó Isván tér)是主要的中心廣場，從這裡到任何景點都十分容易。此外，到美人谷的酒窖品嘗公牛血也是這兒的一大賣點，建議在下午抽空前往拜訪。

INFO

基本資訊

人口：約5萬5千人。

面積：92.2平方公里。

如何到達——火車

從布達佩斯搭地鐵M2或M4線於Keleti pályaudvar站(東站)搭火車前往，班次頻繁，車程約2小時。火車站距市區約1公里，出站後在Eger, vasútállomás bejárati út站搭巴士12、14號於Színház站下，即進入市區。

正確班次、詳細時刻表及票價可上網或至火車站查詢，購票可至火車站櫃台或先於台灣向飛達旅遊購買。從布達佩斯往返艾格爾這段火車，並沒有頭等車廂、只有二等車廂。

◎匈牙利國鐵(MÁV)

www.mav.hu

◎歐洲鐵路

www.eurail.com

◎飛達旅遊

www.gobytrain.com.tw

如何到達——長途巴士

從布達佩斯搭地鐵M2線Puskás Ferenc Stadion站的Stadion長途巴士站，轉搭巴士前往，班次頻繁，車程約1小時50分到2小時20分。班次可上網查詢或詢問遊客服務中心。長途巴士站(Buszpályaudvar)位在市區，可步行至各景點。

menetrendek.hu

市區交通

除了美人谷外，可以步行遊覽大部份景點。

◎計程車

(36)555 555

www.citytaxieger.hu

旅遊諮詢

◎遊客服務中心

Bajcsy-Zsilinszky utca 9

(36)517 715

週一~週五9:00~17:00、週六9:00~13:00

網站：visiteger.com/en；visithungary.com/category/eger-region

Where to Explore in Eger
賞遊艾格爾

MAP ▶ P.255B1

MOOK Choice

德波・史蒂芬廣場

Dobó István tér/Istvan Dobo Square

艾格爾的中心點

掃地圖

從長途巴士站步行約8~10分鐘可達。

德波・史蒂芬廣場可說是艾格爾的中心點，許多景點都圍繞在廣場周遭。廣場一邊佇立著聖方濟各大教堂(Minorita templom)，這個具有雙塔的巴洛克風格教堂，讓很多人誤認為就是艾格爾大教堂，因為它華麗的程度可是讓人驚訝不已，據說這還是中歐最豪華的教堂之一。

廣場中央豎立著德波・史蒂芬(Dobó István)的雕像。德波・史蒂芬於西元1549年繼任成為艾格爾城堡的城主，當1552年鄂圖曼土耳其大舉入侵時，他率領2千100人英勇地抵擋住土耳其的8萬大軍，在匈牙利歷史上寫下重要的一頁，對整個國家而言意義非凡。

MAP ▶ P.255B1

MOOK Choice

伊斯蘭尖塔

Minaret

登塔瞭望城鎮風光

掃地圖

從德波・史蒂芬廣場步行約5~6分鐘可達。 Knézich Károly utca 1 (70)202 4353 1~2月10:00~13:45、3月10:00~14:45、4月10:00~16:45、5~6月15日 10:00~17:45、6月16日~8月9:00~19:45、9月10:00~17:45、10月10:00~16:45、11~12月10:00~13:45 500Ft，限現金交易 www.minareteger.hu 開放時間視天氣狀況調整。

整體市容呈現巴洛克風格的艾格爾，市區內卻有一座風格截然不同的伊斯蘭尖塔，這是鄂圖曼土耳其人在1596年終於攻下艾格爾後，不久就蓋了這座喚拜塔。塔高約40公尺，地基和塔身呈14角型，由紅色砂岩堆砌而成，是土耳其人統治歐洲這段期間所留下、地理位置最北的歷史建築。當1687年奧地利收復艾格爾，群情激憤的居民們試圖用400頭牛來拆毀這座塔，幸好這座塔夠堅固，逃過一劫。

小小的高塔四周圍著鐵欄杆，遊客可以購票入內，順著97階石梯攀爬到塔頂，上面可以360度的視野俯瞰艾格爾市區，美景相當值得揮汗。

高大或豐滿者請三思而後行

伊斯蘭尖塔由於內部和塔頂的陽台都非常狹窄，只有足夠容許一個人活動的空間，所以入場需要嚴格控管：讓一批人登塔，並等他們全員下塔之後，才又放第二批人進去。此外，由於空間實在太狹窄了，而且階梯順著一個方向迴旋而上，即使小個子的女生爬起來也氣喘吁吁，身材太高大或太豐滿的人要有心理準備，以免卡在半途自討苦吃。

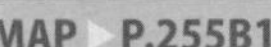

MAP ▶ P.255B1

艾格爾城堡

MOOK Choice

Egri-vár/Eger Castle

見證匈牙利輝煌歷史

掃地圖

從德波・史蒂芬廣場步行約7~10分鐘可達。 Vár köz 1 (36)312 744 城堡大門1~3月9:00~18:00、4~5月9:00~21:00、6~8月9:00~22:00、9~10月6:00~21:00、11~12月 9:00~18:00；博物館1~3月、11~12月10:00~16:00(週一休)、4~10月10:00~18:00；特殊節日開放時間請上網查詢 全票2,400Ft、半票1,200Ft，英文語音導覽1,000Ft；6歲以下、70歲以上免費 www.egrivar.hu 每週一門票享5折優惠，其他時間包括1~3月和11~12月15:30之後、4~11月初17:30之後。

艾格爾城堡建於13世紀蒙古人入侵匈牙利後，城堡的歷史與艾格爾息息相關，1552年匈牙利首度擊潰鄂圖曼土耳其軍隊的輝煌歷史，便是發生於此。但不幸隨後又淪陷於土耳其人和奧地利人手中，最後又被哈布斯堡家族所破壞。雖然今日所見的雄偉多半來自後來的修建，不過還是可以從城牆、聖史蒂芬教堂等建築的遺跡中，嗅得一絲絲的古老氣息。

沿著鵝卵石鋪地的道路漫步登高到城堡，從這裡可以欣賞到艾格爾全市的美麗景色；城堡內包括由聖史蒂芬送給艾格爾主教的哥德式大教堂——聖史蒂芬教堂的遺跡，這曾經是艾格爾的第一座大教堂，但在1506年時受到祝融而毀壞。

優美造型的主教宮2樓展覽掛毯織布、鄂圖曼土耳其遺留下來的文物和當時的武器，屬於艾格爾城堡中的歷史博物館；1樓還有英雄廳和錢幣博物館與其他展覽。而面對主教宮左側的2樓建築是艾格爾藝廊，裡面展示著許多匈牙利著名畫家的作品。

如果想要進入城堡地下通道，就得加入特定的導覽遊程，講解以匈牙利文為主，冰冷黑暗的地道設有多處大砲砲口，有些還有聲光秀的表演，值得一遊。

MAP ▶ P.255A2

艾格爾大教堂

MOOK Choice

Egri Bazilika/The Basilica of Eger

匈牙利第二大教堂

掃地圖 

從德波・史蒂芬廣場步行約6~8分鐘可達。 Telekessy utca 6 (36)515 725 週三8:30~18:00、週日13:00~18:00 捐獻制，成人建議300Ft，學生、年長者建議100Ft www.eger-bazilika.plebania.hu

位於鬧區西南方的艾格爾大教堂，也稱是全匈牙利排名第二的大教堂，也是市區內唯一古典主義風格的建築物。它的前身是一座14世紀的羅馬教堂，1831年當時的大主教派克(Pyrker János)命建築設計師約瑟夫(József Hild)著手設計，並於1836年完工；這位設計師同時也是設計艾斯特根(Esztergom)大教堂的建築師。而立於建築外側的雕像，則是20世紀芬蘭名建築師馬可・卡薩格蘭(Marco Casagrande)的傑作。

以教堂的面積規模來說，內部的設計略嫌儉樸，參觀的重點包含教堂內部的圓頂和祭壇畫作，都是出自匈牙利畫家István Takács的手筆。教堂裡的管風琴，是19世紀末由薩爾斯堡的Moser公司所打造，每年5~10月中的中午時分，教堂內會有管風琴的現場演奏。

MAP ▶ P.255A2

大主教宮

Érseki Palota/Archbishop's Palace

一窺大主教的日常生活

掃地圖 

從德波・史蒂芬廣場步行約4~6分鐘可達。 Széchenyi u. 3 (36)517 356 4~9月週二~週日10:00~18:00，10~3月週二~週六10:00~16:00。 全票1,800Ft，半票900Ft；6歲以下、70歲以上免費 www.egriersekipalota.hu

艾格爾教區在西元1804年成為大主教區，而這座三層樓的建築便是當時大主教的宅邸，經過整修、復原後，2016年2月才正式對外開放，成為當地最新的博物館。

大主教宮裡區分成大主教的書房、收藏室、圖書館等，地面層珍藏著許多18、19世紀時教會裡的珍寶，包括服飾、傑出的金器、銀器、織品藝術等，尤其是一座1832年的大教堂的縮小模型，更是參觀的重點。樓上有艾格爾的藝術收藏室，保存著從艾格爾城堡出土的重要藝術品，包括卡納萊托(Canaletto)等人的作品。

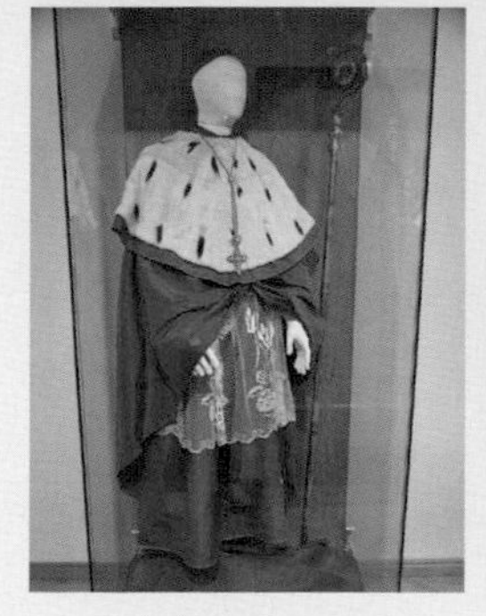

MAP ▶ P.255B2

大主教公園

Érsekkert/Archbishop's Garden

遼闊的優美花園

從德波．史蒂芬廣場步行約10~12分鐘可達。 北起Klapka György、南到Hadnagy u. 24小時。

位在市區南端、火車站北側的主教公園闊達12公頃，早年是狩獵森林，大主教Esterházy決定把它圍起來作為私人的花園，目前在公園的西邊和北邊還看得到圍牆的遺跡。直到1919年才開放成為大眾的公園，公園裡除了大片的綠地和扶疏的林木外，還有足球場、網球場等運動設施，以及一座有美麗小橋的人工湖，西元2000年又加蓋了一座噴水池。如果不嫌累的話，從火車站前往市區，可以直接取道穿越這座公園，沿途景色教人心曠神怡。

MAP ▶ P.255B2

土耳其浴場

Török Fürdő/Turkish bath

金黃圓頂下體驗古風澡堂

從長途巴士站步行約14~15分鐘可達；從德波．史蒂芬廣場步行約7~10分鐘可達。 Fürdő u. 3-4 (36)510 552 週一~週二4:30~21:00，週三~週四15:00~21:00，週五13:00~21:00，週六~週日、例假日 9:00~21:00 2.5小時(不含按摩)全票2,700Ft，逾時以每分種25Ft計價、半票1,900Ft、參觀券500Ft torokfurdo.egertermal.hu/en

艾格爾的市區裡也有溫泉，就在大主教公園的東邊。早在西元16世紀，鄂圖曼土耳其人就在艾格爾發現了溫泉，並建設了公共澡堂。今日的土耳其浴場，不但還可以在金黃色的圓頂下體驗到古式澡堂的氛圍，也有現代化的氣泡池、療癒池等6個浴池，還有三溫暖以及各式各樣的Spa療程。

艾格爾溫泉浴場

Eger Termalfürdő/Eger Thermal Bath

從長途巴士站步行約14~15分鐘可達；從德波．史蒂芬廣場步行約7~10分鐘可達。 Petőfi tér 7. (36) 510 558 10:00~18:00(17:30需離場) 全票3,200Ft、半票1,800Ft、優惠票(16:00之後)1,800Ft；置物櫃400Ft；加購土耳其浴1,800Ft termalfurdo.egertermal.hu/en

MAP ▶ P.255B2

Hotel eStella Superior

教學飯店物超所值

掃地圖 

從德波・史蒂芬廣場步行約5~6分鐘可達；從長途巴士站步行約11~12分鐘可達。 Egészségház u. 4 (20)323 2999 www.hotelestella.hu

Hotel eStella Superior位在Eszterházy Károly學院的5樓和6樓，因為建築外側沒有清楚的標示，所以有點難以找到它正確的位置。即使不以豪華取勝，但是內部整修得相當寬敞舒適，床頭燈、書桌、平面衛星電視、空調、冰箱、免費無線上網等便利設施齊全，而艾格爾城堡、艾格爾大教堂、大主教宮、土耳其浴場等重要景點都在步行可達的距離，甚至慢慢逛、穿越大主教公園後不久就可抵達火車站，對旅客而言是個頗方便的住宿據點。

MAP ▶ P.255B1

主廣場咖啡廳暨餐廳

Fötér Café & Restaurant

城堡腳下享美味

掃地圖 

從德波・史蒂芬廣場步行約1分鐘可達。 Gerl Mátyás u. 2 (36)817 482 10:00~22:00 www.fotercafe.hu

Fötér Café & Restaurant位於德波・史蒂芬廣場的北側，坐在餐廳裡就能悠閒地欣賞廣場上熙來攘往的人群，地理位置相當優越。即使如此，餐廳對於餐飲的品質並不含糊，無論是牛排、魚類或是海鮮，主廚的手藝都在水準之上，親切的服務人員也能針對你所選的菜色，推薦適當的佐餐酒。以這樣的地點與餐飲品質，每人只要新台幣400元上下就可以吃、喝得相當滿意，非常值得坐下來飽餐一頓。

MAP ▶ P.255A2

美人谷

MOOK Choice

Szépasszony-völgy/ The Valley of the Beautiful Woman

匈牙利公牛血美酒產地

掃地圖

從德波·史蒂芬廣場步行約30分鐘可達；或搭計程車約5分鐘可達，車資約2,000Ft以內，回程可請餐廳或酒窖代為叫車。 比較適合參觀的時間為下午。建議遊客可以中午時分前來，先找個餐廳用餐，下午再優閒地逛酒窖；亦可在下午3、4點時前來美人谷，先到酒窖品酒，之後再選個餐廳用餐，餐後再請餐廳叫計程車，返回艾格爾市區。 egribornegyed.hu/fooldal-2/

就算你平常滴酒不沾，對葡萄酒沒有太大興趣，但是既然來到了艾格爾，無論如何都應該到美人谷走一遭，見識一下匈牙利獨特的品酒文化。

美人谷的氣候宜人，環境十分適合種植葡萄，是世界著名的葡萄酒產區之一。馬蹄形狀的山谷四周被許多葡萄園所包圍，這裡種植的葡萄品種共區分有4種：Muskotály(白葡萄)、Bikavér(公牛血的特定葡萄品種)、Leányka(具有香草味的白葡萄)以及Médoc Noir(口感豐富且具有甜味的深紅色葡萄)。

與西歐和澳洲的酒莊不同，這裡的酒窖是直接嵌入山谷的岩壁內，整個美人谷有超過150家酒窖，每間酒窖門口都有編號，遊客可選擇入內品酒或坐在酒窖外的露天座位喝上幾杯，有些酒窖為了吸引遊客還會請來吉普賽樂團演奏音樂。

由於語言的障礙，對酒不內行的遊客可能會摸不清頭緒。這裡的酒窖品質參差不齊，大部分店家都會歡迎遊客免費試酒；由於家數真的不少，建議遊客可以先在艾格爾遊客服務中心索取資料，請他們建議幾間值得拜訪的酒窖，到了現場就不會眼花撩亂了。

當然除了酒窖外，美人谷最受遊客青睞的是類似啤酒屋般的大型餐廳，雖然這些餐廳都很觀光化，同時也提供了匈牙利道地的餐點、葡萄酒和吉普賽音樂表演，當然服務人員也略通英文，對於遊客來說可是十分的便利。

美人谷推薦酒窖

酒窖名稱	網址	推薦酒單
Tóth Ferenc	tothferencpinceszet.hu	Egri Csillag、Egri Bikavér、Kadarka、Várvédő
Sike	sikeboraszat.hu/web	Egerszóláti Olaszrizling Superior
Juhász	www.juhaszbor.hu	Öreg Juhász、Egri Bikavér Superior、Egri Csillag
Kiss	www.kisspinceszet.hu	Egri Bikavér、Rozé、Egri Olaszrizling
Greg-vin	www.greg-vin.hu	Egri Cabernet Sauvignon Superior、Egri Chardonnay Superior、Egri Enigma (Syrah)
Farsang	www.farsangpinceszet.hu	Egri Leányka、Egri Csillag、Ostrom vörös Cuvée

The Savvy Traveler
聰明旅行家

速寫捷克
◎正式國名
捷克共和國(Česká republika)
◎面積
約78,866平方公里
◎人口
約10,491,384人
◎首都
布拉格(Praha)
◎宗教
主要信奉羅馬天主教
◎種族
95%捷克人、4%斯洛伐克和吉普賽人、少數波蘭和德國人。
◎語言
捷克語

速寫匈牙利
◎正式國名
匈牙利共和國(Magyarország)
◎面積
約93,030平方公里
◎人口
約10,173,371人
◎首都
布達佩斯(Budapest)
◎宗教
主要信奉羅馬天主教
◎種族
96.6%匈牙利人、其餘為德國、斯洛伐克和羅馬尼亞人。
◎語言
馬札爾語

簽證辦理
◎短期觀光免簽證
從2011年1月11日開始，國人前往包含捷克、匈牙利等歐洲36個國家和地區，無需辦理申根簽證，只要持有效護照即可出入申根公約國，6個月內最多可停留90天。有效護照的定義為，預計離開申根區時最少還有3個月的效期。

要注意的是，儘管開放免簽證待遇，卻不代表遊客可無條件入境，移民官有時會在入境檢查時要求提供相關證明文件，建議隨身攜帶以備查驗。入境申根國家可能需要查驗的相關文件包括：來回航班訂位紀錄或機票、英文行程表、當地旅館訂房紀錄或當地親友邀請函、足夠維持旅歐期間生活費之財力證明、公司名片或英文在職證明等。

旅遊諮詢
◎捷克
捷克經濟文化辦事處

台北市信義區基隆路一段200號7樓B室
(02)2722 5100 www.mzv.cz/taipei

捷克觀光局境外辦事處日本(+臺灣) 捷克觀光局

東京都渋谷区広尾2－16－14 +81(3)6427 3093 www.visitczechrepublic.com/zh-TW

布拉格旅遊局 www.praguccitytourism.cz/en

◎匈牙利
匈牙利貿易辦事處

台北市大直敬業一路97號3樓 (02)8501 1200
tajpej.mfa.gov.hu/eng

匈牙利旅遊局 www.hungarytourism.hu

布達佩斯旅遊局 www.budapestinfo.hu

飛航資訊
由於台灣和捷克、匈牙利之間，並沒有直飛的航班，遊客可以利用蘇黎世、法蘭克福、維也納等歐洲其他航點轉機前往。

台灣飛航歐洲主要航空公司：

航空公司	電話	網址
瑞士航空	(02)2325 0069	www.swiss.com
德國漢莎航空	(02)2325 8861	www.lufthansa.com.tw
阿聯酋航空	(02)7745 0420	www.emirates.com/tw/chinese
土耳其航空	(02)2718 0849	www.turkishairlines.com/zh-tw
泰國航空	(02) 2515 0188	www.thaiairways.com
中華航空	(02)2715 1212	www.china-airlines.com
長榮航空	(02)2501 1999	www.evaair.com.tw

旅遊資訊
◎時差
捷克和匈牙利皆為歐洲中部時間，比台灣慢7小時，夏令時間(3月最後一個週日~10月最後一個週日)比台灣慢6小時。
◎貨幣與匯率
捷克和匈牙利雖已加入申根公約國家，然而至今尚未正式使用歐元，儘管布拉格或布達佩斯部分景點已開始同時接受歐元，然而大部分的地方依舊採用各自的當地貨幣，所以如果想前往這兩國旅行，仍必須兌換相關貨幣。

捷克

捷克貨幣稱為克朗(Koruna česká)，一般標示為Kč或CZK；捷克貨幣紙鈔面額為100Kč、200Kč、500Kč、1,000Kč、2000Kč，硬幣有1Kč、2Kč、5Kč、10Kč、

20Kč、50Kč。目前匯率1美元約等於23.6Kč、1歐元約等於24Kč、1 Kč約等於1.32台幣。(匯率隨時變動，僅供參考)

匈牙利

匈牙利的通用貨幣為福林(Forint)，一般標示為Ft或HUF；匈牙利貨幣紙鈔面額有500Ft、1,000Ft、2,000Ft、5,000Ft、10,000Ft、20,000Ft，硬幣則有5Ft、10Ft、20Ft、50Ft、100Ft、200Ft。目前匯率1美元約等於394Ft、1歐元約等於406Ft、1 Ft約等於台幣0.079元。(匯率隨時變動，僅供參考)

◎電壓

皆為220伏特。捷克、匈牙利的插頭為C型(兩孔圓柱型頭)，必須準備變壓器與轉接插頭。

◎電話

捷克(國碼420)

從台灣打到捷克：002+420+電話號碼 (註：捷克沒有城市區域號碼)

從捷克打到台灣：00+886+城市區域號碼(去掉0)+電話號碼

如果在捷克境內打長途電話，區域號碼的0不必省略。

匈牙利(國碼36)

從台灣打到匈牙利：002+36+城市區域號碼+電話號碼 (註：匈牙利城市區域號碼前面無0)

從匈牙利打到台灣：00+886+城市區域號碼(去掉0)+電話號碼

如果在匈牙利境內打長途電話，要先撥06，聽到音樂聲後再撥區域號碼。

◎上網

以目前通訊發達的狀況而言，上網的需求已經比打電話還迫切得多。無論在捷克還是匈牙利，網路也都相當普遍，飯店、民宿、餐廳等幾乎都會提供免費Wi-fi供客人使用。如果想隨時隨地都能上網傳送訊息，兩國國際機場的出境大廳也都可以找到電信公司買到可打電話、可上網的SIM卡。不過，當地買到的SIM卡仍是只提供單國使用比較優惠，到了其他鄰國使用仍需額外付費加購。所以，如果一趟想遊走多國、也想持續使用同一張SIM卡的話，建議先在台灣購買好可在歐洲多國遊走的SIM卡比較方便又划算。

◎小費

捷克

捷克一些餐廳會在餐費外另收每人約20~50Kč的人頭費，並不是小費，若覺得餐廳服務不錯，或是到比較高級的餐廳，可酌情給予10%的小費；或是將消費總金額湊整數，多的做為小費(事實上，有些餐廳會直接把多餘的錢視為小費，不再找零)。

匈牙利

一般的餐廳消費並無規定小費制度，完全是個人態度。不過在布達佩斯某些咖啡廳或餐廳，會要求15~20%的服務費；或是覺得餐廳服務不錯，及到比較高級的餐廳，可酌情給予10%的小費；亦可將消費總金額湊整數，多的做為小費(事實上，有些餐廳會直接把多餘的錢視為小費，不再找零)。

在機場別換太多外幣

目前在台灣不能直接以台幣兌換捷克幣或捷克幣，需先換美金或歐元，再至捷克或匈牙利的機場、銀行、飯店或街頭掛著「CHANGE」字樣的換錢所匯兌。一般來說，匯兌所都不收取手續費(機場例外)，另機場或飯店的匯率較差，較不划算；但至街頭換錢所也要小心陷阱，仍請先看清楚匯率、有無但書、是否收取手續費等細節再兌換。

抵達機場後，建議在機場只要先換少許夠花的錢，以免損失太多手續費，等進了市區再找匯率較佳、不收手續費的兌幣所，貨比三家不吃虧。

◎商店營業時間

捷克

捷克的商店營業時間大都在平日的10:00~19:00，週六通常營業至13:00，週日則大多公休，不過像布拉格這類觀光大城針對觀光客營業的商店，則大都每天10:00~19:00營業，頂多週末時提早1個小時打烊。

匈牙利

匈牙利的商店營業時間大都在平日的9:00~18:00，週末一般都休息，不過像布達佩斯這類觀光客較多的大城市，商店通常周末會營業從上午至13:00，而越來越多針對觀光客的店家也有在週日營業的趨勢。

◎購物退稅

如果在貼有免稅標籤(Tax Free Shopping)的同一家商店、同日內購買超過規定金額的物品，可以辦理營業稅退稅手續。購物時記得要向售貨員索取退稅單，這張單子應由售貨員幫你填寫。至機場時，請先將所買商品交由海關檢查，海關在退稅單上蓋印後，再辦理機場Check-in，通關後，再於機場內或邊境的退稅處領取稅款。

捷克

購物2,000 Kč以上，退稅率約11.3~17%。

匈牙利

購物63,000Ft以上，退稅率約13.5~19%。

◎公廁

捷克

位於地鐵站或巴士站的廁所多半需要付錢才能使用，每人約5Kč起。有些餐廳的廁所可免費使用，也有些餐廳的廁所門得要投幣才能打開，記得隨身帶著零錢，比較方便。男廁標誌是M或▼，女廁是Z或●。

匈牙利

在匈牙利使用公廁多數都要收錢，每次約100Ft起，看到Féfiak就是男廁，而Nők則代表女廁。

捷克·匈牙利 Czechia·Hungary

MOOK NEWAction no.61

作者
趙思語・墨刻編輯部

攝影
墨刻攝影部

編輯
趙思語・陳可甯

美術設計
羅婕云・許靜萍

地圖繪製
Nina・墨刻編輯部

出版公司
墨刻出版股份有限公司
地址：台北市104民生東路二段141號9樓
電話：886-2-2500-7008
傳真：886-2-2500-7796
E-mail：mook_service@cph.com.tw
讀者服務：readerservice@cph.com.tw
墨刻官網：www.mook.com.tw

發行公司
英屬蓋曼群島商家庭傳媒股份有限公司城邦分公司
地址：台北市104民生東路二段141號2樓
電話：886-2-2500-7718　886-2-2500-7719
傳真：886-2-2500-1990　886-2-2500-1991
城邦讀書花園：www.cite.com.tw
劃撥：19863813
戶名：書虫股份有限公司

香港發行所
城邦(香港)出版集團有限公司
地址：香港灣仔駱克道193號東超商業中心1樓
電話：852-2508-6231
傳真：852-2578-9337

馬新發行所
城邦(馬新)出版集團 Cite (M) Sdn Bhd
地址：41, Jalan Radin Anum, Bandar Baru Sri Petaling, 57000 Kuala Lumpur, Malaysia.
電話：(603)90563833
傳真：(603)90576622
E-mail：services@cite.my

製版・印刷
藝樺設計有限公司・漾格科技股份有限公司

經銷商
聯合發行股份有限公司（電話：886-2-29178022）
誠品股份有限公司
金世盟實業股份有限公司

城邦書號
KV3061

定價
480元

ISBN
978-986-289-787-4・978-986-289-798-0（EPUB）
2023年1月初版 2023年5月2刷

本刊所刊載之全部編輯內容為版權所有，
非經本刊同意，不得作任何形式之轉載或複製。
Copyright © Mook Publications Inc.All Rights Reserved
版權所有・翻印必究

國家圖書館出版品預行編目資料

捷克.匈牙利/趙思語, 墨刻編輯部作. -- 初版. -- 臺北市：墨刻出版股份有限公司出版：英屬蓋曼群島商家庭傳媒股份有限公司城邦分公司發行, 2022.12
264面；16.8×23公分公分. -- (New action ; 61)
ISBN 978-986-289-787-4(平裝)
1.CST: 旅遊 2.CST: 捷克 3.CST: 匈牙利
744.39　　111017606

首席執行長 Chief Executive Officer
何飛鵬 Feipong Ho

生活旅遊事業總經理暨墨刻出版社長 PCH Group President & Mook Managing Director
李淑霞 Kelly Lee

總編輯 Editor in Chief
汪雨菁 Eugenia Uang

資深主編 Senior Managing Editor
呂宛霖 Donna Lu

編輯 Editor
趙思語・唐德容・陳楷琪
Yuyu Chew, Tejung Tang, Cathy Chen

資深美術設計主任 Senior Chief Designer
羅婕云 Jie-Yun Luo

資深美術設計 Senior Designer
李英娟 Rebecca Lee

影音企劃執行 Digital Planning Executive
邱茗晨 Mingchen Chiu

業務經理 Advertising Manager
詹顏嘉 Jessie Jan

業務副理 Associate Advertising Manager
劉玫玟 Karen Liu

業務專員 Advertising Specialist
程麒 Teresa Cheng

行銷企畫經理 Marketing Manager
呂妙君 Cloud Lu

行銷企畫專員 Marketing Specialist
許立心 Sandra Hsu

業務行政專員 Marketing & Advertising Specialist
呂瑜珊 Cindy Lu

印務部經理 Printing Dept. Manager
王竟為 Jing Wei Wan